10 —

La clinique lacanienne

Directeur de la revue :
William Richardson (Boston)

Comité éditorial :
C. Lacôte (Paris) ; J. Müller (Stockbridge) ; G. Pommier (Paris) ;
W. Richardson (Boston) ; E. Robins (New York)

Comité de rédaction pour la France :
J.-C. Aguerre ; G. Bulat-Manenti ; I. Floc'h ; C. Hoffmann ; G. Katzarov ;
P. Kong ; C. Lacôte ; M. Lauret ; C.-N. Pickmann ; G. Pommier

Secrétariat de rédaction :
A. Rotschi

Comité de lecture :
P. Bruno ; P. de Neuter ; O. Douville ; R. Gori ; J.-P. Hiltenbrand ;
C. Hoffmann ; J.-J. Rassial ; R. Pirard ; M.-J. Sauret ; A. Vanier

Comité scientifique :

J.-P. Adjedj (Strasbourg)
P. Alerini (Marseille)
J. Bauza (Barcelone)
H. Bouchereau (Montréal)
N. Braunstein (Mexico)
G. Bulat-Manenti (Paris)
Y. Cann (Brest)
P. Cancina (Rosario)
P. Carola (Naples)
F. Chaumon (Paris)
R. Chemama (Paris)
B. Domb (Buenos Aires)
M. Drazien (Rome)
C. Dumézil (Paris)
M. Edwards (Barcelone)
C. Farres (Palma)
N. Ferreyra (Buenos Aires)
J.-R. Freymann (Strasbourg)
C. Gallagher (Dublin)
N. Hamad (Paris)
A. Juredieu (Barcelone)
C. Landman (Paris)
J.-P. Lebrun (Namur)
S. Lippi (Paris)
C. Melman (Paris)
A. Michels (Luxembourg)
M. Morali (Strasbourg)
V. Osganian (Paris)
C.D. Rath (Berlin)
D. Roquefort (Royan)
M. Safouan (Paris)
A. Salafia (Buenos Aires)
M.-J. Schmitt (Strasbourg)
M. Schwartz (Barcelone)
J. Sedat (Paris)
D. Simonney (Paris)
I. Vegh (Buenos Aires)
S. Wiener (Paris)
H. Yankelevich (Buenos Aires)

Note de la rédaction :
Les articles au format word ou RTF et toute correspondance relative à la rédaction sont à adresser à :
lacliniquelacanienne@free.fr

Les auteurs sont seuls responsables du contenu de leur article. En particulier, ils s'engagent à ne pas plagier un autre auteur et à signifier par des guillemets les reprises d'ouvrages dans la limite du droit de citation.

Revue Internationale

La clinique lacanienne

Impasses de la cure

Dossier coordonné par
Claude-Noële Pickmann

n° 21

érès

Administration
Éditions érès
33, avenue Marcel-Dassault
31500 Toulouse
Tél.: 05 61 75 15 76
Fax: 05 61 73 52 89
email: eres@editions-eres.com
Site Internet: www.editions-eres.com

Abonnements
CRM ART - Éditions érès
Service des abonnements et commandes
BP 15245
31151 Fenouillet cedex
Tél. : 05 61 74 92 59
Fax : 05 17 47 52 67
commandes.eres@crm-art.fr

L'abonnement à la *Clinique lacanienne* comprend deux numéros.
Prix de l'abonnement :
France particulier : 52 €
France organisme : 54 €
Autres pays : 60 €

Illustration de la couverture
Photo de Claude-Noële Pickmann

Impression : Présence Graphique - 37260 Monts

ISSN 1288-6629
© Éditions érès 2012
33, avenue Marcel-Dassault, 31500 Toulouse
www.editions-eres.com

La clinique lacanienne 21

Impasses de la cure

Éditorial
Claude-Noële Pickmann 9

Impasses du destin
Claude Rabant 13

« Un passage en forme d'impasse »
Simone Wiener 19

L'impasse structurelle de la psychanalyse
Christian Fierens 27

L'impasse, réel logique de la cure
et sa résolution par l'acte performatif
Philippe Kong 41

Le ratage du psychanalyste
Marc Strauss 51

Faut le temps
Claude-Noële Pickmann 69

À propos de deux impasses cliniques type :
les choix du sujet en question
Patrick Landman 81

Sortir du magma
Nicole Malinconi 87

Analyse finie – Analyses transfinies
Isidoro Vegh 91

L'impasse sexuelle et la fin de la cure
Claude Landman 97

Attention à la queue du transfert
Gérard Pommier 107

D'un signe qui lui serait fait
ou aspects de l'homosexualité dans « Dora »
Jean-Jacques Moscovitz 123

La thérapeutique des psychoses confrontée
aux aléas de la *lalangue*
Guy Dana 141

Les impasses de la cure
Christian Simatos 157

Les impasses de la cure à l'adolescence
Dominique Gobert 159

Le bûcheur en « peau » de poème
Luminitza Claudepierre Tigirlas 165

L'analyse sans fin de l'analyste
et la question des tranches d'analyses
Christian Hoffmann 177

Un mot d'impasse
René Tostain 183

Questions cruciales pour la psychanalyse

À propos de l'objet de la psychanalyse
L'objet entre désir et jouissance
Marie Pesenti-Irrmann 191

Le cabinet de lecture 213

Films 229

Éditorial
Éloge de l'impasse
Des impasses du sujet
à l'impasse inédite du réel

Le titre donné à ce numéro a pu surprendre. Il est en effet plus fréquent que les analystes s'intéressent aux modalités de fin de cure et aux issues données au symptôme par le fait d'en passer par une analyse qu'aux impasses qui peuvent traverser, entraver, voire produire l'interruption d'une cure. L'impasse n'est-elle pas d'ailleurs à l'origine de la demande d'analyse ? Car si l'on y vient, c'est bien pour sortir de ce qui se présente, dans la vie, comme une impasse qui emprisonne le sujet dans une répétition dont il souffre et dont il ne sait ni la cause ni le sens. À l'impasse de l'entrée en analyse, répondrait l'issue de la terminaison.

Or, dès qu'il s'est mis à conduire des cures, Freud est allé de découvertes en découvertes qui se présentaient comme autant d'impasses au « bon » déroulement du procédé : l'attachement du sujet à ce qui fait « sa » vérité, alors même qu'elle est une fiction et se révèle donc menteuse, ou au symptôme dont il souffre mais dont il a fait le sel de sa vie et dont on ne saurait le « guérir » sans forcer son consentement, sans parler de la force de la pulsion dont une partie reste irréductiblement indomptable et résiste à tout traitement, ou du transfert lui-même qui, parce qu'il est aussi amour véritable, fait obstacle au déchiffrage du savoir inconscient autant qu'il le permet, et constitue de la sorte, au dire de Freud, « la plus forte résistance contre le traitement ». Autant donc d'impasses inévitables parce que structurelles, mais que seul le travail d'une cure pouvait révéler. Or, il s'est avéré qu'elles étaient, au-delà de ce qui se déchiffre comme savoir de l'inconscient, les voies d'accès au réel de la jouissance singulière d'un sujet, de ses modes de jouir jusque dans ses symptômes, si bien qu'elles ne pouvaient que devenir ce qui oriente la cure et conditionne son mouvement jusque dans le maniement du transfert.

C'est pourquoi, d'une part, le savoir analytique, loin de les contourner, s'est toujours construit à partir des paradoxes que ces points de butées faisaient surgir dans le procédé de l'analyse. Et, d'autre part, cela a donné à la psychanalyse une visée beaucoup plus large, dans ses conséquences comme dans ses fins, que des effets thérapeutiques. C'est pourquoi, ces effets, s'ils sont incontestables au cours d'une analyse, ne sont pas ce qui permettrait de définir qu'une analyse a eu lieu ou non. On sait même combien la réussite thérapeutique peut se révéler être une résistance à l'analyse jusqu'à produire son interruption parfois.

Dans son texte-testament de 1936, « Analyse finie et infinie », Freud s'interroge sur ce qui peut être attendu d'une analyse dès lors que l'on ne peut venir à bout de toute la force pulsionnelle. C'est dire qu'il envisage les choses sous l'angle d'un remaniement possible de la jouissance plutôt que sous l'angle de la guérison, celle-ci se produisant, dès lors, « comme bénéfice de surcroît de la cure analytique[1] ». Mais ce n'est que dans la mesure où ce n'est pas elle qui est visée dans l'analyse[2] que pourra se rencontrer, sans le recours de l'écran du fantasme, le réel en jeu pour un sujet, comme butée ultime de tout le processus de déchiffrage. C'est à cette rencontre que Lacan a donné le nom de « passe », parce qu'elle est rencontre inédite avec l'impasse dernière (ou première), celle d'un « il n'y a pas » fondamental, inhérente à la structure et dont le sujet ne veut rien savoir. Il s'en protège de toutes les façons, les différentes structures psychiques étant autant de modes de mettre ce raté de la structure en impasse pour ne pas le rencontrer.

Ce qui peut être attendu d'une cure, dès lors, est plutôt de l'ordre d'un « savoir faire » avec le réel, façon de s'y soumettre

---

1. J. Lacan, « Variante de la cure type », dans *Écrits*, Paris, Le Seuil, p. 324.
2. « Surtout ne pas vouloir guérir » : lettre de Freud à Jung du 25 janvier 1909, dans *Correspondance Freud-Jung*, tome 1, Paris, Gallimard, 1992, p. 278.

ÉDITORIAL

qui, en acceptant de faire avec le ratage, produit un allègement du poids de la destinée et sort le sujet de l'impasse où le confinait sa névrose.

Comme on le verra à lire les articles de ce numéro, le thème de l'impasse a été une puissante source d'inspiration pour les analystes qui se sont risqués à s'y confronter.

Claude-Noële Pickmann

Impasses du destin

Claude Rabant

> « *Avanie et Framboise*
> *sont les mamelles du destin.* »
> *Tirez sur le pianiste*, chanson de Boby Lapointe

Qu'est-ce qu'une impasse ? Comment définir une impasse ? Selon quels critères ? Et partant, qu'est-ce qu'une cure ? Que soigne-t-elle ou que guérit-elle ? A priori, l'impasse est au début, comme problème à résoudre, et la passe ou l'issue à la fin[1]. Chacun ne vient-il pas en effet, en début d'analyse, déposer son symptôme en soulignant l'impasse qu'il implique, le nœud coulant de détresse dont il enserre le sujet ? L'espoir d'une issue, sans doute fulgurante, n'est-il pas précisément ce dont Lacan a tenté d'élargir l'horizon en inventant la passe ? Impasse et passe s'opposeraient terme à terme, faisant du même coup de l'analyse une cure, une victorieuse et féconde issue à la souffrance psychique. Parler de cure implique l'espoir a priori d'un état meilleur, où la volonté de guérir combat celle, négative, du symptôme. Que la passe ait pu être ensuite, par Lacan lui-même, déclarée un échec (institutionnel, s'entend), n'en fait pas pour autant une impasse : à preuve, les diverses répliques qui ont pu en être proposées. Échec n'est pas nécessairement impasse, puisque

---

1. Cure comme traitement : *Le petit Larousse* cite tout spécialement en exemple la cure psychanalytique ! Une cure implique donc a priori son heureuse issue. Sinon, il y aurait contradiction dans les termes.

aussi bien il permet de rebondir. Impasse serait un échec définitif, sans espoir. Or, cela existe-t-il, hormis les boucles répétitives de la pulsion de mort et leur issue fatale ? Impasses du pouvoir, frontières infranchissables de la volonté...

Certes, il y a de l'échec. Ôtez le symptôme, que reste-t-il ? Souvent la mort ou le désert. Le symptôme fait le prix de l'existence, sa souffrance, mais aussi son enjeu. Il n'est donc pas question d'abolir absolument le symptôme, ni de le dissiper comme un rêve. Prenez la phobie : le sujet y tient comme à son existence même. À juste titre. À vouloir la lui arracher, vous risquez sa mort. Après tout, les échecs rythment l'analyse comme l'existence. Toujours à reprendre. La seule impasse qui demeure serait celle de l'analyste, qui peut s'en faire un échec. Il est toujours fécond, quand la nécessité s'impose, de changer d'analyste. C'est comme se brancher sur un nouveau réseau...

L'ultime impasse serait la névrose de destin : le retour, sans cesse, aux mêmes formes de vie « en échec ». Le temps finit-il par dévorer ces formes ? Le temps finit-il par absorber la vie et son inlassable exubérance, pour en recracher l'ultime déchet, ce *caput mortuum* d'une opération alchimique qui aurait fait enfin de la cure sublimation ? *Cura ut valeas*, aimait à écrire Cicéron à la fin de ses lettres : prend soin de te bien porter ! Voilà la cure : prenez soin de vous bien porter ! Redondance, sans doute. À l'horizon de la cure, la santé. À l'horizon de la lettre, son déchiffrage. À quoi l'on pourrait objecter, comme Novalis selon l'antique tradition : c'est par la maladie ou la souffrance que nous apprenons. La souffrance est savoir, la douleur nous enseigne. C'est par elle que nous apprenons à vivre, et qui même, sans doute, nous y contraint. Souffrance en tous les sens, aussi bien celle de la lettre – en souffrance –, que l'angoisse primordiale. Souffrance au sens de ce qui nous advient en général, qui nous affecte et que nous subissons, en fin de compte l'événement lui-même. En ce sens, la souffrance est bien expérience : l'analyse est la possibilité offerte au sujet de changer sa souffrance en expérience, d'en faire le champ d'expérimentation du désir, à travers l'amour de transfert. Pourquoi désir – non pas comme manque mais comme espérance ? Parce que, selon la définition princeps de Spinoza, plus d'une fois rappelée par Lacan, « le désir est l'essence même de l'homme, pour autant qu'étant affecté par quelque chose, il est déterminé à agir[2] ». Il y a par suite une *action* de l'analyse, qui transforme l'expérience de la souffrance en expérimentation du désir, en espérance du sujet. Expérimentation d'un champ où, de passif à son destin, le sujet devient actif, auteur de ses actes. « Tu l'as rêvé, alors fais-le ! »

A contrario, l'impasse obscure et menaçante est celle du masochisme, cette pente innée à se faire souffrir soi-même, à jouir de son propre malaise, faisant semblant de diriger ce qui nous dirige pour mieux échouer devant la réussite, selon cet axiome du « Je n'en veux rien savoir » qui nous masque la propension des choses derrière un supposé destin. Obligeant à couper court sans cesse, comme dit le *Champion de jeûne* de Kafka, « au plus beau moment », celui de l'imminence d'une jouissance tant attendue cependant. Il en va de la plainte comme du délire, devenant peu à peu complainte et chanson, complaisance à sa propre berceuse. Lacan dans *Télévision*, désignait dans la tristesse, à la suite de Spinoza, une faute morale. Quelle faute ? Un manque de foi dans le langage.

Ainsi en va-t-il le plus souvent des interruptions de cure : « au plus beau moment », celui où l'on *allait savoir* ce qu'on cherchait depuis si longtemps (avec cette inclinaison de l'imparfait vers l'impossible, si chère à Lacan), mais aussi où le risque est plus grand. Chacun, bien sûr, se rêve en champion d'analyse, mais s'incline en fin de compte devant l'impresario qui dicte les règles du spectacle et de sa répétition.

Ce n'est pas qu'il n'y ait pas de merveilleux moments de bascule, de singuliers points de rebroussement, de subtils éclairs de lucidité, des élans de liberté suspendue, autant de coups de théâtre – souvent à la surprise de l'analysant et à l'admiration de l'analyste. Comme si les choses entre eux s'étaient faites plus rares et, à leur double insu, avaient germé dans le secret d'une longue patience, dans le clair *mycélium* de l'inconscient. Autre occasion d'impasse, donc, dans l'impatience, le « trop vite » ou le « trop fait ». Alors, pas de trophée, si l'on ose dire, pour les partenaires analytiques, rien que l'étranglement d'une victoire à la Pyrrhus. Ce qu'on gagne réellement est en effet plus discret,

---

2. Spinoza, *Éthique*, Paris, Le Seuil, 1999, nouvelle traduction de Bernard Pautrat, troisième partie, définition des affects, p. 305.

plus doux et plus timide. Rien de tonitruant. On ne démontre pas les effets d'une cure sur des tréteaux. Tel fut peut-être le sort pernicieux de la passe : se changer en tréteaux.

Quant au fragment 64 d'Héraclite auquel Lacan se réfère en 1975 pour définir la passe[3], il n'indique pas, en vérité, l'éclair mais la foudre pour diriger l'univers, l'ensemble des choses – *ta panta* – et les maintenir dans leur pluralité : « Les choses qui sont là, la foudre les conduit toutes. » Ni l'éclair ni le tonnerre, mais la foudre : ce qui tombe et qui frappe, entre sonore et visible – ni l'un ni l'autre, mais dans leur faille, leur interstice – quand la foudre, commentent Bollack et Wismann, arrache le gouvernail des mains du timonier[4]. Autrement dit, quand le sujet n'est plus, selon le vœu de Descartes, tel le pilote en son navire, maître de son itinéraire, mais le jouet de forces contraires. Quand, possédé par un *logos* plus fort que lui, il lâche la barre. Ainsi l'impasse est au plus près de la passe, quand le réel souffle au sujet sa tâche au-delà de lui-même. Voir le destin opposé des deux frères, décrit par Edgar Poe dans *La descente dans le maelström* : l'un se cramponne au navire et sombre avec lui dans le vertige du gouffre, l'autre s'attache à quelque fétu tournoyant en surface et surnage avec lui lorsque se referme la bouche infernale. Le plus léger l'emporte sur le plus lourd. Leçon de survie...

N'oublions pas que, dès le premier Freud, le sonore et le visible s'ajointaient dans le fantasme[5]. La foudre alors les scinde et les divise, les écartèle pour donner souffle et respiration au sujet – sa chance et son intelligence... Sans doute, le fantasme est-il ce qui rend bête, dans la mesure où il colle au discours

---

3. Intervention de Jacques Lacan sur la passe, au congrès de La grande Motte, en juin 1975, *Lettres de l'École* n° 15, p. 185.
4. J. Bollack, H. Wismann, *Héraclite ou la séparation*, Paris, Éditions de Minuit, 1972, p. 214-215.
5. S. Freud, « Manuscrit L, notes jointes à la lettre du 2 mai 1897 », dans *La naissance de la psychanalyse*, Paris, PUF, p. 174-175. « Le but semble être de revenir aux scènes primitives. On y parvient quelquefois directement mais, en certains cas, il faut emprunter des voies détournées, en passant par les fantasmes. [...] Élaborés à l'aide de choses entendues qui ne sont utilisées qu'après coup, ces derniers combinent les incidents vécus, les récits de faits passés (concernant l'histoire des parents ou des aïeux) et les choses vues par le sujet lui-même. Ils se rapportent aux choses entendues comme les rêves se rapportent aux choses vues. Car, dans les rêves nous voyons mais nous n'entendons pas. »

de l'Autre ! Alors que le rêve est ce qui réveille, en régressant jusqu'aux scènes primitives des choses vues...

Selon ce modèle, la plus stricte impasse consiste à ne vouloir pour rien au monde lâcher la barre ou le timon du fantasme, qu'il s'agisse de l'analyste ou de l'analysant, le plus souvent de concert. Lâcher la barre, c'est renoncer au pouvoir, à la maîtrise de l'acte et à la direction de conscience, c'est passer de l'autre côté du destin, devenir soi-même fétu, brouiller les pôles et les charges. Transfert de poids, disent les danseurs. S'abandonner à la chance et à la chute risquée, au déséquilibre. Renoncer, donc, à la cure comme fantasme de soin pour un métier peut-être de charlatan, voire d'imposteur, pour prix de quelques rares diamants. Admettre le symptôme et sa folie, le transfert. Car c'est bien le symptôme qui s'y jette à pleins poumons, jusqu'à y suffoquer.

Classiquement, le transfert est source de résistance, donc d'échec et par là d'impasse, du moins de stagnation. On connaît, hélas ! des cures qui se brisent sur ce roc, lorsque le gant de l'amour se retourne en pure et simple persécution. Ne pourrait-on cependant parler, dans l'action du transfert et à travers sa contingence quotidienne, d'un « coup de foudre » capable de scinder le fantasme et d'y faire surgir l'intervalle où l'expérience du désir est possible ? L'amour de transfert serait ainsi la foudre qui ouvre dans l'épaisseur du symptôme le chemin du désir, non pas directement sans doute, mais à l'occasion d'un battement d'ailes de la lettre, qui peut *affecter* le sujet au point de le déterminer à agir. Et sans doute cet amour permet-il aussi de lever l'hypothèque masochiste, notamment sous sa forme de soumission au destin.

Levée qu'on traitera éventuellement de sublimation, sans trop savoir ce qu'on dit par là. Sinon ce qui permet de se désapproprier de soi, par transmutation et détournement de la pulsion de mort – *Ichlosigkeit* en réponse à l'*Hilflosigkeit*. Détournement vers de plus amples horizons, où la pulsion narcissique se dissout pour cibler l'inconnu.

Ce qui nous approprie dans l'impasse, en effet, c'est le trauma, dont nous avons fait bon gré mal gré notre bien et notre destin. Une sorte d'appropriation éternelle, qui nous exporte hors du temps et nous identifie à la marque de l'Autre. Vous pouvez y repasser cent fois, et cent fois vous ne serez rien. Rien que cette marque indélébile. Mais la cent-unième, allez savoir pourquoi, une brise aura soufflé qui a brisé le sceau et fait sauter le cachet de l'éternité. Vous êtes devant la mort, certes, et même plus que jamais, mais le passé ressuscité ravive la brisure acérée du présent, et du coup fait crochet vers un avenir plus ouvert.

Un saut est alors possible, dont nul par avance ne peut calculer ni l'élan, ni le courage, ni la nouveauté. Car tout cela est fonction d'un dehors partiellement inconnu, pour autant qu'on se livre alors à sa surprenante énigme. *Gelassenheit...*

« Un passage en forme d'impasse »

Simone Wiener

> « *J'y retrouve l'impression du miracle
> des premières démarches freudiennes :
> trouver dans l'impasse même d'une situation
> la force vive d'une intervention.* »
> J. Lacan[1]

Que signifie une impasse ? Au sens commun, ce mot renvoie à une voie sans issue, à une situation sans réponse. On est dans une impasse lorsque l'on veut aller droit au but et que l'on rencontre un empêchement. Dans le champ de la psychanalyse, une impasse peut survenir comme une conséquence logique à quelque chose de mal posé, dès le départ. Mais elle peut aussi être contingente et, dans ce cas, sera plutôt liée à une résistance susceptible de venir de la part de l'analysant ou de l'analyste. Structuralement, on ne peut pas dire d'une psychanalyse qu'elle vise un but et que son chemin soit linéaire. Au contraire, les obstacles qu'elle rencontre peuvent la faire avancer.

Je propose une réflexion qui prenne en compte ces paradoxes pour approcher cette question ouvrant sur ce qui peut faire bord dans nos expériences cliniques et théoriques.

---

1. J. Lacan, « La psychiatrie anglaise et la guerre », dans *Autres écrits,* Paris, Le Seuil, 2001, p.108.

Clinique de l'impasse

En philosophie, l'impasse est à la source de la réflexion car elle est ce qui permet, ce qui donne sa raison d'être au projet. Quand toutes les sorties paraissent bloquées, c'est là que paradoxalement la pensée philosophique peut se mettre en route. Le terme d'impasse évoque l'aporie, dérivé du grec *aporia* formé d'un *a* privatif et de *poros* qui signifie aussi bien un chemin qu'un gué, c'est-à-dire tout ce qui permet de passer en deçà et au-delà d'une ligne. Impasse renvoie aussi à une contradiction, un embarras.

On voit à partir de là comment le vocable « impasse » peut constituer à la fois un empêchement et la nécessité d'une mise en route. Dans le champ clinique, on rencontre ce paradoxe avec le symptôme dont Lacan a pu dire que c'est ce à quoi le sujet tient, c'est son réel, et ce dont il souffre.

Lorsqu'un sujet fait une demande d'analyse, il se considère, le plus souvent, dans une situation d'impasse. Un symptôme peut avoir cette forme, pourtant une analyse ne vise pas forcément à le dépasser, même si elle permet la mise au travail d'un questionnement. Le passage à l'acte quand il entraîne l'arrêt intempestif de l'analyse, ainsi que certaines formes d'inhibitions qui empêchent le travail associatif constituent des formes d'impasses qui peuvent conduire véritablement vers des voies sans issue. En revanche, l'acting-out appelle à être déchiffré et peut ainsi relancer l'énonciation. Ce mécanisme répond à la logique d'une impasse au sens analytique, c'est-à-dire à quelque chose que j'ai trouvé sous la plume de Lacan et qui a donné le titre de mon article : « Un passage en forme d'impasse[2] ».

C'est à propos du Petit Hans et de la fonction du mythe qu'il emploie cette formule. Hans est confronté à la nécessité de réviser ce qui a été jusque-là son lien au monde maternel et le leurre dans lequel il se trouve. Qui a le phallus ? Et « qu'est-ce que ma mère désire-t-elle d'autre que moi, l'enfant ? », se demande-t-il. Lacan compare cela au mythe dont la fonction est de tenter d'articuler une solution à un problème logique. À savoir de faire un

---

2. J. Lacan, Le séminaire, Livre IV, *La relation d'objet* (1956-1957), Paris, Le Seuil, 1994, p. 293, séance du 10 avril 1957.

récit, construire un discours qui va permettre que des éléments contradictoires puissent trouver une voie de passage là où il y a une impasse. La structure du mythe est mise en parallèle avec la position de Hans, face à la nécessité de revisiter le système qui le liait à sa mère, depuis que sa petite sœur est entrée dans sa vie comme un élément inassimilable. La phobie survient dans ce contexte. Elle constitue la formulation pour articuler un passage qui, comme tel, est impossible, comme tel, est une impasse.

Au cours d'une démarche analytique, le sujet se ressent en situation empêchée, et c'est ce qui constitue la mise en acte de sa demande. L'analyse ne propose pas une solution, mais le symptôme est entendu d'une autre façon que sur le mode de la causalité. Ce qui est primé par l'analyse n'est pas le souhait d'éradiquer le symptôme mais de le considérer comme le réel du sujet. Dès lors, ce qui est proposé n'est pas une sortie de l'impasse mais de permettre que se constitue un chemin d'accès à ce réel. Le trajet d'une analyse se déroule autour du tracé que le symptôme peut permettre de déployer en ouvrant, de différentes manières, la part d'énigme qu'il recèle pour le sujet.

Ainsi, au cours de ce trajet, si un acte doit être posé, décision ou dire, et qu'il ne vient pas, cela peut aboutir à une impasse logique, une aporie. Mais, l'absence de transfert ou, du côté de l'analyste, de désir peut aussi constituer une voie sans issue dans la mesure où rien n'avance, ni ne bouge. On se sent en impasse lorsque la résistance est trop forte ou lorsque la jouissance du symptôme ne peut être mobilisée et que les dires sont comme vains. C'est dire que l'analyste et l'analysant peuvent se sentir, pour des raisons différentes, dans une impasse.

Le symptôme constitue un carrefour entre fantasme, jouissance et système signifiant. Dans les interstices de ce carrefour se situent certaines formes d'impasses. Mais, si le symptôme recèle quelque chose de l'ordre d'une impasse pour le sujet, le *sinthome* ou l'identification au symptôme[3] sont des évolutions où persiste, se maintient quelque chose qui a trait à l'impasse qui la subsume et en même temps la dépasse.

---

3. E. Porge, *Lettres du symptôme, Versions de l'identification*, Toulouse, érès, 2010.

Analyste ou détective ?

Très tôt, dans son enseignement[4], Lacan relève du côté des analystes l'impasse dans laquelle ils se trouveraient s'ils se mettaient à chercher du symbole derrière les gestes, les regards, les attitudes, les soupirs du patient. Alors qu'il s'agit de se limiter au registre du discours, d'écouter la parole du sujet. Il y a impasse du côté de l'écoute analytique lorsque réalité et fiction sont confondues, lorsque l'analyste ne peut pas entendre le discours comme tel. Cela peut se produire lorsque, pour une raison ou une autre, l'analyste a accès à la réalité de ce dont son analysant parle. Qu'il s'agisse d'affaires institutionnelles ou familiales, il est nécessaire de pouvoir continuer à entendre ce qui est dit et non la réalité de ce à quoi cela peut renvoyer.

Au cours de son premier séminaire, Lacan va attirer l'attention du public sur les impasses, dans lesquelles on peut se trouver, lorsqu'on est prisonnier de la dimension imaginaire. C'est à propos d'un livre de Balint, *Primary Love and Psychanalytic Technique*, sur lequel Granoff fait un exposé. Balint adhère à la méthode freudienne tout en disant qu'il y a autant de façons de la pratiquer que de patients et de praticiens. Il propose de laisser de côté le schéma freudien anatomique qui paralyserait l'essor de la pratique. Selon lui, Freud oublie que l'on se trouve dans une situation de « *two bodies psychology* ». Balint voit une impasse à prendre la parole du sujet « dans sa valeur faciale », car, ajoute-t-il, « on loupe l'essentiel de l'expérience ». Tout en disant qu'il faut accorder une importance au langage, son idée du symbole l'amène à chercher quelque chose derrière la parole du patient. Il cherche à « traquer le patient aussi loin que possible ».

Il ajoute : « Il faut le fleurer, le surveiller dans ses moindres gestes [...], car il est évident qu'il faut trouver derrière ce qu'il dit, le symbole. » La tâche de l'analyste, selon Balint, est proche de la position du détective qui veut trouver, démasquer ce qui se cache. Le point d'impasse est que le symbole n'est pas recherché là où il pourrait être trouvé, c'est-à-dire dans le discours du patient.

---

4. J. Lacan, Le séminaire, Livre I, *Les écrits techniques de Freud* (1953-1954), Paris, Le Seuil, 1975, séance du 26 mai 1954.

Acting-out et passage à l'acte

Est-ce que les mécanismes de passage à l'acte et d'acting-out sont à considérer comme des impasses dans une analyse ? Lacan les décrit longuement dans son séminaire sur l'angoisse. L'acting-out est une conduite qui se donne à déchiffrer à l'Autre à qui il s'adresse (alors que le passage à l'acte vise la réalisation de l'agir et ne semble pas en quête d'une destination).

Le sujet met en acte au lieu de se souvenir. Il mime, en quelque sorte, ce qui ne peut se dire par défaut de symbolisation. Tout se passe comme s'il n'avait pas accès au sens de ce qu'il montre et c'est à l'Autre qu'il revient de déchiffrer ce qui se joue. La dimension d'adresse dépasse celle de l'agir. Lorsque cet agir peut être entendu, qu'il arrive à destination comme on le dit d'une lettre, c'est un acte. L'acting-out constitue ainsi une forme d'appel, d'invitation à relancer l'énonciation là où elle était gelée. Je pense à des retards appuyés et répétitifs d'un analysant manifestement adressés à l'analyste. Ils ont permis de revenir sur le temps et la dimension de sursis par rapport à la mort, que ces délais représentaient pour elle. Les oublis de séance peuvent inviter secondairement à se demander ce qui se dérobe, mais ils empêchent d'abord que la séance puisse avoir lieu. Et justement, ce qui intéresse notre propos, c'est la dimension d'impasse que recèlent ces moments où l'agir vient à la place du dire. Comment analyser dès lors ce qu'il en est de l'Autre au temps de l'acting-out, au moment où, justement comme le dit Lacan, il est éliminé ? Éliminer c'est : faire sortir, mettre hors du seuil de...

Dans l'acting-out, ce qui est visé, c'est évacuer l'Autre, entendu comme le trésor des signifiants[5]. En d'autres termes, l'acting-out est-il une pulsion à écarter l'Autre plutôt que de se glisser dans le fantasme ? L'exemple sur lequel s'appuie Lacan pour parler de ces deux mécanismes est le cas de la jeune homosexuelle[6]. Cette jeune fille est amenée à Freud par son père pour qu'elle cesse sa conduite scandaleuse, celle de s'afficher avec une demi-mondaine de dix ans son aînée. Elle se promène

---

5. G. Le Gaufey, « L'acting-out : la perte et le manque », congrès ELP, Un style « passe », 13 mai 1995, non publié.
6. S. Freud, « Sur la psychogenèse d'un cas d'homosexualité féminine », dans *Névrose, psychose et perversion*, Paris, PUF, 1973, p. 245.

près du bureau où travaille le père en présence de cette femme. Elle finit par réussir à le croiser et ce dernier lui jette un regard furieux. Quelques instants plus tard, elle enjambe un parapet et se précipite sur une voie de chemin de fer en contrebas. Cet acte, qui inquiète beaucoup l'entourage, comment le saisir ?

Dans le séminaire sur l'angoisse[7], Lacan formule que « dans ce cas, si la tentative de suicide est un passage à l'acte, je dirai que toute l'aventure avec la Dame de réputation douteuse, qui est ici portée à la fonction de l'objet suprême, est un acting-out ». Il considère ainsi que la tentative de suicide est un passage à l'acte alors que la sortie avec la dame est un acting-out. Et, ce sur quoi Lacan fait reposer son hypothèse, c'est que l'acting-out est une conduite du sujet, orientée vers un autre. Elle se donne à voir avec la dame, en l'occurrence, elle cherche là le regard du père. Dans l'acting-out, il y a de l'impasse au sens de l'un passe, alors que le passage à l'acte est une sorte d'impasse au sens de la sortie de la scène.

PASSE OU IMPASSE ?

Freud a parlé des impasses d'une cure dans « Analyse finie, analyse infinie[8] » lorsqu'il constate que les embarras de la pulsion, en fin de cure, peuvent en empêcher le franchissement. Mais, surtout, il évoque la protestation virile, l'impossible renonciation du côté féminin, ainsi que celle de se convaincre que la position passive n'est pas forcément dangereuse ou synonyme de castration, du côté masculin. Il déplore la difficulté à pouvoir franchir l'au-delà « du roc d'origine[9]. » Lacan reprend en terme d'impasses ce qu'il nomme le « roc de la castration ».

Le dispositif de la *passe* a-t-il été mis en place pour sortir des impasses de l'analyse didactique ? Toujours est-il que cette dernière requiert de faire une analyse avec un titulaire, ce qui suppose que l'on prévoit d'avance l'issue de cette analyse. Dans ce cas, tout se passe comme si la visée de l'analyse était la

---

7. J. Lacan, Le séminaire, Livre X, *L'angoisse* (1962-1963), Paris, Le Seuil, 2004, séance du 23 janvier 1963.
8. S. Freud, « Analyse finie, analyse infinie », dans *Résultats, idées, problèmes*, tome. II, Paris, PUF, 1985.
9. F. Scherrer, « Le roc... », Revue *Essaim,* n° 27, 2011.

formation ou la quête de guérison. Pouvoir la concevoir comme une expérience suppose de ne pas avoir une idée a priori de la finalité.

On sait que la passe peut prendre des formes variées, singulières, qui dépendent du sujet et, pourtant, elle requiert de l'acte qui ne soit pas du passage à l'acte. Elle vise à formaliser les moments cliniques de virage, les éclairs qui ont marqué l'analyse et ce qui a produit de l'analyste. Pourquoi Lacan a-t-il nommé ce dispositif la « passe » ? Serait-ce parce qu'il s'agit de sortir d'une impasse ? Garderait-elle de surcroît la dimension d'un tour de passe-passe en sacrifiant à son premier sens, à savoir un terme de jeux désignant le fait de jouer une carte plus basse dans l'espoir de faire sortir une carte intermédiaire de l'adversaire et de la faire prendre par son coéquipier[10]. En tout état de cause, comme l'analyse n'aboutit pas à une solution au sens d'une réponse, on peut du coup se demander si elle n'est pas un trajet en forme d'impasse. Ce terme d'impasse pourrait alors constituer le fil rouge du chemin d'une analyse et la passe serait alors une forme de passage ou de sortie d'une impasse, et non une conclusion.

Toutes ces questions renvoient au fait que, même si l'analyse procède de la méthode freudienne, les cures ne peuvent suivre un chemin linéaire, sans chicane, qui dicterait une cure-type. Il y a quelque chose de paradoxal à appréhender ce qui peut faire impasse, car ce sont justement ces achoppements qui font travailler. Cette question intéresse cependant très vivement le champ de la psychanalyse, car l'impasse relève de ce par quoi, d'une certaine manière, la position d'analyste se soutient. Il existe ainsi, comme je viens de le rappeler, de véritables impasses que Freud a théorisées et qui sont reprises par d'autres auteurs. Mais il semble bien aussi que pouvoir évoquer et analyser ses propres impasses reste un travail difficile, auquel résistent bien des analystes. Ce n'était pas le cas de Freud qui, tout au long de son œuvre, a eu ce courage et considérait cela comme partie intégrante de sa méthode que de travailler avec ses propres obstacles. Certes, les obstacles n'aboutissent pas tous à des impasses, mais c'est sur cette ligne de crête qu'il faut pouvoir se décider...

---

10. Dans A. Rey (sous la direction de), *Le dictionnaire historique de la langue française*, Paris, Le Robert, 2006.

L'impasse structurelle de la psychanalyse

Christian Fierens

Loin d'être une suite de découvertes qui tracent des chemins sûrs, l'histoire de la psychanalyse c'est l'histoire de ses mauvais pas. Avec la fuite de Breuer, l'accouchement psychique d'Anna O restera définitivement en panne. Emmy von N. rabat le caquet des thérapeutes une bonne fois pour toutes (« laissez-moi parler »). Dora renvoie son analyste comme une gouvernante à la gomme. L'homme aux rats est une histoire d'impasses anales. Le fidèle homme aux loups restera dans le guêpier de la psychanalyse comme ses initiales S. P. l'y assignaient, semble-t-il[1]. Seul, le petit Hans pourrait avoir entrevu une issue grâce à un plombier providentiel qui remplacerait les tuyauteries bouchées.

L'impasse concerne d'abord l'analysant : c'est son symptôme, c'est son problème. Mais c'est en même temps la question posée à l'analyste, car c'est l'impasse de l'analysant qui détermine par contrecoup non seulement la fonction de l'analyste, mais aussi l'être de l'analyste : l'analyste comme accoucheur de l'inconscient, l'analyste comme soutien du silence, l'analyste comme objet de rejet et d'abjection, l'analyste comme spécialiste de l'amour-transfert, l'analyste comme piqué dans le guêpier de l'analyse infinie et du roc de la castration, l'analyste comme réparateur des conduites de la dynamique des fluides.

---

1. Guêpe se dit *Wespe* en allemand ; en « castrant » le mot de sa première lettre (W, double V, lettre-symptôme de l'homme aux loups), il reste « ... espe », S. P., les initiales de Sergei Pankejeff, de l'homme aux loups.

Les symptômes de l'analysant devraient définir le rôle et l'essence de l'analyste. Aux tribulations de l'analysant devrait répondre la spécificité d'un analyste ad hoc. La maladie du patient convoquerait la compétence du soignant. Et lorsque ce dernier ne peut régler le problème du premier, on parlerait des « impasses de la cure ».

En définissant les impasses de la cure par l'embarras de l'un et l'autre de ses protagonistes, nous situons la cure comme un processus entre deux « sujets », comme un traitement intersubjectif. La question des impasses *de* la cure elle-même est remplacée par la question des impasses *pour* les deux personnes concernées, l'une malade et demandant de l'aide, l'autre soignante et voulant la guérir. La cure est tout naturellement pensée comme le lieu de l'issue adéquate, le lieu de la solution (« analyse »). Là, une conduite s'impose et elle est médicale : comment diagnostiquer l'impasse ? Comment ensuite envisager la possibilité d'une porte de sortie ? Comment enfin engager le patient sur le chemin salvateur ? Avec ce trépied diagnostique, pronostique, thérapeutique, la « cure » vaut comme « technique psychanalytique », elle vaut comme psychothérapie [2].

Les succès de la psychanalyse seraient relatifs au processus thérapeutique et l'examen des impasses proposées dans la cure consisterait dès lors à mesurer les forces en présence : d'une part, la gravité de la maladie, le poids des symptômes, la force pulsionnelle et la pression des résistances chez le patient, d'autre part, la perspicacité de la technique, le doigté des interventions, la détermination et la vigueur du désir de guérir chez le praticien.

À partir de la technique psychothérapeutique, on attend toujours une issue, autrement dit, on espère que l'impasse n'est pas une impasse radicale. Et lorsque l'impasse s'avère incontournable et sans issue, il doit s'avérer plus sage d'éviter la fausse route, de refuser la tentative de cure ou, le cas échéant, d'interrompre le traitement.

« À l'impossible, nul n'est tenu », dit-on. L'impasse, qui ne se réduit pas à une difficulté passagère, se retrouverait ainsi renvoyée en dehors du champ de la cure. La gênante impasse est

---

2. Cf. Les articles de Freud (1904-1918) rassemblés dans *La technique psychanalytique*, Paris, PUF, 2007.

ainsi passée de l'intérieur de la cure à l'extérieur de la cure. On appelle ça une projection. « Bon débarras », penserait-on, s'il ne s'agissait là en même temps de la mise en doute de l'existence de la psychanalyse elle-même. Sans Européens, il n'y a plus d'Europe. Sans analysants, il n'y a plus d'analyse. Faute de véritables *analysants*, la psychanalyse serait menacée dans son existence.

Aujourd'hui, les impasses apparaissent de plus en plus nombreuses et de plus en plus difficiles à résoudre. De nouvelles pathologies surgissent qui ne semblent plus relever du traitement psychanalytique. Ces patients, dit-on, n'ont pas accès au traitement psychanalytique classique ; et s'ils arrivent chez un supposé « psychanalyste », ils ne restent pas le temps nécessaire à une cure ; ils ne supportent pas la frustration inhérente au traitement classique ; accros à la jouissance, ils prétendent avoir droit à ce qui leur plaît. Faudrait-il entraîner le « psy » à répondre à ce genre de demandes atypiques, lui apprendre à motiver psychologiquement le client, l'inciter à adapter la thérapeutique et à tenter d'accrocher le patient ou plutôt l'impatient ? Bref, faudrait-il suggérer au praticien d'adopter un traitement plus conforme aux exigences de notre époque ? L'impasse dans la cure, dépendant des caractéristiques psychopathologiques des « patients », demanderait au thérapeute un effort supplémentaire d'adaptation aux nouvelles pathologies.

La nouvelle économie de marché impose, dit-on, une efficacité et des standards peu favorables au développement de la psychanalyse. La formation des psychanalystes est compromise au profit de techniques moins exigeantes, centrées sur l'adaptation aux normes de la société. Faudrait-il que les analystes se mobilisent pour maintenir une place possible pour la psychanalyse dans les nouvelles formes d'organisation sociale ? L'impasse dans la cure dépendrait-elle des possibilités offertes au psychanalyste dans la société d'aujourd'hui ?

Que l'on situe l'impasse par rapport à ses protagonistes ou par rapport à la société, la situation reste intersubjective. À prendre la question ainsi, on ne questionne pas encore la cure elle-même.

Depuis sa naissance, la psychanalyse n'a cessé de se présenter sous forme d'impasse et cela ne tient d'abord ni aux personnes en présence, ni à la société, mais à la question de l'inconscient. Ici, l'impasse n'est pas relative, elle est radicale. Car l'inconscient relève toujours de l'impossible. En tenir compte, c'est répondre : « À l'impossible, je suis tenu. » La psychanalyse ne touche au réel de l'inconscient qu'à « le rencontrer comme impossible[3] ». C'est cet engagement responsable jusqu'aux limites de ce qui ne répond pas, c'est cet engagement qui doit permettre de préciser *l'impasse de la cure* elle-même (l'impasse au singulier) et non pas directement les différentes impasses qui se présentent *pour* les psychanalystes avec leurs arguments politico-socio-historico-économiques. À partir de *l'impasse de la cure* elle-même, nous pourrons mieux comprendre les impasses contingentes dans telle ou telle cure, les blocages de telle ou telle pathologie, les tribulations face à telle ou telle législation. Sans poser la question de l'impasse *de* la cure, les impasses retombent inévitablement dans une relation interpersonnelle où l'un est supposé malade, l'autre supposé soignant et, même si l'on se défend du modèle médical, on y retombe inexorablement.

Les différents cas de psychanalyse rapportés dans les *Études sur l'hystérie* ou dans les *Cinq psychanalyses* illustrent certes des impasses *pour* le déroulement programmé des cures. Mais d'où viennent ces impasses ? À en chercher la cause dans la pathologie du patient ou dans la technique du praticien, on ne fait que mesurer les parties prenantes du processus ; on oublie l'impasse inhérente au processus, l'impossibilité fondamentale de l'analyse elle-même. Et la chose n'a pas changé aujourd'hui, quelle que soit la nouveauté des pathologies et quelle que soit l'ingéniosité renouvelée de la technique. À mesurer la gravité ou la légèreté des pathologies et le statut ou l'instabilité du psychanalyste, l'impasse inhérente à la psychanalyse s'efface, elle dis-paraît derrière la description des multiples impasses apparentes.

L'impasse structurelle de la psychanalyste est toujours là dans la cure. Il est possible de ne pas la voir et l'accentuation des impasses contingentes *pour* telle ou telle cure ou d'un point de vue *extérieur* à l'analyse sert à masquer l'impasse nécessaire de l'analyse. L'impasse structurelle de la psychanalyse a été repérée d'abord dans le travail de l'*interprétation*, ensuite dans le phéno-

---

3. J. Lacan, « L'Étourdit », dans *Autres écrits*, Paris, Le Seuil, 2001, p. 449.

mène du *transfert*, enfin dans l'*être* de l'analyste[4]. On pourrait attribuer l'interprétation à l'analyste et le transfert à l'analysant et l'être à leur intersubjectivité. Mieux vaudrait prendre le contre-pied. Mieux vaudrait par exemple s'exercer à penser l'interprétation comme l'affaire de l'analysant, le transfert comme l'affaire de l'analyste et l'être comme un manque à être, comme un échec de toute ontologie (y compris de la psychologie). À partir de là, l'analyse ne peut plus être ramenée ni à une affaire intersubjective, ni à un traitement dans les rouages d'une organisation sociale.

L'IMPASSE DE L'INTERPRÉTATION

On connaît la méthode freudienne d'interprétation du rêve ; elle comporte trois directives, il s'agit successivement de rapporter les circonstances du rêve, de raconter le rêve et d'associer à propos de chacun des éléments du rêve. Freud en donne l'exemple lumineux pour le rêve de l'injection faite à Irma dans la *Traumdeutung*. Après avoir accompli la prescription méthodique et ses trois volets, Freud peut déclarer tout à trac : « J'ai maintenant achevé l'interprétation du rêve[5]. » Suffirait-il de faire confiance à la méthode freudienne pour assurer l'issue favorable et trouver l'interprétation ? On sait qu'il n'en est rien et, si l'association libre ne garantit pas toujours l'interprétation véridique, il faudra bien reconnaître que la méthode freudienne cache en elle-même une impasse incontournable.

Nombreux sont les rêves où la méthode strictement freudienne tombe sur un cul-de-sac. Dans ces rêves, qui sont de plus dénommés par Freud « rêves typiques », « les idées incidentes du rêveur, celles qui par ailleurs nous ont conduits à la compréhension du rêve, font en règle générale défaillance, ou bien elles deviennent obscures et insuffisantes, de sorte que nous ne pouvons pas compter sur leur aide pour nous acquitter de notre tâche » qui consiste à interpréter le rêve[6]. L'embarras de Freud le force dès lors à recourir à une « méthode auxiliaire », la traduction symbo-

---

4. Cf. les paragraphes 2, 3 et 4 de J. Lacan, « La direction de la cure et les principes de son pouvoir », dans *Écrits*, Paris, Le Seuil, 1966, p. 585 et suiv.
5. S. Freud, « L'interprétation des rêves », dans *Œuvres complètes,* IV, Paris, PUF, 2003, p. 153.
6. *Ibid.*, p. 280.

lique (c'est bien pourquoi il a choisi d'en parler comme « rêves typiques »). N'est-ce pas là, *ab initio*, l'abandon de la méthode freudienne, l'impasse radicale *de la psychanalyse* ?

À cet endroit du texte, Freud multiplie les exemples d'interprétation symbolique au cours des différentes éditions de la *Traumdeutung*. Tous renvoient au symbolisme phallique.

Que veut dire le phallus ? À partir du texte de Freud, on peut montrer qu'il fonctionne toujours comme un petit moteur de relance[7]. Ponctuellement, l'interprétation bute sur une pierre d'achoppement qui peut servir d'appui pour un nouveau départ. Or, dans ce redémarrage, on ne sait d'où venait le mouvement qui soutenait l'interprétation et on ne sait davantage où elle pourrait se prolonger dans le futur. Le passé de la cause manque ; le futur d'un projet manque. Ce petit module est construit autour d'un point de butée inséré entre un mouvement qui vient d'on ne sait où et un mouvement qui va on ne sait où. Il reprend la situation analytique qui est elle-même coincée entre l'inconscient qu'on ignore et la construction d'une vie que personne ne peut prévoir. Le point d'impasse de l'interprétation correspond bien au petit moteur phallique de la psychanalyse. Il explique, d'une part, ce qu'est une impasse en général et il donne, d'autre part, l'instrument pour envisager l'issue, la relance. Comme le disait Hölderlin, « avec le danger croît aussi ce qui sauve », avec l'impasse croît aussi la ressource.

Radicalisons maintenant l'impasse structurelle de l'interprétation pour mieux dégager la structure du mouvement qui en ouvre l'issue. « Colorless green ideas sleep furiously[8] », Lacan emprunte cette phrase à Noam Chomsky ; pour ce dernier, elle est radicalement sans signification ; on pourrait penser dès lors sans interprétation. L'impasse de l'interprétation serait absolue. Du point de vue de l'interprétation significative, la messe est dite et, en ce cas, le message de la psychanalyse se réduirait à zéro. Pourtant, cette phrase sans signification est une *phrase grammaticale*. En raison de cette structure grammaticale, elle a le mérite de se

---

7. Je me permets de renvoyer ici à mon livre *La relance du phallus* (Toulouse, érès, 2008), qui reprend cette question de façon détaillée.
8. « D'incolores vertes idées dorment furieusement. » J. Lacan, Le séminaire, Livre XII, *Problèmes cruciaux pour la psychanalyse* (1964-1965), inédit, première séance du 2 décembre 1964.

passer de toute signification déjà plus ou moins établie et, par là, d'engendrer un *effet de sens*. L'impasse de l'interprétation amène un déplacement majeur : interpréter ne consiste plus à donner une signification qui reste de l'ordre de l'herméneutique, mais à créer un effet de sens et cet effet de sens est soutenu par la grammaire de la chaîne signifiante (ici exposée comme « phrase »).

Par l'impasse de l'interprétation, nous sommes passés d'une interprétation en quête de signification, à une interprétation en quête de sens ; nous sommes passés d'une herméneutique à l'ouverture d'un exercice de dire. L'interprétation en quête de signification se construisait à partir des phonèmes, mais elle butait sur une impossibilité criante dans l'exemple emprunté à Chomsky. Il convient de généraliser cette impasse relative à la signification pour bénéficier des conséquences en série de l'impasse en question. Toute séquence phonématique est équivoque, même lorsqu'une seule signification paraît évidente. Les phonèmes peuvent toujours dire autre chose et, quelle que soit la suite phonématique, il est toujours possible d'y entendre quelques « idées vertes incolores qui dorment furieusement ». Cela mène-t-il à une nouvelle signification ? C'est loin d'être toujours le cas. Par contre, la grammaire hors signification engendre nécessairement un effet de sens. Un dire est là qui dépasse la signification herméneutique. C'est le dire qui habite l'analysant (et non l'analyste). À partir de l'impasse radicale de l'interprétation significative, on peut dire, avec Lacan, que « le minimum de l'intervention interprétative » consiste à repérer ce pur dire, où la recherche de signification achoppe et échoue. « Je ne te le fais pas dire[9]. »

L'impasse de l'interprétation a mis en route le déplacement de la recherche d'une signification vers la création d'un sens ou encore le déplacement de l'équivoque homophonique, qui explicite l'impasse, vers la dimension grammaticale de l'interprétation (la grammaire dénudée est ouverte à tout vent et à tout sens). Mais la dimension grammaticale n'est pourtant pas établie ; car qui est celui à qui on ne le fait pas dire ? Et que veut dire le sujet ? Et que se passe-t-il dans le verbe ? La dimension grammaticale reste tout aussi inaboutie et le sens qui paraissait s'imposer échappe en sa racine. Nous butons sur une nouvelle impasse : la grammaire elle-

---

9. J. Lacan, « L'étourdit », *op. cit.*, p. 492.

même est équivoque. Nous sommes ainsi passés de l'équivoque homophonique (qui concerne la fixation d'une signification) à l'équivoque grammaticale (qui concerne la création de sens).

Mais ce n'est pas tout. En remettant en question les catégories grammaticales elles-mêmes – « Je ne suis pas le messie ! Mais si, mais si » –, l'équivoque grammaticale introduit une nouvelle forme d'aporie. Ici, la raison logique elle-même constitue le nœud des impasses : un sujet qui ne peut être compris qu'en tant qu'objet, un message qui ne peut être compris qu'au lieu de l'Autre qui n'existe pas, une totalité qui ne peut fonctionner que comme pas-tout. L'équivoque logique peut être révélée dans les paradoxes des logiciens, mais il s'agit surtout de la mettre à l'œuvre au cœur même de la cure analytique. Elle ne peut être, par définition, traitée dans le seul champ de la raison épurée. Il ne lui reste plus qu'à s'imaginer dans la parole et nous voilà réintroduits dans les séquences phonématiques et leur équivoque homophonique.

L'impasse de l'interprétation est ainsi explicitée. Elle ne se résout pas, elle peut être tournée, retournée, détournée, contournée dans la triple équivoque homophonique, grammaticale et logique.

On peut se plaindre des nouveaux symptômes, de la nouvelle économie psychique. On leur trouve trop facilement des interprétations plausibles. Mieux vaudrait sans doute découvrir l'impasse fondamentale de ces dernières. Les nouvelles questions portées par les nouvelles formulations symptomatiques nous rappelleraient alors que l'interprétation ne peut se réduire à une herméneutique, au repérage d'une subjectivité dans le dire et à la résolution des paradoxes d'une vie. Elle dit bien plutôt l'irréductibilité du questionnement qui fait travailler et qui force encore et toujours à inventer un chemin balisé par les butées de l'impossible.

L'IMPASSE DU TRANSFERT

Dans « Sur la dynamique du transfert », Freud présente le transfert comme « la plus forte résistance contre le traitement [10] ». Le transfert apparaît dans l'arrêt des associations, lorsque le dire de l'analysant ne produit plus rien, ou mieux lorsqu'il produit

---

10. S. Freud, « Sur la dynamique du transfert », dans *Œuvres complètes*, XI, Paris, PUF, 2009, p. 109.

positivement rien. Pourtant, depuis l'hypnose et la suggestion, le transfert doit encore et toujours servir de moteur à la cure. Tout à la fois résistance dans la cure et moteur de la cure, le transfert est, *ex principio*, un moteur grippé, un moteur en panne. La panne semble bien complète, définitive et structurale. N'est-ce pas ce que démontraient déjà les grands cas freudiens ? Freud a bien tenté de trouver un dépannage : le transfert répète le conflit de l'enfance, il suffirait dès lors de le constater et ensuite de le communiquer à l'analysant avec tact et psychologie. L'analysant aurait ainsi les cartes en main pour choisir la meilleure issue possible au conflit névrotique en fonction des forces en présence. Que le meilleur gagne ! On escompte bien la victoire du moi fort qu'on a accepté en analyse dans cette perspective.

Aujourd'hui comme autrefois, cette solution mène le plus souvent à une impasse. Les conflits actuels n'apparaissent pas clairement comme de pures répétitions de conflits infantiles, même s'il est toujours possible de brosser de grands tableaux de telle ou telle pathologie contemporaine en fonction de la carence du père ou en fonction du gavage maternel. L'application de ces idées générales aux cas particuliers est très franchement ressentie comme un forçage par l'analysant et par l'analyste lui-même. Et ce forçage conduit tout droit au transfert haineux. L'analysant hait celui qui l'a enserré dans une systémique où il ne se retrouve pas et l'analyste hait celui qui ne répond à son rafistolage que par une « relation thérapeutique négative ».

Plutôt que de concevoir le transfert comme une difficulté passagère dont on devrait *in fine* trouver l'issue, il faut d'abord accepter d'être plongé dans un transfert-amour[11] irréductible à une situation particulière. Comment le comprendre ? Pas plus que pour l'interprétation, nous n'avons ici une issue prédéterminée qui permettrait de définir les choses une bonne fois pour toutes. Freud notait déjà en 1920 que les impasses rencontrées dans l'analyse d'enfants et de personnes dites perverses avaient rendu nécessaire l'extension du concept de sexualité dans le sens de « l'Éros du divin Platon[12] ». Dans son séminaire sur le transfert,

---

11. Cf. J. Allouch, *L'amour Lacan*, Paris, Epel, 2009.
12. Préface de la quatrième édition des « Trois essais sur la théorie sexuelle », dans *Œuvres complètes,* VI, Paris, PUF, p. 66.

Lacan reprend la lecture du *Banquet* de Platon pour élargir le concept de transfert à sa juste dimension : selon le mythe, Éros a pour père Poros (ressource ou expédient) et pour mère Penia (pauvreté ou indigence). Autrement dit, Éros naît de l'antinomie entre poros et aporie, entre ressource et peine, entre possibilité (« au possible, je suis tenu ») et impossibilité (« à l'impossible, je suis tenu »). Et le transfert naît de l'antinomie entre la passe comme passage et l'impasse comme blocage. Contrairement à toute attente, le principe actif dans la conception d'Éros n'est pas le premier terme de l'antinomie, mais bien le deuxième, l'impossible. La panne elle-même est le moteur du processus.

Le processus serait-il un processus de réparation ?

Plutôt que de le concevoir comme une restitution de l'état antérieur, laissons-lui la chance du nouveau, entendons une relance. À partir d'une impasse ou d'une impossibilité, on peut trouver une issue, une nouvelle possibilité ou encore une « résilience ». Dans la clinique expérimentale, on cherchera l'issue, la possibilité de progrès et les impasses dans la cure se présentent comme des défis à surmonter pour le patient et pour le praticien. Dans cet entre-deux, le transfert peut jouer comme accélérateur du processus (transfert positif) ou comme frein du même processus (transfert négatif). Le transfert accompagne le processus comme un artefact et on insistera sur le côté artificiel du transfert. On pourra encore le repérer dans la question du savoir, du vouloir savoir ou du vouloir ignorer. Il paraît évident de pouvoir constater la présence ou l'absence de transfert ; de ce point de vue, les impasses multiples de la psychanalyse se présentent souvent comme l'effacement des phénomènes transférentiels classiques : il n'y a apparemment pas de véritable transfert. Le manque ou l'insuffisance de transfert constitueraient une impasse majeure dans la pratique psychanalytique d'aujourd'hui. C'est évident.

Cela ne saurait suffire. Bien que le transfert apparaisse avec évidence dans divers phénomènes passionnels d'amour, de haine ou d'ignorance, il ne se réduit à aucune de ces apparitions contingentes.

« Le propre de l'évidence est de résister à sa mise en question[13]. » C'est l'évidence des apparitions passionnelles du

---

13. G. Granel, *Écrits logiques et politiques*, Paris, Éditions Galilée, 1990, p. 133.

transfert qui en voile le procès. Bien plus, c'est l'évidence d'un *manque* de tout transfert apparent qui doit poser à nouveaux frais la question du transfert, y compris la résistance. Mais comment ? Il est facile sans doute d'imputer au patient des sentiments amoureux, hostiles ou indifférents qu'il ne voudrait pas reconnaître, ou tout simplement qu'il ignorerait. Mais cela ne peut satisfaire ; il s'agirait là d'une interprétation univoque, de surcroît forcée, qui interviendrait pour sauver les apparences d'un transfert contingent qu'on ne veut pas lâcher.

Le transfert existe en deçà de tout *phénomène* de transfert. L'existence d'un transfert en deçà de tout phénomène repérable de transfert n'est pas une simple hypothèse comme l'imputation de tel ou tel sentiment du patient à l'égard du thérapeute. Cette dernière hypothèse est toujours contestable et, de plus, elle n'est jamais que de l'ordre du préconscient. Il s'agirait au contraire de mesurer le transfert à l'aune de l'inconscient, en tant que ce dernier se présente nécessairement comme impossibilité et comme impasse. À partir du séminaire sur le transfert de Lacan, le transfert se définit par le manque lui-même ou par l'impasse elle-même et non pas par le manque contingent d'une chose en particulier (fût-ce le manque du pénis) ou par l'impasse momentanée. Le manque dit l'inanité de l'être lui-même et l'impasse est structurelle. Sans manque et sans impasse préliminaire, il n'y a pas de cure et, plus généralement, pas de parole. À charge pour tout qui se prête à la parole d'entendre l'impasse dans le symptôme apparemment muet.

Dans sa structure, l'impasse convoque toujours déjà l'issue possible. La thèse pourrait paraître comme l'articulation purement formelle de deux concepts contradictoires : le oui implique le non et réciproquement. Il n'en est rien. L'impasse est une souffrance matérielle, concrète, impossible à réduire à quelque théorie[14]. Le fait de la souffrance impliquée dans l'impasse ne devrait pas conduire nécessairement d'abord aux analgésiques médicamenteux ou psychologiques. Le chirurgien confie la question de la douleur à l'anesthésiste pour s'occuper exclusivement de l'acte

---

14. On écartera le cas purement théorique d'une impasse où la souffrance est radicalement absente. Les toxicomanes, psychopathes et pervers sont parfois présentés comme des jouisseurs sans aucune souffrance. Il s'agirait toujours de partir soit de leur souffrance cachée, soit de la souffrance de leur proche.

opératoire. Pour pouvoir opérer, l'analyse met entre parenthèses non pas la douleur comme telle, mais la *contingence* de telle ou telle douleur, pour mieux tenir compte de la peine, de l'impasse et de l'impossibilité *structurelles* à partir desquelles peut s'ouvrir l'espace d'un nouvel Éros, d'un nouvel amour, d'un nouveau transfert apparent. Cet espace ouvert à un nouvel amour est le transfert en deçà de tout *phénomène* de transfert.

L'impasse se présente dans le chef du patient et ce dernier n'a effectivement pas trouvé la voie de ce nouvel amour, même si l'espace est ouvert. Comment peut-on espérer une réponse à cet espace *qui n'aboutit pas*, même si l'espace espère le nouvel amour, même si l'impasse aspire nécessairement à l'issue ? Que doit être l'analyste pour ouvrir une réponse à l'impasse dans un nouveau transfert ?

L'IMPASSE DE L'ÊTRE

L'analyste peut-il trouver l'issue des multiples impasses de la cure ? Évidemment non ! Il n'arrive pas à donner une signification satisfaisante aux nouveaux symptômes d'aujourd'hui. Et l'outil de travail de l'analyse est fondamentalement inopérant : qu'il soit apparent ou qu'il semble inexistant, le transfert structurel se présente aujourd'hui plus que jamais par le bout de la résistance. L'évidence de l'impuissance de l'analyste vaut qu'on la mette en question. Non pas qu'il s'agirait simplement de la constater. Il s'agirait surtout de lui donner toute son ampleur.

L'analyste devra se démettre des rôles qui lui sont attribués classiquement : il ne peut être le fournisseur d'interprétations, il ne peut être le représentant d'aucun bien, il ne peut être le mécanicien d'aucune technique, il ne peut être le carburant d'aucune dynamique. Ce n'est qu'à partir de son vide d'être que l'analyste pourra jouer comme accoucheur de l'inconscient. Ce n'est qu'à partir de l'absence d'une parole programmée que l'analyste peut soutenir le silence. Ce n'est qu'à partir de l'impossibilité de tout don que l'analyste peut sembler objet de rejet et d'abjection. Ce n'est qu'à partir de son désêtre que l'analyste peut servir à l'amour-transfert.

L'impasse structurelle de l'analyse implique que l'analyste *ne soit pas*, non seulement qu'il ne soit rien de ce qu'on attend de lui, mais encore qu'il ne soit même pas le représentant de cette frustration.

Mais pourquoi ce désêtre de l'analyste ? S'agit-il de soutenir l'être véritable du patient ?

L'homme d'aujourd'hui n'est déjà que trop plongé dans la course à l'être. On lui impute une recherche effrénée des biens de consommation et des jouissances de toutes sortes. Il voudrait tout avoir. Cette omnipossession n'est qu'un aspect du culte de l'être. « Il faudrait réaliser son être authentique » et, dans ce sens, le thérapeute devrait apporter sa petite pierre à la construction du patient. Nous sommes plongés dans un hyperréalisme qui nous pousse à voir les impasses du monde contemporain en général et de la cure en particulier comme des problèmes dans la réalisation de l'être des individus en question. « Il n'est pas conforme aux attentes de la société », « il n'est pas adéquat », « il est psychotique », « il est borderline », « il est névrosé », « il est pervers ». Et on y rajoute toutes les nouvelles pathologies imaginables. L'hyperréalisme fait le plein de toutes ces spécifications de l'être.

Ces caractérisations ontologiques (« dire ce qui est ») sont supposées baliser les coordonnées cartésiennes des impasses de la cure. Mais elles font partie intégrante du problème ; car la raison de ces êtres hyperréalistes qu'on appelle « diagnostics » (l'ontologie des diagnostics) est de boucher l'impasse structurelle de la parole et de l'amour.

L'impasse, c'est l'occlusion d'un passage, plus précisément du champ libre pour un passage. L'impasse structurelle de la psychanalyse suppose bien l'occlusion de l'interprétation, l'occlusion de la parole, la résistance sous toutes ses formes. Il s'agirait de desserrer le nœud qui nous prend à la gorge, de suspendre l'interprétation univoque supposée contrecarrer l'angoisse, d'ouvrir le réel à partir de l'impossible et non à partir de ce qui est.

À travers l'impasse structurelle de la psychanalyse, les impasses de la cure pourraient alors seulement trouver une nouvelle dimension, non plus un point bouché hyperréaliste (« c'est bien la réalité »), mais un champ vide et ouvert à l'invention d'une nouvelle parole et d'un nouvel amour.

Il n'y en a nul programme. Seulement l'invention de poète. « À chaque poème, sa propre loi », dirait Francis Ponge. L'impasse structurelle de la cure laisse le champ ouvert pour redisposer, à chaque instant de la cure, le dedans et le dehors qui se renvoient l'un à l'autre. Pour qui ? Pour l'analyste ? Pour l'analysant ? Mieux vaudrait que s'effacent leurs subjectivités et intersubjectivités pour qu'apparaisse mieux le « point de relance » qui n'est jamais qu'un croisement au large de trois occurrences où s'inventent de nouveaux trajets pour se conjuguer de mille façons : parler ou se taire, écrire ou non, payer de sa personne, venir au rendez-vous ou par surprise, s'asseoir, se coucher sur le divan ou marcher. Toujours vers l'invention qui trace.

L'impasse, réel logique de la cure et sa résolution par l'acte performatif

Philippe Kong

> « *Vérifions la lyre, le poids et la tension*
> *De chacun des accords, et voyons ce qui se peut gagner*
> *À exercer l'oreille et l'attention qu'il faut ;*
> *Amasseurs de syllabes et de sonorités, non moins*
> *Que Midas l'était de sa monnaie soyons*
> *Jaloux des feuilles mortes dans la couronne de laurier ;*
> *De sorte que si nous ne pouvons laisser la Muse en liberté,*
> *Elle porte les entraves de ses propres guirlandes.* »
> John Keats [1]

Freud et Lacan s'accordaient sur un point majeur : le poète devance l'analyste. Dans le poème cité en exergue, John Keats souligne combien l'écoute et l'attention recueillent l'essence de la résistance : l'impasse structurale qui gît en son cœur. En ce sens, la Muse porte dans ses entrailles ses propres entraves. Sa couronne est aussi son fardeau. L'impasse serait cet impossible, ce réel, que tout être parlant rencontre. L'analyste ne serait-il pas responsable de l'impasse de la cure, impasse qu'il porterait en son sein ?

Freud ne nous mène-t-il pas, sur le chemin de la fin d'une cure, à répondre à cette question, « Que veut la femme ? »,

---

1. J. Keats extrait du poème *Incipit Altera Sonneta*.

question vive dans l'inconscient de tout être, homme ou femme. À le suivre, ne nous conduit-il pas à ces obstacles majeurs et finaux que sont le *Penisneid* (l'envie de pénis) pour la femme et le roc de la castration pour l'homme ? Dans les dernières lignes de son texte testamentaire de 1937 (deux années avant sa mort), Freud conclut avec une modestie teintée de pessimisme : « Ce qui reste déterminant c'est que la résistance ne laisse se faire aucune modification, que tout reste en l'état. On a souvent l'impression, avec le désir de pénis et la protestation virile, de s'être frayé un passage, à travers toute la stratification psychologique, jusqu'au "roc d'origine" et d'en avoir ainsi fini avec son travail. [...] Dire si et quand nous avons réussi dans une cure analytique à maîtriser ce facteur sera difficile. Nous nous consolons avec la certitude que nous avons procuré à l'analysé toute incitation possible pour réviser et modifier sa position à l'égard de ce facteur[2]. »

Lacan renomme cette impasse « le non-rapport sexuel ». Il tente de franchir cette limite et, dans ses formules de la sexuation, nous propose un possible dépassement. Pourtant, à la fin de son enseignement, Lacan retrouve le pessimisme de Freud. Face à cette butée, le non-rapport sexuel, il tentera de trouver dans les nœuds borroméens – cette folie des ronds de ficelle qui l'accapare jusqu'à sa mort –, une résolution possible de l'énigme du *parlêtre*. Cette trajectoire est éminemment repérable dès le séminaire XX, *Encore*, jusqu'au dernier, le séminaire XXVI, *La topologie et le temps* (encore inédit). Lacan institue également un dispositif ingénieux de vérification de la fin d'une analyse, par le truchement d'un témoignage oral auprès d'analystes dits passeurs, témoignage rapporté par ces derniers, en différé, auprès d'un jury : la Passe. Pourtant, les résultats de la Passe le laissent perplexe : existerait-il réellement une fin de cure ?

Tous deux, et d'autres psychanalystes également, ont consacré leurs vies à cette question de la fin, proposant des théories sans cesse renouvelées. Les différentes théories de la fin d'une cure ont contribué à faire reculer l'impasse, mais elle reste néanmoins vive, peut-être indestructible, à l'instar de la découverte inaugurale de Freud : le désir inconscient, nous affirmait-il en 1900,

---

2. S. Freud, « L'analyse avec fin et l'analyse sans fin » (1937), dans *Résultats, idées, problèmes*, Paris, PUF, 1995, p. 268.

serait indestructible. L'analyse, dans sa traversée mouvementée et parfois périlleuse des méandres obscurs de l'inconscient, ce noir continent, n'aboutit-t-elle pas toujours à une impasse indestructible ? ! Que faire face à cette réalité ? Que peut-on exiger de l'analyste ? Quel acte pourrait répondre de cette impasse de la fin ?

Pour répondre, nous allons nous inspirer du travail de réflexion de Lacan, concernant l'apologue des trois prisonniers dans « Le temps logique et l'assertion de certitude anticipée[3] ». À partir de son analyse, nous ferons le parallèle avec le déroulement d'une psychanalyse. Cela devrait nous permettre de dégager les trois temps logiques des trois impasses-clés de la cure, accordant une attention toute particulière à la troisième impasse, l'impasse réelle et qui est de structure.

Un directeur de prison se pare de trois disques blancs et de deux disques noirs. À chacun des trois détenus, réputés pour leur capacité de réflexion, dans leur dos, il épingle un des cinq disques. Même régime pour tous : tu peux voir le disque sur le dos de tes compagnons mais non le tien, ni les disques dont je n'ai pas fait usage. Il propose la liberté à celui qui trouvera la couleur de son disque propre, et ce par déduction de ce qu'il voit chez les deux autres. Avec malice, à l'insu des prisonniers, il prend soin de ne point se servir des deux disques noirs. Sans l'information vitale sur les deux disques noirs, l'équation porte en elle une variable inconnue qui fait impasse à sa résolution mathématique. Et pourtant, face à cette impasse, il existe une solution... logique !

Après réflexion, chacun des trois prisonniers, au même moment, enjambe la sortie avec la même conclusion : « Je suis un blanc. » L'explication résolutive tient dans ce raisonnement, donné mot pour mot par Lacan[4] : « Je suis un blanc, et voici comment je le sais. Étant donné que mes compagnons étaient des blancs, j'ai pensé que, si j'étais un noir, chacun d'eux eût pu en inférer ceci : "Si j'étais un noir moi aussi, l'autre, y devant reconnaître immédiatement qu'il est un blanc, serait sorti aussitôt, donc

---

3. J. Lacan, « Le temps logique et l'assertion de certitude anticipée » (1945), dans *Écrits*, Paris, Le Seuil, 1966, p. 197-213.
4. *Ibid.*, p. 198.

je ne suis pas un noir." Et tous deux seraient sortis ensemble, convaincus d'être des blancs. S'ils n'en faisaient rien, c'est que j'étais un blanc comme eux. Sur quoi, j'ai pris la porte, pour faire connaître ma conclusion. » Au grand dam du directeur, les trois prisonniers sont libérés, tandis que la psychanalyse, de cette résolution, extrait la logique de sa cure. Ce dernier point reste à démontrer, telle est notre visée.

Petite parenthèse en passant, on peut tout à fait compliquer l'équation en augmentant à l'infini le nombre de données du problème : avec quatre disques blancs et trois disques noirs[5], ou plus, la démarche logique resterait identique.

Le non-usage des deux disques noirs exclut deux situations : un blanc et un noir visibles, ou deux noirs visibles aux yeux de l'un des trois prisonniers, sans quoi, point de dilemme. Ces deux lois reposent dans le champ, non du visible, mais de l'invisible, c'est-à-dire non du conscient mais de l'inconscient. Elles ne peuvent que se déduire de l'observation du « comportement réel[6] » des protagonistes.

Première scansion suspensive : si deux noirs, alors le troisième aurait tout de suite conclu qu'il est un blanc, donc pas d'indécidable. Or, cette situation étant exclue, les trois sujets sont dans l'indécision.

Deuxième scansion suspensive : puisque mes compagnons ne bougent pas, c'est qu'ils hésitent, tout comme moi, donc je suis forcément un blanc. Les trois sujets sont dans l'hésitation.

S'ils pensent comme moi, c'est qu'ils voient la même chose que moi, soit deux disques blancs. Dans les trois combinaisons possibles – un noir et deux blancs, deux noirs et un blanc ou trois blancs –, la seule possibilité qui suppose la même réaction est celle des trois blancs. Malgré cette conclusion exacte, je reste en proie à un faux doute : suis-je vraiment un blanc, ne puis-je être un noir ? Ce faux doute, à regarder une fois de plus l'hésitation des deux autres, se lève de suite. Il est éphémère, il se doit de l'être. C'est dans ce progrès logique d'un furtif retour en arrière,

---

5. *Ibid*., note I, p. 212-213 : la résolution se fait cette fois-ci en trois « scansions suspensives » et non deux.
6. *Ibid*., p. 200 : « [...] il ne saurait tenir compte que de leur comportement réel ».

à jauger une seconde fois la réaction en tout point égale à la mienne, que se « décide ou non à sur soi conclure[7] ».

Pour sortir de cette deuxième motion suspensive, il faut trouver un élément de réponse à l'équation que pose le doute. Cet élément-clé se trouve, non pas dans ce qui se voit ou s'entend, mais dans ce qui n'apparaît pas directement dans ce qui se voit ou s'entend, mais s'en déduit de manière positive : non un signifiant, mais un signe[8] !

Un « *je ne sais pas* de quelle couleur je suis » correspond à la première scansion suspensive. Un « *il ne sait pas* de quelle couleur il est » correspond à la seconde scansion suspensive. C'est dans un aller puis retour entre ces deux motions suspensives que se dégage l'obligation, rapidement, donc dans la hâte, de décider.

Dans le processus d'une cure, on pourrait se servir de ces deux motions suspensives pour illustrer la question de l'aliénation.

Le « je ne sais pas » initial plonge le sujet dans son aliénation propre : le sujet est divisé. Le « il ne sait pas » redouble l'aliénation du sujet, le sujet ne pouvant trouver la solution de son aliénation dans la garantie que l'Autre (Dieu, l'analyste ou quelques autres) saurait. Aussi le sujet se retrouve face à lui-même : décide pour toi ou reste à jamais enfermé ! Le sujet attrape alors un signe, un quelque chose d'indicible, d'invisible mais qui fait signe de quelque chose pour lui. En pariant sur ce signe, il fonde alors sa décision sur une certitude anticipée, « je suis un blanc », et avance dignement vers la sortie, faisant face à l'horreur suscitée par une sentence redoutée.

Ce signe existait déjà au moment même où l'équation fut posée de la voix du Directeur, mais pour l'attraper il faut faire un tour supplémentaire, revisitant les deux motions suspensives. C'est à ce prix que l'insondable décision de l'être, qui constitue une impasse, peut, néanmoins, trouver sa résolution. Dans le

---

7. *Ibid.*, p. 200, p. 201.
8. *Ibid.*, p. 202 : bien que Lacan n'utilise pas ce terme de « signe » mais celui de « signal », le rapprochement est opportun. « ... la donnée d'expérience des motions suspendues, qui équivaudrait à un signal par où les sujets se communiquent l'un à l'autre, sous une forme déterminée par les conditions de l'épreuve, ce qu'il leur est interdit d'échanger sous une forme intentionnelle : savoir ce qu'ils voient l'un de l'attribut de l'autre ».

signe du réel de cette impasse, je pose ma décision : je suis !
Cette décision est un moment de passe devant l'impasse mathématique ; le sujet propose une solution éthique, basée sur un raisonnement logique.

Pour bien faire entendre la modulation du temps dans le mouvement de cet apologue, Lacan en extrait des trois « moments de l'évidence[9] » (scansion suspensive initiale ou indécision, scansion suspensive deux ou hésitation et, enfin, temps d'arrêt correspondant à la décision), trois temps logiques : l'instant du regard, le temps pour comprendre et le moment de conclure[10].

L'instant du regard est circonscrit par sa valeur instantanée et son temps de fulguration, nous précise Lacan ; il est dessiné par la subjectivation d'un « on sait que ».

Du côté de la cure, on pourrait le faire équivaloir à ce temps propre à l'inconscient, celui de l'indétermination. Ainsi, le sujet en analyse se trouve mu par un enthousiasme véritable pour l'inconscient indéterminé, réalité nouvelle. L'analysant découvre alors le cortège des formations de l'inconscient (rêves, lapsus, actes manqués, mots d'esprit), il entrevoit avec fulgurance la possibilité d'une explication et la promesse d'un changement grâce à l'horizon salutaire du sens. Ce qui m'échappe pourrait, par le prisme du sens, advenir. Pour reprendre un terme freudien, l'inconscient « non réalisé » trouverait sa réalisation dans le sens.

C'est le temps premier de la cure. Le sujet veut croire qu'il verra deux noirs, ou un blanc et un noir, et pourra solutionner l'énigme de son ou ses symptômes en s'appuyant sur une de ces deux propositions.

L'analysant doit affronter cette impasse imaginaire, leurre du semblant. S'il conclut sa cure sur ce temps, il est alors dans la précipitation et non dans la fonction logique de la hâte. Il conclut sur une élucubration de savoir fausse, en réduisant les deux propositions logiques précédentes en une seule équivalence, « deux noirs : un blanc ».

L'élément-clé de ce temps, le signe, est déjà là, mais il n'est pas attrapable, seulement apercevable. Aussi, l'analysant ne peut faire l'économie de la longue traversée de la cure, et conclure

---

9. *Ibid.*, p. 204, en italique dans le texte même de Lacan.
10. *Ibid.*, cf. l'intitulé du paragraphe.

simplement sur ce signe entr'aperçu. Sans doute est-ce pour cela que Lacan a pris soin de nommer ce temps logique, non pas l'instant de voir, mais l'instant du regard, au sens que le réel est déjà là mis en jeu. Un signe est la représentation d'un quelque chose qui n'existe plus mais qui persiste à faire sens pour quelqu'un. L'indicible ou le non-dit, les secrets de famille par exemple, font poids malgré leur effacement par les décennies. Ce qui est effacé n'en reste pas moins présent. Par homologie, on pourrait penser à l'objet (a), cet objet si particulier dans son essence : à la fois inexistant et pourtant insistant. Une illustration exemplaire nous est donnée par Lacan dans la distinction qu'il fait entre l'œil et le regard, entre voir et regarder, où l'objet (a) est responsable de cette schize du sujet[11].

Suit une longue traversée où l'analysant devient un travailleur décidé : il fait raisonner les signifiants de son histoire, extrayant leurs supposés sens ou signifiés, fait résonner les cloches signifiantes de son enfance, déchiffre les formations inconscientes, et se nourrit de « jouis-sens[12] ». C'est le temps second de la cure. Nous pouvons rapprocher cette phase du temps pour comprendre, deuxième étape logique du sophisme.

D'ailleurs, dans l'apologue des prisonniers, Lacan souligne la « durée » de ce temps de méditation. « Si j'étais un noir, il serait sorti sans attendre un instant. S'il reste à méditer, c'est que je suis un blanc. » Ce temps pour comprendre est forcément long et fastidieux. La raison est triviale : l'analysant ou les « prisonniers », sujets indéfinis qu'ils sont, tentent de trouver leur définition dans la sustentation de l'Autre ou des autres.

Ce temps nous permet de souligner la dimension symbolique de l'impasse. L'impasse, à ce moment de la cure, est alors double. Elle tient pour une part à la procrastination de l'analysant qui remet sur l'autel du culte de l'Autre ses éventuelles résolutions et en attend une validation. L'amour de transfert, moteur de l'instant du regard, montre sa face obscure, d'où une résistance à conclure

---

11. Cf. les quatre leçons (la schize de l'œil et du regard, l'anamorphose, la ligne et la lumière, qu'est-ce qu'un tableau ?) qui constituent le chapitre « Du regard comme objet petit a », dans J. Lacan, Le séminaire Livre XI, *Les quatre concepts fondamentaux de la psychanalyse* (1964), Paris, Le Seuil, 1973, p. 65-112.
12. Jouis-sens est un néologisme lacanien pointant la jouissance que tire l'analysant du sens.

au profit d'une jouissance du transfert, et donc à rester lové dans le cadre analytique. D'autre part, cette impasse de la conclusion peut aussi être le fruit de l'analyste, pas prêt à pousser son analysant vers « la voie qui mène à l'évidence suivante : "Je me hâte de m'affirmer pour être un blanc, pour ce que ces blancs, par moi ainsi considérés, ne me devancent pas à se reconnaître pour ce qu'ils sont", soit "l'urgence du moment de conclure[13]" ».

Le moment de conclure, temps trois de l'apologue, est aussi celui de la fin de l'analyse. Il ne se fait pas dans la précipitation mais dans la fonction de la hâte[14]. La différence est radicale. L'urgence suppose que, face aux ratages réitérés par le temps pour comprendre, temps de la répétition inconsciente, il est plus que nécessaire de conclure, au risque de se faire devancer et de perdre sa liberté. Ce qui équivaut à sortir de l'*automaton* de la répétition, c'est-à-dire cette partie répétitive insistante et continue des signifiants maîtres de l'histoire du sujet, pour rencontrer le réel qui s'y loge, soit la *tuché*. Sans quoi... un tour de plus sur les routes ennuyeuses et inconfortables du temps de comprendre !

Toutefois, une conclusion qui ferait fi du temps pour comprendre laisserait toujours subsister le doute : « Suis-je blanc ? Et si j'étais plutôt noir ? » Si le moment de conclure correspond à un point final qu'on apporte au temps de comprendre, alors ce point capitonne la certitude du sujet, et elle s'énonce donc à l'aide d'une certitude unique : « Je suis un blanc. » Elle ne peut s'énoncer : « Je suis un noir », ce doute éphémère ne tenant pas face à l'épreuve d'un retour sur l'instant du regard.

Lacan assène, tonitruant : « Passé le temps pour comprendre le moment de conclure, c'est le moment de conclure le temps pour comprendre. » Le moment de conclure n'a pas la vivacité de l'instant, il relève d'un temps long de construction dans la cure. La conclusion porte sur une assertion sur soi, élevant le sujet dit « impersonnel » (on sait que...) de l'instant du regard, ou le sujet dit « indéfini réciproque » (l'un l'autre se reconnaisse dans...) du temps pour comprendre, à la dimension de la dignité d'un sujet dit « réel ».

---

13. J. Lacan, « Le temps logique et l'assertion de certitude anticipée », *op. cit.*, p. 206.
14. *Ibid.*, p. 202-203, note I.

« Réel » souligne que l'assertion subjective est ici non seulement devenue un dire performatif, mais surtout qu'il est soutenu par un acte : le prisonnier tel Antigone avance vers son destin, avec toutefois une différence majeure : Antigone vers la mort, l'analysant vers la vie. Ce « vers la vie » est la conséquence même d'un « Je suis un blanc » et en aucun cas je ne serai « un noir ». Seule une des deux propositions reste valable. À partir de là, on pourrait soutenir que la psychanalyse prend parti pour Éros au détriment de Thanatos, récusant tout acte suicidaire[15]. Une cure menée en son terme doit emmener l'analysant à un choix forcé. « To be or not to be » devient forcément, par construction d'une virgule bien placée à la formulation, « to be or not, to be ». Ainsi, « to be or not » est relégué aux oubliettes, préservant la conclusion si chèrement payée « to be ». Ceci n'est qu'une reprise du principe éthique de Freud : « Wo es war soll ich werden » où le « to be » équivaut à l'advenu du « je » de « là où c'était, *je* dois advenir ».

En fin de compte, traverser avec ténacité et courage le long déroulé d'une cure, passant par ses trois temps logiques, correspondant à trois impasses-clés, confronte le sujet à ce réel non objectivable par le temps pour comprendre, non attrapable de suite bien qu'apercevable dans l'instant du regard, et qui reste à la fin de l'aventure analytique absolument obscur, persistant et obscène. Ce réel subsistant à la traversée des trois impasses – imaginaire, symbolique et réelle –, à l'instar de Lacan, nous pouvons le nommer (a). (a) est le reste des impasses successives que l'analysant a rencontré et qui reste intraitable par l'analyse. La cure comporte toujours une impasse. Cette impasse est de structure et ne peut être résolue mathématiquement ; il manquera toujours une variable. Cette inconnue (a) constitue le réel de l'équation, disons le réel de la structure. La résolution en passe forcément par une argumentation logique à laquelle un acte éthique se hâte d'apposer son point de conclusion.

Face à (a), reste de la fin d'une cure, impasse suprême, un choix vital s'impose au sujet, un « décide ou non à sur soi

---

15. Ceci serait à nuancer, diront certains, avançant qu'un « désir de mort » existerait. L'éthique d'une psychanalyse n'est pas l'éthique de la philosophie, car elle dérive avant tout d'une théorie de la pratique clinique et non d'une théorie des idées.

conclure » : donne un destin à (a) que tu as isolé dans ton analyse. C'est ici qu'intervient la décision du sujet. (a) est alors traité par la voie d'une éthique héritée de la logique, et non des sciences mathématiques, par la voie d'un désir inédit, fruit déhiscent de la cure. On pourrait dire que (a) est traité par ce désir inédit, soit d(x). Aux trois prisonniers se pose la question : qu'allez-vous faire de cette liberté bien méritée ? Quels fruits votre désir inédit, (x), produira-t-il ?

Face à l'impasse comme réel logique de la cure, la conclusion vient donc de l'acte performatif d'un sujet devenu « sujet réel ». L'analyste, à l'instar du directeur de prison, accepte la décision du sujet, valide son argumentation logique, et plutôt que de le retenir, l'affranchit. Du coup, l'analyste s'efface, choit. L'acte est performatif en ce sens qu'il déjoue la jouissance masochiste propre au sujet, et en le quittant, annule également celle de l'analyste. L'analyste et l'analysé (terme freudien)/analysant (terme lacanien) quittent le giron jouissif du transfert qui les nourrissait l'un et l'autre. Il ne s'agit pas de se quitter l'un l'autre, mais plutôt de quitter l'un et l'autre le lieu institué le temps de la cure, d'une prison de jouissance. Cette liberté méritée donne naissance à une muse désirante. D'une part, muse pour l'analysant dans une vie couronnée d'amour et de travail, désormais auréolée d'une digne inspiration. D'autre part, inspiratrice d'une psychanalyse vivifiée, si l'analysant prend à son tour la place de l'analyste s'autorisant de son désir éthique inédit. L'analyse rejoint alors la poésie, toutes deux orientées par la Muse désir.

Le ratage du psychanalyste

Marc Strauss

Dans la dernière partie de son enseignement, nous le savons, Lacan a mis l'accent sur le réel, insistant dans le même temps toujours plus sur une dimension inévitable de ratage dans l'expérience analytique.

La question est, bien sûr, celle des conséquences de cette mise en avant du réel sur la conduite de la cure comme sur ce qui est à en attendre. La cure, sa direction, ses fins sont-elles modifiées par rapport, par exemple, à ce que nous en indique le graphe du désir ?

LES CRITÈRES D'UNE CURE RÉUSSIE

Partons du ratage des critères qui définiraient une cure analytique réussie comme telle. En effet, si les effets thérapeutiques de la psychanalyse n'ont jamais été contestés par Lacan, ils ne lui ont jamais été suffisants pour définir les conséquences d'une analyse. Nous le savons, il a même considéré ces effets thérapeutiques comme secondaires, aux deux sens du terme, les situant dans une zone de surcroît, comme l'ombre portée de ce qui prime et vient en premier dans la cure, le gain épistémique. De toute façon, ces effets sont relatifs à l'idée que l'on se fait d'une thérapie réussie et des critères que l'on en a. Or, à moins de recourir à l'idéologie adaptative du moment comme étalon de mesure, il est on ne peut plus difficile de définir ces critères.

Et, surtout, quel juge ultime leur reconnaître ? Est-ce l'analyste, ou l'analysé, ou un jury représentant le corps analytique, voire social ? Sur ce point, Lacan a montré que le résultat de la volonté de légitimer une instance légitimante ne pouvait être que raté, car une telle légitimation, métalégitimation, est impossible, pour des raisons de pure logique et non de faiblesse de raisonnement.

Et, dans le même temps, il a avancé que l'instance légitimante d'une analyse existait, qu'elle se trouvait dans la logique de la cure elle-même. Mais la question de qui peut juger, cette fois de la justesse de cette logique, n'est que repoussée et pas résolue pour autant. Il s'agit de savoir si des critères de jugement peuvent effectivement ne relever que de la seule logique, ou s'ils ne sont pas quand même toujours suspects de relever aussi de la logique de groupe. Les critères de pure logique, s'ils existaient, seraient les seuls critères « innocents », qui ne représenteraient l'intérêt de personne en particulier, mais uniquement celui de la psychanalyse. Lacan a tranché positivement : il a considéré qu'il existait des critères « innocents », qui n'appartenaient à personne, les critères structuraux. Il y a une structure de la cure, et quiconque peut la dégager peut affirmer que cette cure a été une psychanalyse réussie, ou au moins suffisante, s'il y a une différence entre réussie et suffisante. De plus, cette structure, de n'être discutable par personne, permet le dialogue entre psychanalystes, et même l'accord, au moins sur ce qu'elle est.

Ainsi, ceux qui savent leur dépendance à la structure et se reconnaissent entre eux comme tels peuvent déléguer leurs représentants à accueillir en leur sein, avec la solennité qui convient, un nouveau venu qui leur montrerait les avoir rejoint dans leur savoir partagé. Nous pourrions même nous demander si cette cérémonie d'accueil n'est pas ce qu'il a appelé « La passe ».

Et pourquoi pas, si de tels sujets existaient ? À l'image d'une Écurie de Chevaliers Jedi – mais moderne, donc une avant-garde populaire, avec son bon gros maître Yoda qui distille son savoir dernier. Mais même dans ce distingué aréopage, et il se révèle vite un os, Yoda ne va pas sans sa face d'ombre occultée, Dark Vador.

Il a donc fallu à Lacan faire un pas de plus pour que l'os ne soit pas relégué à l'ombre, au profit des jeux de rivalité et de prestance qui sont la négation de la psychanalyse. Et dénoncer ces jeux, il le savait, non seulement ne les empêcherait pas, mais comme il menacerait par-là les joueurs, il les pousserait à se renforcer. Il a donc à sa façon, théorique, sifflé une fin de partie en rappelant ses troupes et en leur demandant de justifier en quoi, tout en se référant à lui, ils pouvaient affirmer que le savoir de la structure pouvait leur être suffisant. La structure les autorisait-elle à parler en son nom ? Son nom, c'est aussi bien au nom de la structure qu'au nom de Lacan, un nom propre qui est bien un os dans la structure ! Il a demandé où étaient le fondement et la preuve de l'autorisation du psychanalyste ? Certes, nous avons la réponse, en « eux-mêmes », Lacan l'avait bien dit aussi. Peut-être. Mais cela ne dispense pas de la question de ce qui caractérise et différencie ce « eux-mêmes » ? Comment les psychanalystes peuvent-ils en rendre raison ? Il ne suffit en effet pas de dire à chacun qu'il est de structure injustifiable et que c'est ce reste dont il s'autorise comme de « lui-même ». Cela, nous le savons. Mais il est demandé justement au psychanalyste de s'expliquer sur ce reste qui l'anime et le distingue dans sa singularité, sur ce qui pour lui fait os dans la structure. Je parle bien sûr du désir de l'analyste, un domaine largement suffisant qui nous dispense d'évoquer ici les désirs dans sa vie « normale ».

L'os, le réel, on le voit, est ce que Lacan souligne à la fin de son enseignement comme nécessaire à ce que l'imaginaire et le symbolique se nouent. Si on ignore ce réel, on s'enferme dans une impasse, un cercle infernal parce qu'impossible entre le symbolique et l'imaginaire. C'est le cercle du fantasme, qui est toujours un fantasme du tout, de la façon de faire Un-tout avec l'autre. Et la structure a bien failli être le dogme qui aurait pu verrouiller la fermeture de cercle au-delà même de sa clôture fantasmatique ratée. Or, l'accès à ce réel, nous l'avons vu, se fait par ce qui rate, ce qui rate dans toute assertion de soi sur soi qui voudrait se justifier d'elle-même ; l'accès au réel se fait par ce qui rate à être élucubré dans le cercle imaginé du symbolique et de l'imaginaire.

Ainsi, il y a quelque chose qui fait chacun irrémédiablement différent des autres, c'est un fait, et cela nous interdit à jamais de nous croire tous pareils. Quelle place, volontairement ou non, le sachant ou non, donnons-nous à ce qui nous fait différents ? Les épars désassortis, les « unarités » que nous sommes, quelle valeur donnent-ils à cette singularité, à « eux-mêmes », c'est-à-dire au moins à leur parole ? Lacan a proféré sur tous les tons que la raison même de la psychanalyse était de soutenir cette singularité, en discours et en acte, c'est-à-dire au moins de l'entendre, et que la représenter dignement était la tâche du psychanalyste. Les autres, tous les autres, s'occupent de la collectiviser, de « l'anonymiser », de la gommer ; il appartient au psychanalyste d'être le recueil et le garant de l'absoluité de la singularité de tout être parlant, par-là absolument distinct de tout « frère » ; il lui appartient de sortir le tout-venant inconnu qui le souhaite du monument de son tombeau fantasmatique. Lacan a noté la singularité de cet « amour du prochain » qui s'adressait au « tout-venant », cela dans le texte auquel nous nous référons avec tant de profit depuis un certain temps, la Préface à l'édition anglaise des *Écrits*[1].

Il se trouve que cette forme singulière de l'amour du prochain est la forme ultime d'une série de remaniements de l'amour dans la vie d'un sujet. Et que ce sont justement les ratages de l'amour, depuis les tout premiers, ainsi que leurs conséquences, qui amènent les sujets à la psychanalyse. Que le transfert soit de l'amour porté au savoir ne l'empêche pas d'être d'abord amour aussi.

La force de Lacan, à la suite de Freud, a été bien sûr de prendre au sérieux ces ratages, donc de les mettre en série. Les prendre au sérieux non pour en consoler le sujet, les minimiser ou les réduire d'une quelconque manière, mais pour montrer que le ratage était ce qu'il y avait de plus sûr dans les divagations des corps parlants, pour eux-mêmes et pour les autres. Or, s'employer à l'ignorer n'a que des conséquences fâcheuses.

Il faut donc, le ratage, savoir le reconnaître comme tel, dans sa valeur unique, dans ce qu'il a pour chacun de plus précieux. Ainsi, nous pourrions imaginer dire au lieu de : « Bonjour comment allez-vous ? », « Bonjour, comment ratez-vous ? », ce qui nous dirait en même temps comment notre interlocuteur va, puisqu'il fonctionne selon sa façon de rater.

Savoir de quoi le ratage est le nom, pour reprendre une formule mise en vogue par Badiou, est la tâche du psychanalyste. Il doit ainsi pouvoir saisir ce ratage, en suivre le fil dans

---

1. J. Lacan, *Autres écrits,* Paris, Le Seuil, 2001.

le discours de son patient pour conduire ce dernier au point où il aura dévoilé sa véritable nature d'incurabilité. C'est dire que le psychanalyste doit pouvoir le situer et le reconnaître dans la plainte du patient à travers les différentes formes qu'il prend. La première, nous l'avons vu, est celle de l'amour, c'est donc par le ratage de l'amour que nous allons maintenant poursuivre.

LE RATAGE DE L'AMOUR

L'amour est amour de l'un, il vise l'unité. Soit deux de départ, le sujet et l'autre qui, dans le jeu de la parole, se distribuent les places de l'appelé et de l'appelant. Le plaisir est promis, et donc par-là déjà satisfait, si coïncident imaginairement les mouvements de l'appelé et l'appelant. Un temps où imaginairement sujet et objet échangent leurs places, sans reste. Le moment instituant où celui qui appelle et celui qui est appelé ne font plus qu'un corps dans la danse de leur mouvement l'un vers l'autre, l'un avec l'autre. Il semble alors à l'un et à l'autre faire un. Une difficulté reste en suspens : lequel des deux de l'un ou l'autre va faire modèle de l'un ? Il vaut donc mieux qu'ils s'accordent sur le fait que la question reste ouverte et donc partagée, pour continuer ensemble leur échange, se réglant au pas de l'Autre qui est en tiers le garant de la vérité partagée comme commune mesure.

Le réel du ratage de l'amour, nous le connaissons, il nous est révélé par son comique, souligné par Lacan, c'est que l'objet qu'est chacun pour l'autre n'est pas le même. « Ce n'est pas lui, ce n'est pas elle », nous connaissons la référence. L'amour est un semblant, par la grâce du discours qui donne aux corps la mesure de leur danse et leur fournit une représentation du commerce amoureux. Ce commerce ne vaut pour vrai que tant que les partenaires s'accordent sur leur champ d'échange et sur la monnaie phallique qui y a cours. Une fiction qui n'est pas le réel.

Et d'ailleurs, quand l'apparition du même n'est plus affaire de foi et d'espérance, mais quand se concrétise effectivement dans le champ de la réalité, cela se passe plutôt mal : dépersonnalisation est le nom psychiatrique de la sensation que vit le sujet quand le même fait signe de sa présence. Ce n'est rien moins que le moment qui marque l'entrée possible dans le processus psychotique. Une forme atténuée de cette menace est le sentiment d'inquiétante étrangeté dont Freud a parlé ; il surgit quand le même ne fait plus promesse mais menace d'apparaître, menace seulement, qui ne va jamais jusqu'à devenir certitude de présence effective.

L'impossible de faire d'eux un, c'est le réel de l'irrémédiable coupure entre moi et l'autre, la faille de l'inconscient, avec l'appel à l'amour pour la combler, en même temps que son échec à y arriver. Freud, dans « Le Roman familial des névrosé », situait cet échec comme l'*initium* même de la pensée, animée par la déception qu'éprouve l'enfant de ne pas recevoir de ses parents en retour tout l'amour qu'il leur porte. L'échec de l'amour peut être non seulement tragi-comique mais drôle, quand on en arrive à mesurer la démesure de l'ambition qu'il y avait à vouloir abolir cette coupure et qu'il y aurait à persévérer.

Cette ambition démesurée, c'est l'inconscient en tant qu'il fonctionne qui est chargé de la réaliser, à travers la mise en scène de ce qui vaudrait comme rencontre idéale, sans reste, réussie dans sa visée de mettre l'imaginaire en continuité avec le symbolique. Et ce qui prescrit le modèle de la rencontre est le scénario du fantasme, lui-même bien sûr inconscient mais inflexible dans ses contraintes.

Ainsi, la mise à jour du ratage de l'amour, nous le savons, se fait par la mise à jour de la fonction du fantasme, qui montre qu'entre le sujet et l'autre s'impose toujours un objet qui les sépare et que c'est fondamentalement le lien à cet objet qui anime le sujet.

Du ratage de l'amour au ratage du fantasme

Mais la solution par le fantasme est-elle satisfaisante ou, là encore, ne comporte-t-elle pas un ratage qui la rend insuffisante ?

Quel est en effet en dernière instance l'impératif auquel nous nous soumettons, chacun pour soi ?

Est-ce réellement le fantasme ? Certes, il commande les choix en place tierce des objets qui ont cours dans les champs de partage, d'échange avec l'autre. La forme que les objets doivent prendre répond à certaines règles intangibles, car ce sont elles qui déterminent le bon fonctionnement de l'échange dans la réalité. Une réalité qui n'en est pas pour autant homogène au réel. Et qu'est-ce qui nous fait choisir tel ou tel personnage susceptible d'être un partenaire adéquat à notre pari sur la mêmeté ? Des réminiscences, disons-nous après Freud.

Ainsi, il est possible de démontrer au sujet sa tromperie œdipienne, de mettre en lumière la scène primitive d'où toutes les autres s'originent, ainsi que la pulsion qu'elle satisfait, et par là de démontrer la valeur effective de l'objet actuel de sa fixation de jouissance.

Néanmoins, problème, le sujet reste attaché à ses objets, cela alors même qu'il sait dorénavant qu'ils sont des ersatz. Les psychanalystes s'en sont très vite inquiétés, de constater qu'aucune interprétation ne venait à bout du transfert. Et personne n'a poussé la logique jusqu'à réduire l'amour à la réminiscence, au contraire même, par une sorte d'incantation conjuratoire, il a été élevé par ces mêmes psychanalystes au rang de valeur suprême, donc indéfinissable.

Qu'est-ce qui alors est en jeu dans cette persistance, qui ne relèverait pas du sens inconscient et, du coup, semble en avoir d'autant plus d'importance dans ce qui constitue la singularité de chacun ?

LA PULSION DE MORT

La réponse de Freud a été la pulsion de mort, qui signe le ratage dans le plaisir que soutient le fantasme.

Pourquoi les sujets présentent-ils ces fixations inamovibles, semblant insensibles tant à la douleur du ratage qu'aux bienfaits de l'interprétation ? Nous ne pouvons pas dire que le sujet reste attaché à ses objets, psychanalyste ou partenaire amoureux, par habitude, par renoncement à tout espoir, parce qu'il n'y a de toute façon rien d'autre à faire. En effet, ça ne suffit pas à justifier la passion qu'il y met ; il est clair que dans ses attachements se joue autre chose que la résignation. Et même si c'était, la résignation n'en est pas moins à mettre à l'actif du sujet.

En effet, du fait que nous sommes des parlêtres est toujours inscrite en nous une virtualité qui elle, au contraire de la folie, dépend de notre seule décision. Je parle du suicide, du choix de la fin comme préférable à tout détour, suicide que Lacan a indexé d'une réussite de l'acte. Mais tant que nous vivons, nous démontrons préférer... vivre. S'il peut y avoir une tendance, une pulsion qui porte au renoncement du lien à l'Autre, une pulsion de mort, elle est au moins partiellement réfutée tant que le sujet n'est pas passé à l'acte. Bien sûr, le sujet peut décider quand même d'avoir le dernier mot, en se soustrayant au lien de dialogue entre lui et l'Autre, en se jetant dans l'Etna par exemple. Nous avons là la pulsion de mort sur son versant d'acte de séparation radical, dont le modèle pour Lacan est Empédocle, où c'est le sujet qui superbement rejette l'Autre, d'un rejet sans appel.

Mais, renoncement ou défi ultime, ce choix, s'il réunifie le sujet qui s'en est soustrait à l'Autre de l'aliénation, il ne réalise pas pour autant l'unité du sujet avec sa jouissance. Et pour cause, puisque par hypothèse le dit sujet ne dispose plus de son corps pour en jouir. En quoi l'acte suicide est aussi bien raté.

Bref, savoir que le dernier mot du désir n'existe pas ne nous empêche pas de poursuivre indéfiniment nos colloques verbaux. Le soupçon nous prend que si nous continuons ainsi, ce doit être parce que ces échanges procurent du plaisir ; les échanges en eux-mêmes et non pas seulement la possession ou le don de tel ou tel objet dans l'échange.

Quel est alors ce pur plaisir de l'échange, aussi pénible puisse-t-il être quelquefois dans la réalité, et dont le sujet est éthiquement comptable, car il relève de sa seule affirmation contre la mort ?

LA RENCONTRE

Autre remarque qui contrevient à la seule détermination de l'amour par la réminiscence : avant l'échange entre les partenaires, il y a leur rencontre. Qu'est-ce qui fait une rencontre ? Se réduit-elle à des remaniements des partenaires précédents, réminiscence donc, ou ne reste-t-il pas une énigme sur ce qui préside à leur choix ?

Le fait que la rencontre ait eu lieu n'est en effet pas encore le plaisir de l'échange, mais en est constitutif. Il relève plutôt du choc éprouvé, qui doit bien avoir été de quelque plaisir pour qu'en plus de se faire elle retienne les deux l'un à l'autre.

Dans cette rencontre, quelque chose a fait signe. Signe de mêmeté, de reconnaissance à défaut d'intelligence. Ce ressenti était-il justifié, c'est ce qu'il faudra ensuite vérifier en le rendant vrai, sous l'autorité du fantasme, nous l'avons vu. Et c'est ainsi que le « ressenti-ment » appelle au mensonge et aux soucis que nous connaissons de la vie amoureuse quotidienne.

Quel était ce signe qui a précipité le choc de la rencontre. Et qui s'est effacé dans sa représentation sitôt perçu comme tel ? Un signe impossible à connaître donc.

Trait unaire

Pourtant, la rencontre a laissé une trace, qui permet de le déduire. Le déduire en examinant ce qui fait série dans les répétitions, ce qui les identifie et qui permet de les reconnaître comme telles parce que les caractérisant au-delà de leur singularité. Nous ne sommes pas loin de la réminiscence, mais ce qui se répète là n'est pas une scène, avec son scénario préécrit, mais un bout de réel, à travers ce que nous appelons lalangue, composée d'un S_1 tout seul, hors-sens. Cette trace est le trait unaire. Il ne se lit pas comme tel, mais, précise Lacan, il est ce qui permet la lecture, donc la mise en série de ces traits qui font signe du même.

Ainsi Lacan propose un type d'écriture jamais encore repéré et défini comme tel[2]. À l'écriture précipitation du signifiant, il ajoute l'écriture du trait unaire qui est un faire qui donne support à la pensée. Or, remarquons-le, donner support à la pensée, c'est du même ordre que ce à quoi le nœud borroméen est dit par Lacan servir, être réel auquel on peut accrocher des signifiants. Et le support, il est ce à quoi on se cogne quand on a enlevé tout ce qu'il supportait. Derrière lui, il n'y a plus rien. À force de tomber toujours sur lui, on finit par l'accepter tel. Il n'a plus de portée de sens, pour reprendre la formule bien connue de la « Préface » à l'édition anglaise du séminaire XI.

Ce trait unaire est donc la trace qui vaut comme signe repérable, comme écrit, qui signe que là il s'est passé quelque chose, qu'une rencontre, un accident a réellement eu lieu. Un traumatisme donc, soit ce qui énonce le réel sous forme d'une écriture, comme Lacan le définit dans *Le sinthome*[3]. Ce signe est aussi

---

2. J. Lacan, *Le séminaire*, Livre XXIII, *Le sinthome* (1975-1976), Paris, Le Seuil, 2005, p. 144.
3. *Ibid.*, avant-dernière leçon, p. 131.

ce qu'il appelle la lettre, qui est du domaine de lalangue, et ne fait pas chaîne, ni sens donc. Et il n'y a pas d'enchaînement de lettres entre elles, contrairement à ce que Lacan a avancé dans la proposition du 9 octobre, il n'y a que des lettres unes par une. Mais ces lettres, ces signes, ces unarités, font le nœud entre le symbolique et l'imaginaire, les enchaînent. Le symbolique et l'imaginaire vont ainsi donner sens à ces lettres, alors qu'elles lui sont préalables, au moins logiquement, puisque ce sont elles qui conditionnent la possibilité de la chaîne de lecture. Ce qui s'y lit du coup est le fantasme, et la position du sujet à l'endroit de ce fantasme.

L'AFFECT ET LE CORPS

Ainsi, ce qui s'énonce de sens dans la chaîne des dits n'est pas le tout du dire. Il y a dans le dire autre chose que le sens, il y a l'affect du choc de la rencontre avec lalangue, que porte le trait unaire. Lacan le précise, la modulation vocale en jeu dans le dire en elle-même affecte. Elle affecte la plupart du temps d'un doux ronron, mais elle peut aussi réveiller cruellement. Autrement dit, et pour faire un anachronisme, la réminiscence est avant tout une réminiscence d'affect. Si elle se passe parfaitement du sens, elle suppose nécessairement le corps sans lequel il n'est pas d'affect qui seulement s'éveille.

LE CORPS N'EST PAS LE CORPS IMAGINAIRE

Ceci nous force à rappeler d'abord que le corps affecté dont nous venons de parler n'est pas le corps imaginaire du stade du miroir, n'est pas le corps qui se représente au sujet sous la figure de l'autre. Ce n'est pas non plus la surface trouée par ses orifices pulsionnels auxquels se greffe l'organe incorporel qu'est l'objet *a*. Le corps jouissant ici pris en compte n'est pas incorporel, il est le corps comme instrument de résonance, écho du dire.

Pourquoi Lacan a-t-il ramené dans le champ de la psychanalyse, et de façon si prévalente, un corps qu'il avait pris autant de soin à en exclure, en même temps que les affects d'ailleurs ? Comme il le dit dans *Le sinthome*, il y a quelque chose qui supporte le corps comme image.

Cela dit, cette postulation d'un noyau dur à l'imaginaire, qui lui est extérieur et autour duquel il se constitue, Lacan l'a toujours soutenue. Ne serait-ce qu'en mettant en avant, dès son stade du miroir, l'Autre nécessaire pour introduire entre le sujet et son image une coupure sans laquelle il n'y a pas d'ajustement possible de leur distance. Ce qui lui a fait dire d'abord, nous l'avons vu, que le signifiant, c'était la coupure comme telle, et le réel, l'existence nécessaire dans le symbolique, parce que structurale, de cette coupure.

Néanmoins, s'il a rapporté le « noyau dur » de l'imaginaire au symbolique, il a toujours aussi réservé une place à la réalité substantielle du corps, en particulier dans la mise en jeu sexuelle du phallus, et donc de l'organe qui le représente, comme il disait. Un organe qui représente, ce n'est quand même pas un signifiant qui représente, et ça n'a pas le même usage. Et toujours à propos de cet organe, il parle dans le séminaire sur le transfert déjà du noyau réel de l'imaginaire, mais sans le connecter à la jouissance du sujet, seulement à celle du partenaire, la femme de Gargantua en l'occurrence, quand il souligne qu'elle lui dit qu'il peut tout perdre à la guerre, hormis ce précieux organe.

De même, le cas que Lacan a fait de l'érection de Hans aussi bien dans son séminaire précoce sur la relation d'objet que dans sa tardive conférence de Genève montre que la fonction de cet organe ne se limitait pas à un étalonnage de la signification de l'échange.

Très précisément, cet organe, par sa façon de n'en faire qu'à sa tête, affecte. Il fait, comme lalangue, accident dans la chaîne des représentations et, par là, il angoisse.

L'ANGOISSE

Et il est vrai que le premier affect, nous le savons, c'est l'angoisse. L'angoisse qui ne trompe pas parce qu'elle ne dit rien, elle signale seulement, et toujours la même chose, l'imminence possible d'un danger.

Ce danger peut être nommé et reconnu, dans et par l'Autre du signifiant, si le sujet s'en remet à lui. Ainsi, l'affect d'angoisse, qui avait au départ seulement un sens de danger, peut se transformer en déplaisir, c'est-à-dire prendre le sens d'un danger dénommé et représenté. Et du coup, il est même possible de faire de ce déplaisir un plaisir, au moins le plaisir imaginé que le déplaisir cesse. Ainsi, s'opère grâce au sens la transformation de l'angoisse en affects de plaisir ou de déplaisir. La jouissance du corps vivant toujours sollicite notre attention, donc suscite notre angoisse qui trouve son sens en termes d'affects de plaisir et de déplaisir, qui sont donc des remaniements de l'angoisse initiale. Plaisir et déplaisir signent tous deux un chiffrage effectué.

Le sens donné à cette angoisse l'est donc toujours « en vérité », c'est-à-dire dans la dit-mension de la vérité invoquée, en invoquant la garantie et en acceptant le contrôle de l'Autre. Nous l'avons vu, c'est le fantasme qui sera chargé de cette tâche de garantir la voie possible du plaisir.

LES ACCIDENTS

Mais le sens du fantasme n'empêche pas les accidents.

En effet, le sens donné n'est pas le sens réel ; le déplaisir est une chose, l'accident en est une autre. Ce dernier est ce qui était imprévisible, que la loi du plaisir n'a ni prévu ni empêché. Les accidents, c'est l'irruption du réel dans la chaîne du sens. Et d'un tel événement, on ne peut douter, on le sait, quand c'est un accident.

Ainsi, le bon usage du réel, c'est la certitude, alors que la dit-mension du vrai est mensongère, c'est ce que Lacan appelle, dans *Le sinthome*, l'élucubration de l'inconscient, son fonctionnement. Une élucubration qu'il oppose à la réalité de l'inconscient, qui supporte cette élucubration – et qui est ratage de la représentation.

Le ratage réussi, celui qui tiendrait compte du réel, serait, au lieu même du ratage de l'enchaînement de l'imaginaire et du symbolique, la saisie du réel. Il faut donc au psychanalyste se tenir à la hauteur du réel du trauma et non collaborer à la fiction de la vérité.

Du coup, le phallus, et l'objet qui le gonfle, est inséparable de la vérité dont il est l'emblème, mais il n'est pas le réel de l'analyse. Comme le dit Lacan toujours dans le même séminaire, il n'est pas suffisant à concevoir une énergétique – à entendre donc comme ce qui transforme un réel en machine signifiante productrice de sens, de sens de plaisir et de déplaisir, donc en plaisir et de déplaisir éprouvé. Néanmoins, l'organe ne manque pas par sa présence d'être traumatique dans son mode de manifestation, donc réel.

Mais, le trauma qu'il génère n'est pas spécifique : comme tout trauma, il fait forçage dans la pensée, dans la chaîne du sens, et cela au même titre que tous les affects, tous les effets de corps. Pour le dire autrement, il y a certes la jouissance phallique qui est entre le symbolique et le réel, mais elle n'est qu'une forme plus ou moins représentable des effets de corps qui se jouent, se jouissent avec la permanence du parlêtre. Et ces effets, quand ils n'ont pas le sens phallique, restent entre l'imaginaire et le réel, là où Lacan dans le nœud situe la jouissance de l'Autre, Autre au symbolique, Autre qu'il n'y a pas. Le phallus ne suffit donc pas à tenir compte du réel, ce qui ne veut pas dire qu'il n'a pas son importance.

Les accidents insensés, il n'y en a donc pas qu'un. Ils se répètent, tous différents. Mais à chaque fois, sur le corps, ils inscrivent, nous l'avons vu, comme trait unaire la trace de leur coup, comme d'un fouet.

Il est donc la trace de la coïncidence d'un affect et d'un signifiant et du coup prend une valeur « symboliquement réelle ». J'emploie ici une expression de Lacan dans *L'insu que sait de l'une bévue s'aile à mourre* : « Le symboliquement réel n'est pas le réellement symbolique, car le réellement symbolique, c'est le symbolique inclus dans le réel. Le symbolique inclus dans le réel a bel et bien un nom, ça s'appelle le mensonge [nous pouvons avancer qu'il s'agit pour ce réellement symbolique du signifiant phallique], au lieu que le symboliquement réel – je veux dire ce qui du réel se connote à l'intérieur du symbolique – c'est ce qu'on appelle l'angoisse. »

Ainsi, nous retrouvons nos considérations précédentes sur l'affect primordial d'angoisse, et nous pouvons avancer encore à propos de notre trait unaire : son affect n'est pas sans angoisse.

Et de cette façon, nous pouvons distinguer les signifiants du symptôme du symptôme lui-même. C'est ce que fait Lacan dans la suite du texte qui vient d'être cité : « Le symptôme est réel ; c'est même la seule chose vraiment réelle, c'est-à-dire qui ait un sens, qui conserve un sens dans le réel. C'est bien pour ça que le psychanalyste peut, s'il a de la chance, intervenir symboliquement pour le dissoudre dans le réel[4]. »

Commenter cette phrase prendrait beaucoup de temps. J'en retiens, pour la question de l'interprétation qui tienne compte du réel, l'intervention symbolique chanceuse qui dissout le symptôme dans le réel. Quel est ce sens conservé, s'il ne s'agit de l'os du sens, de son résidu avec l'affect généré par les éléments motériels de lalangue qui constituent le trait unaire ? Ces éléments insistent dans les chaînes du sens, certains sont ainsi repérables.

Un affect d'abord hors sens, tant que les signifiants de sa vérité n'y sont pas accrochés, donc un affect qui ne va pas, répétons-le, sans angoisse qui est toujours aussi une forme atténuée de la douleur.

La douleur

La douleur existe pourtant car le corps est intéressé par une autre agression que le trauma motériel. Certes, la matérialité bien utilisée, avec son angoisse et son traitement par le sens, permet d'établir des dispositifs propres à éviter la douleur, en trouvant éventuellement avec l'agresseur un terrain d'entente, celui du sens toujours. Il s'agit ici de la douleur qui résulte du rapport à l'autre car il est des cas où la douleur est purement physique, et elle demande alors d'autres dispositifs pour la traiter si possible. Pour revenir à celle suscitée par le lien à l'autre, il est néanmoins des cas où l'accord ne se fait pas, où douleur reste infligée par l'autre, et volontairement de surcroît. C'est dire que nos dispositifs de protection n'ont pas fonctionné avec cet autre, qu'il n'a pas joué notre jeu, qu'il n'a pas joué franc jeu avec nous. Nous pouvons légitimement lui en vouloir, le reconnaître comme le dit Lacan, pas seulement ironiquement, c'est-à-dire penser contre lui. En effet, celui qui nous fait mal, nous avons tout intérêt à le tenir à l'œil pour qu'il ne recommence pas, pourquoi pas en l'aimant. Nous n'acceptons pas d'avoir mal, sauf à nous en amuser, à perversement inverser le bon ordre des choses, dans le masochisme, donc de façon très contrôlée. En effet, à notre corps

---

4. J. Lacan, Le séminaire, Livre XXIV, *L'insu que sait de l'une bévue s'aile à mourre* (1976-1977), version de l'ALI, p. 109.

nous tenons, et à sa protection contre la douleur aussi du coup. Le corps, nous l'avons et nous ne comptons pas l'abandonner au premier venu car il nous est précieux, c'est lui qui soutient par sa vie notre attention au monde avec ses plaisirs et ses déplaisirs, en organisant nos stratégies de défense, notre désir.

C'est bien ce qui a intrigué Lacan chez Joyce, que ce dernier ait abandonné son corps comme une pelure à l'occasion d'une raclée que lui a infligée un nommé Héron, dont Lacan remarque qu'il consonne avec *êron*. Et, en effet, l'*êron* n'a aucun effet d'*êroménon*, au contraire, Joyce se soustrait à l'échange que la reconnaissance de cet autre aurait pu inaugurer, il laisse là sa peau, et se barre ailleurs. Ce lâchage est bien sûr à entendre sur le fond de ce que Lacan a développé du fond normal du sacrifice de l'objet partiel, qui se réalise à l'image de la queue du lézard. Là, Joyce lâche non pas l'objet partiel mais le corps, pour ne plus s'intéresser qu'aux effets d'affect de la matérialité, qu'il rencontre d'abord dans les épiphanies. Il ne lâche donc pas tout de son corps, au contraire, il lâche le corps comme support de l'échange pulsionnel autour de l'objet *a* ; il lâche le corps de l'autre aussi bien, comme susceptible d'assurer sa satisfaction, pour ne garder du corps que sa résonance à la matérialité, plaisir qu'il partage avec sa femme Nora.

Est-ce pour cela que Lacan a dit que Joyce allait tout droit à ce qu'une psychanalyse peut offrir ? S'agit-il dans la psychanalyse de ne faire fonds que du corps matériel ? Certes non, mais quand même. Certes non, car une fois la vérité de l'échange venue à la barre de la vérité, les pulsions et leurs satisfactions ne sont pas barrées, encore moins interdites, elles sont seulement situées à leur véritable place, dans leur dépendance au discours qui les conditionne. Mais oui, dans la mesure où sous la barre de la vérité il y a la cause matérielle, qui est la cause à laquelle s'accroche la maladie du sens, cette maladie incurable parce que sans issue du côté de ses productions de pensées, à cause de la fuite du sens. C'est aussi pour cela, il me semble, que Lacan a pu avancer dans *Le sinthome* qu'avec l'écriture du nœud borroméen, il fondait la première philosophie qui lui paraisse se supporter.

Une question : est-ce que ce qui compte dans une interprétation qui tienne compte du réel est d'extraire des dits les éléments matériels qui feraient certitude pour élucubrer encore et toujours à leur propos, même si c'est dans le vocabulaire analytique ? ou alors, ce qui compte est-ce de savoir que le support de la vérité n'est pas la vérité, mais le réel ? Autrement dit, que ce qui reste de toutes les fictions de vérité qu'un sujet peut broder, c'est la série des accidents de sa vie, de ce qui fait sa texture, sa toile, pour reprendre une autre expression par laquelle Lacan, parlant de la toile de l'araignée, illustre l'écriture, dans le séminaire XX.

La série de ses accidents, voici ce qui singularise un parlêtre, le singularise à l'envers de ce qui l'universalise comme sujet barré de la castration qui est ce qui se représente dans ces moments de perte du sens.

Conclusion sur le ratage du parlêtre et celui du psychanalyste

Freud : il y a des pensées impensées – parce que refoulées, donc du fait du sujet –, et un refoulé originaire, inaccessible à quiconque.

Lacan : il y a des pensées impensées, c'est vrai, mais surtout ces pensées impensées servent à dissimuler et à oublier une impossibilité à penser, à penser pouvoir dire tout ce qu'on éprouve. Ce à quoi, comme par hasard et non sans une certaine perfidie, invite la psychanalyse. Or, l'impossibilité de cette pensée est source d'angoisse – source donc de nécessité de reconnaissance, donc de désir – et source de plaisir si le désir semble satisfait. Mais notre impossibilité n'en demeure pas moins, avec son angoisse. Elle aussi indestructible que le désir. Cela dit, cette angoisse, forts de notre discours, nous affirmons qu'il est possible de la réduire à son minimum nécessaire de douleur, minimum structural et non syndical, qui est la distinction qui fonde notre concept d'École. Il est possible donc de réduire l'angoisse de chacun à ce qui le singularise dans son absolue différence, qui fait le réel irréductible de sa solitude, d'une part ; et de surcroît, il est possible de savoir comment porter ce reste d'angoisse à son maximum de plaisir, en le mettant au service de son ego-corps de parlêtre.

Cela dit, le psychanalyste est-il un raté ? Il m'est arrivé de souligner que nous étions une assemblée de médecins ratés, de philosophes allergiques aux systèmes, d'assistantes sociales dévoyées en psychologues, de curés défroqués, et de juifs mal circoncis. Autrement dit, oui, le psychanalyste est bien un raté du discours du maître. D'où prend sa cause le discours analytique.

Mais le ratage n'en épargne pas moins ce dernier discours, celui du psychanalyste, qui transmet la psychanalyse. Et le ratage de la psychanalyse tient à son savoir sur le ratage même ; elle enseigne qu'on ne peut que rater à vouloir définir et contrôler le ratage parce qu'il n'est réductible à aucune définition, donc à aucune prévision. Ainsi, on sait qu'on ne peut que rater à saisir le dernier mot qui protègerait définitivement du ratage – et l'on peut cesser de courir, d'un désir toujours plus ou moins égaré, après ce dernier mot. Autrement dit, il peut bien rester au terme du processus, l'os du symptôme, mais il n'a plus valeur de vérité ; cet os peut bien être aussi difficile à avaler que la tronche que l'on a, et en général il l'est, mais le mieux est de s'y faire.

Décisive en revanche est la rencontre de l'inconscient réel par choc répété sur l'os du réel plutôt que par reconnaissance des qualités spécifiques de sa matière osseuse prélevée, amenée au grand jour, analysée sur le laboratoire du divan et élucubrée devant les passeurs. Autrement dit, si l'inconscient réel est fait de bouts d'os de lalangue, s'il est possible d'essayer d'en saisir quelques-uns et de tenter une élucubration à leur propos, il y a lieu d'avoir de sérieuses réserves sur le fait que ces bouts soient exigibles comme le véritable produit de l'analyse, qui serait la preuve qu'elle a été poussée jusqu'à son terme, le bout réel de ratage. En effet, le réel reste réel, et l'on ne peut que définitivement rater à le saisir ; mais on peut l'inférer de la série des impasses à l'interprétation. Nous n'avons donc pas fini d'interpréter.

Faut le temps

Claude-Noële Pickmann

Une jeune femme d'une vingtaine d'années me fut adressée, au tout début de ma pratique d'analyste, par un médecin qui la suivait pour une douleur musculaire dont elle n'arrivait pas à se défaire. Il lui a donc laissé entendre que la cause n'était peut-être pas que physique. De ce symptôme, il ne sera pas question dans l'analyse.

Car ce dont elle souffre, douloureusement, et dont elle se met aussitôt à parler, c'est de son destin de fille. En effet, elle occupe une place très particulière dans la fratrie qui a, selon elle, donné une coloration très spécifique à tous les événements de sa vie : elle est née septième et dernière fille d'une fratrie sans garçon, et donc, juge-t-elle, en disgrâce avec son père qui attendait encore qu'un fils lui soit enfin accordé. Elle a élevé ce malentendu originaire au rang d'une véritable tragédie qui contamine chaque instant de vie d'une mélancolisation chronique accompagnée du sentiment que, quoi qu'elle fasse, elle ne sera jamais à la hauteur.

Le drame d'avoir occasionné une telle déception à son père se redouble, du côté maternel, d'une vérité tout aussi ravageante, celle de n'avoir pas été désirée. Il avait, en effet, été convenu entre le père et la mère, à la naissance de la cinquième fille, que, à la naissance du sixième enfant, fille ou garçon, la mère n'en mettrait pas un de plus au monde. Lorsque, quelques années après la naissance de la sixième fille, la mère s'était retrouvée à nouveau enceinte, accidentellement cette fois, elle avait pensé avorter. Mais le père s'y était opposé, l'avait d'abord suppliée avant de lui ordonner. La mère, obéissante, l'avait donc mise au monde... pour le père. Cependant, lors de l'accouchement, elle avait demandé aux médecins, sans en parler au préalable avec le père, qu'on lui fasse ce qu'il fallait pour que cela ne se reproduise plus, fermant définitivement la série des enfants et faisant ainsi de sa septième fille celle qui serait, pour toujours, et « la petite dernière » et « la mâle-venue ». Ces deux expressions revenaient sans cesse dans son discours, car elle en avait fait les signifiants maîtres auxquels s'identifier, et elle ne manquait jamais d'insister, parfois lourdement, sur l'équivoque de la seconde expression (mal/mâle-venue).

Cela déterminait son rapport à la famille, mais aussi à la fratrie dans laquelle, selon son dire, elle n'avait jamais trouvé place : elle était à la fois considérée par les sœurs comme « la petite dernière restée dans les jupes de la mère », ce qui revenait à lui reconnaître une place privilégiée, et en même temps elle était, selon sa vérité à elle, « l'une en plus » qu'elle avait toujours décliné du côté de « l'une en trop ». Cette difficulté à trouver sa place s'accompagnait de la certitude triste que le désir du père, s'il existait, ne reconnaissait que l'ensemble des filles, incapable de les distinguer les unes des autres.

Voilà donc cette « mélodie du malheur » (selon le lapsus qu'elle fait quand elle évoque un film dont le titre est *La mélodie du bonheur*), la version de son impossible existence qui faisait sa petite musique à elle, cette rengaine triste qu'elle ressassait depuis son enfance, et à laquelle elle ne pouvait ni se décider à renoncer ni se décider à faire avec.

Dès le premier moment de l'analyse, elle mit à profit les possibilités infinies de l'association libre qu'elle venait de découvrir comme si elle allait enfin entamer cette version de sa vie pour sortir du destin auquel elle la condamnait. Elle la déconstruisait pour la reconstruire aussitôt avec des variantes au gré des souvenirs qu'elle retrouvait, filant littéralement les signifiants majeurs de son histoire, allant jusqu'à donner un nom aux scènes marquantes de son enfance, celles qui revenaient répétitivement dans son discours. Bien sûr, je n'étais pas dupe qu'elle le faisait aussi pour moi, et renouvelait ainsi chaque fois avec un certain brio la tentative de me donner enfin ce que j'étais supposée attendre d'elle.

Deux séquences principales sont ainsi apparues qu'elle finit par désigner, au fil de la cure, du nom qu'elle leur avait donné à la première occasion : « l'incision » et « l'évanouissement ».

D'abord la scène de l'incision. Il s'agissait d'inciser ses gencives, opération qu'elle avait subie dans son enfance afin que ses dents de lait poussent au bon endroit. Sa mère craignait, en effet, que « si ses dents poussaient n'importe comment, cela nuise plus tard à sa féminité ».

Or, alors qu'elle était sous l'emprise de la peur de la visite chez le dentiste, sa mère en avait profité « pour lui extorquer un petit caca dans le pot », selon son dire, en lui promettant que cela lui ferait ainsi moins mal. Elle l'avait cru et s'était donc exécutée. C'est de cela qu'elle se rappelait bien plus que de la séance chez le dentiste. La survenue de cette séquence sur le devant de la scène, dans la cure, lui avait permis d'interroger son obéissance inconditionnelle aux demandes maternelles et de découvrir que l'objet anal avait réglé, jusque-là, sa relation de fille à sa mère. Cela lui avait permis de sortir « des jupes de la mère » et de s'aventurer du côté où elle n'avait pas d'autre choix que se confronter au désir du père.

L'autre souvenir, tout aussi cuisant, était un « jeu » familial, quelque peu curieux tel qu'elle le racontait. Le père, ancien militaire, élevait ses filles comme « une troupe » et leur avait appris à marcher au pas. Le dimanche matin, il passait donc la troupe en revue, au son du sifflet, et lui faisait exécuter un certain nombre de pas cadencés, sous le regard encourageant de la mère contemplant la scène assise dans un fauteuil. Les sœurs, dans leurs plus beaux atours, faisaient virevolter leur jupe, elles dansaient littéralement, obéissant aux coups de sifflet « comme un seul homme ». Cette unité chorégraphique comblait le père et enthousiasmait ses filles. C'était donc souvent « la troupe » qui réclamait d'être passée en revue, notamment lorsque le père était fatigué. Il s'y prêtait de bon cœur. Bref, on s'amusait et on riait beaucoup, semble-t-il, le dimanche matin, dans cette famille nombreuse, excepté, bien sûr, la petite dernière.

Car, pour elle, ce fut d'emblée un véritable calvaire dès lors que les autres membres de la famille la jugèrent assez grande pour lui proposer d'intégrer « la troupe ». Elle se trompait systématiquement dans les pas, tournant à contresens, désorganisant « la troupe » au point que les sœurs finirent par l'éliminer du spectacle. Elle se retrouvait ainsi « petite dernière définitivement dans les jupes de sa mère ».

Mais il y a plus, il y a une scène dans la scène lorsqu'elle participa pour la première fois à la « revue », lorsqu'on la fit monter sur la scène, alors qu'elle avait environ 4 ans. Elle rapporte une véritable séquence traumatique où elle tournoie sur elle-même, étouffée, « ensevelie sous les jupes virevoltantes » de ses sœurs, le son strident du sifflet du père lui entrant dans les oreilles tandis que le hurlement de terreur qu'elle pousse se confond avec le bruit du sifflet. Il avait fallu qu'elle tombe à terre, peut-être évanouie pour que, enfin, les sœurs et le père consentent à arrêter leur danse frénétique et que la famille remarque sa détresse. Moment de vérité angoissant où, conviée par sa famille à monter pour la première fois sur la scène du désir, elle offre sa douleur en spectacle, tandis qu'elle ne sait plus ce qui lui arrive, le monde se dissolvant, alors que le temps se réduit à ce tournoiement incestueux des sœurs et l'espace, au sifflement tout aussi incestueux du père. Dans cette scène, elle se fait cri inaudible qui s'anéantit dans le vide d'un regard qui ne doit/ne peut pas la voir, celui du père.

On peut donc remarquer que, au moment de quitter les jupes de la mère et de monter sur la scène du désir, elle choisit de disparaître sous les jupes de ses sœurs plutôt que de s'intégrer à la « troupe », ce qui l'aurait fait exister au regard du père. « Je ne pouvais pas faire corps avec elles », dit-elle. Ce qui la condamne à se faire l'Une-en-moins.

L'Une-en-moins, c'est l'autre face de son identification à « l'une en trop » qui, dans son discours, fait sa douleur d'exister.

Dans la cure, elle n'en finissait pas de dérouler sa « mélodie du malheur », tous les chemins qu'elle empruntait la ramenant inexorablement à son destin de la malvenue comme à un point fixe dont elle ne semblait pas se lasser. La cure était donc en impasse, aucune intervention de l'analyste ne réussissant à entamer cette fiction à laquelle elle semblait ne pas pouvoir renoncer. L'analyste, encore dans les débuts de sa pratique, s'impatientait donc, empêtrée dans l'idée d'un quelque chose à faire.

Jusqu'à ce qu'une intervention, juste mais inopportune parce que ne respectant pas le temps de l'analysante, fasse enfin mouche. Alors qu'elle raconte que son père l'a accompagnée à une compétition hippique locale qu'elle a remportée, je lui dis : « Votre père a dû être fier de vous. » Je m'autorise de ce que je sais déjà, parce qu'elle en parle beaucoup : elle monte depuis l'âge de 6 ans, passion qu'elle partage avec son père et c'est lui qui lui a offert sa première jument pour ses 10 ans. Je crois donc bien faire et même la soutenir en lui servant la version d'un père aimant autant qu'aimé. J'interprète donc sa vérité à partir de ce qu'elle vient de me dire, et lui dévoile tout à trac ce que cache la fiction de « la mâle-venue » dont elle a fait sa douloureuse vérité.

Après un moment de sidération silencieuse, elle s'empare de cette nouvelle qui lui vient de l'Autre et qui lui dit qu'elle est aimée. Justement, son père lui a dit, sur le chemin du retour, que la jument qu'il lui avait donnée, c'était le meilleur investissement qu'il ait jamais fait. Elle peut, ce jour-là, entendre et s'approprier la version que l'analyste s'évertue à lui faire entendre et qu'elle-même tient de ce qu'elle a entendu dans le dire de sa patiente. Ce faisant, la patiente se déprend de son identification à « l'une en trop » qui dit son trauma.

Cette nouvelle a pour effet immédiat de changer radicalement son rapport à l'Autre et donc, la donne de sa vie. Elle laisse tomber les oripeaux de la « mâle-venue » qu'elle se voulait être pour l'Autre, pour se parer des ors paternels et s'en soutenir. Elle quitte les jupes de la mère pour monter sur la scène du désir, mais une scène où elle est sans les sœurs, seule avec le père. Elle se fait, en quelque sorte, fille de son père œdipiennement, avec pour résultat qu'elle ose se risquer à se montrer dans son manque-à-être.

Les effets de cette transformation sont spectaculaires et lui ouvrent la voie de toutes les réalisations phalliques jusque-là impossibles pour elle, jusqu'à la joie de vivre. Réussite thérapeutique incontestable...

L'analyse se poursuit néanmoins, après que je lui aie signifié avec insistance que le travail n'est pas fini.

Dans l'analyse, elle se met à user du père. Son questionnement la porte vers son désir de femme pour l'homme qui vient de faire d'elle sa compagne, questionnement qui se fait à l'aune de l'amour du père. Ce travail trouve son expression au travers d'une série de rêves qui mettent en scène différentes figures du père – celui qui la sauve et celui qui la menace, celui qu'elle peut aimer et celui qui séduit, et aussi celui qui jouit et qui fait peur.

C'est dans ce contexte œdipien qu'elle fait une trouvaille : son patronyme dit, par synonymie, la jouissance du père, à partir de la scène de l'incision qu'elle avait jusque-là située et articulée dans son rapport à la demande maternelle.

Le sens-joui qu'elle tire de son patronyme donne une consistance mythique à la jouissance d'Un père en tant qu'il est celui qui féminise une femme en lui incisant les gencives. On a là l'expression d'un fantasme, sa version fantasmatique du père qui donne la marque de jouissance au corps, ici par l'incision des gencives. Grâce à ce montage, la jouissance subie de la mère est versée au compte du père.

Tout semble alors marcher pour le mieux dans cette analyse où la réussite thérapeutique fait bon ménage avec le travail psychique, jusqu'à ce que, la déconvenue survenant, la bonne volonté toute hystérique de la patiente rencontre sa limite. Un symptôme de corps se produit alors entraînant dans son sillage une maladie foudroyante qui met momentanément la vie de la patiente en jeu.

Elle arrive ce jour-là à la séance en se disant « agacée » par ce qu'elle vient d'apprendre de la bouche de son père. Il a l'intention de se débarrasser de la jument dont il lui avait fait cadeau dans son enfance parce que la jument est devenue trop vieille, elle est « usée » et a du mal à manger et à marcher – mais lui aussi dit-elle, il vieillit – et il a jugé qu'il ne sert plus à rien de continuer à l'entretenir.

Or, la jument a pris, au cours du travail de l'analyse, une valeur et une fonction tout à fait singulières : objet de don paternel, elle est devenue, depuis mon intervention précipitée, le signe le plus patent de l'amour du père. Non seulement c'est lui qui lui a offert la jument, mais la passion de l'équitation qu'elle partage avec lui est ce qui la distingue, dans le désir du père, de toutes les autres sœurs, comme de la mère.

De plus, le père sait bien qu'elle n'a pas les moyens de soigner la jument ni d'investir la somme nécessaire pour lui assurer une retraite plus paisible et la sauver ainsi de la mort qui l'attend. Elle en a déjà parlé dans la cure.

C'est pourquoi, la décision du père d'envoyer la bête à l'équarrissage lui est insupportable. Elle ajoute que toute cette histoire l'a rendue malade : *elle a mal aux dents*, et ce symptôme à même le corps se produit au moment où la jouissance imaginarisée du père menace réellement la jument et remet en cause l'amour du père.

Le mal de dents est apparu dans le contexte d'un rêve, qu'elle a fait le soir même de la dernière séance d'analyse où il avait déjà été question de l'avenir de cette jument.

En voici le texte :

Elle voit son père en train de poser des fers à la jument, laquelle inexplicablement souffre. Elle bave et, de sa bouche, coule un filet de sang. Un poulain exubérant joue près d'elle et l'agace.

Dans la seconde partie du rêve, elle est à table, dans la cuisine de la maison de ses parents, seule avec une femme qu'elle identifie comme sa mère et qui lui sert un plat de viande. « Mange », lui dit-elle. Elle réalise alors que sa jument est déjà morte et qu'elle est en train de la manger. Elle se réveille en ayant peur et elle pense alors qu'il s'agit peut-être du cadavre de son père. Au même moment, elle ressent une douleur fulgurante aux dents.

Elle conclut son récit en répétant que « tout ça l'agace », que tout le travail d'analyse ne sert à rien, « on ne peut pas changer le monde », dit-elle.

On peut donc en déduire qu'elle aussi vient de renoncer à sauver la jument. Dans ce moment où son père la laisse tomber en montrant que la jument n'a pour lui aucune valeur, elle-même la laisse aussi tomber. Mais, dans le même mouvement, c'est son père qu'elle laisse ainsi tomber, le père comme partenaire œdipien. C'est que sous l'effet de la déception, une fille peut préférer laisser tomber son objet plutôt que d'y renoncer. En renonçant à sauver la jument, elle la sacrifie à la jouissance du père, mais pas sans s'identifier à elle, par le symptôme.

Certes, dans la première scène du rêve, elle est cette jument, qui, « ferrée » par le père, subit le réel de la marque de féminisation portée dans le patronyme, ainsi que l'indique le filet de sang qui coule de la bouche de la jument. Un père est ainsi érigé en agent de la castration des femmes, que ce soit de la fille ou de la mère. Il peut arriver qu'un poulain exubérant et joyeux en naisse, ce qui ne va pas sans « agacer » la mère.

Mais la logique du rêve indique que le mal aux dents est la conséquence du commandement à manger de la mère, dans la seconde scène du rêve. Repas en quelque sorte cannibalique puisqu'il s'agit de manger la jument sacrifiée à la jouissance, mais qui, au dernier moment vient à la place du père, comme son substitut.

Ainsi, les dents de la fille sont agacées parce qu'elles sont dans une trop grande proximité avec le père « primitif » et sa jouissance fautive. Avec le détricotage du nom, la fiction de jouissance du père prend corps par le symptôme. C'est une incorporation de savoir qui précipite en symptôme. Peut-être serait-il plus juste de parler de corporisation d'un savoir élevé au statut de signifiant maître, au statut de commander à la jouissance.

L'agacement témoigne de ce qu'elle a pris le « mors aux dents ». La patiente ne retrouve pas cette expression – elle la refoule – au moment même où elle laisse éclater sa colère contre son père, dont la décision de sacrifier la jument ne vient que dans un second temps par rapport au rêve, faire interprétation de son désir à elle, d'en finir avec lui.

« J'ai le mors/mort aux dents », nous indique qu'elle n'est pas prête à se passer du père, elle ne l'a pas encore assez usé pour en faire un semblant.

Freud nous dit que lorsque l'objet n'a pas été perdu comme tel, c'est-à-dire renoncé comme objet, mais seulement détruit pour l'amour, il peut être maintenu comme objet par le mal, par le mal de l'*Ur-Sadismus* inclus dans l'idéal. Cette introduction dans le moi de ce reste par identification équivaut alors à une pure culture d'*Ur-Sadismus* déchaîné à l'intérieur du sujet.

N'est-ce pas ce que Lacan nous rappelle, dans sa langue à lui, plus épurée que celle de Freud, que « le mode d'existence du père tient au réel. C'est le seul cas où le réel est plus fort que le vrai. Disons que le réel, lui aussi, peut être mythique [1] ».

Pour Freud, ce mécanisme, ainsi que la mélancolie par exemple le montre, s'accompagne de ce qu'il désigne comme « le triomphe sur la pulsion *(Uberwindung)* qui oblige tout vivant à tenir bon à la vie », soit une « désintrication des pulsions », la liaison étant défaite (au sens de détruite et au sens d'une défaite).

---

1. J. Lacan, « Conférence à Columbia University du 1er décembre 1975 », *Scilicet,* 6/7, 1976, p. 45.

Elle est détruite au sens où c'est la possibilité de déplacement qui caractérise le fonctionnement de la pulsion et détermine ses différents destins qui est gelée. Or, nous dit Freud dans « Au-delà du principe de plaisir », cette capacité de déplacement, c'est le mode de défense que la pulsion met en place par rapport au pulsionnel comme tel, c'est-à-dire par rapport à la pulsion de mort.

Avec le mors/mort aux dents, c'est en effet, comme la suite va le montrer, la mort qui s'en prend à elle. Le mal de dents, incarnation de la volonté de jouir du père, va se déchaîner en une maladie foudroyante, une septicémie.

Cela se passe pendant le week-end, entre deux séances et sans que j'en sois prévenue.

Le mal de dents était dû, comme elle va s'en rendre compte, à un abcès aux gencives réclamant de nouveau leur incision d'urgence. Mais, cette fois-ci, la patiente, catégoriquement, s'y refuse. Le dentiste, devant son obstination, a posé un système de drains. L'abcès s'est compliqué sous la forme gravissime d'une infection généralisée de son sang nécessitant une hospitalisation d'urgence. Or, malgré le traitement de cheval, si j'ose dire, qu'on lui administrait (elle était sous perfusion d'antibiotiques), rien n'avait de prise sur la maladie qui évoluait rapidement.

Dès que j'en fus informée par son compagnon, je me rendis à son chevet.

Voici la séquence à ma disposition pour essayer d'articuler ce qui a pu faire coupure dans l'enchaînement de la maladie pour que le déchaînement de jouissance dans son corps trouve un point d'arrêt.

Lorsque je la vois sur son lit d'hôpital, elle me dit seulement : « Septicémie, ça veut dire septième, c'est moi, c'est tout. »

Elle interprète ainsi ce qui lui arrive à partir du nom de la maladie qu'elle a entendu prononcée par le médecin : *septicémie*. Pour elle, la maladie qui affecte son sang ne peut qu'écrire à même son corps ce qui fait son chiffre absolu, le sept (7) qu'elle élève ainsi au rang d'un signifiant maître totalitaire. Au moment où elle est confrontée, du fait de la décision du père, au « défaut à la promesse[2] » œdipienne, elle retrouve ce qu'elle croit être son

---

2. J. Lacan, Le séminaire, Livre VIII, *Le transfert* (1960-1961), Paris, Le Seuil, 1991, p. 353 : « Le défaut à la promesse pour quoi tout a déjà été renoncé. »

destin de fille, destin auquel elle s'abandonne alors, y trouvant enfin la consistance d'une identité féminine, un nom de femme qui, parce qu'il s'écrit dans son corps, ne peut pas la tromper. Il est d'autant plus vrai qu'il est réel.

Une signification tirée de son mythe personnel produit un nouveau nom à la condition de devenir ce signifiant unaire absolu. De même qu'elle avait fait donner du sens à son patronyme, celui de la jouissance du père, elle se sert du nom de la maladie, à l'inverse, pour se nommer comme femme. Elle est ce chiffre sept, par quoi elle se fait définitivement la proie du courroux paternel. Si, comme toute interprétation, la sienne a eu pour effet de produire un signifiant nouveau, l'effet produit n'est pas un effet de vérité, c'est un effet de jouissance auquel elle se livre corps et âme.

Il se trouve que je n'ai absolument pas compris la signification de son énoncé parce que dans ce laps de temps où je l'ai rencontrée, j'ai oublié qu'elle était la septième ou plutôt, j'ai pensé, inconsciemment bien sûr, qu'elle était la neuvième (j'ai ajouté deux filles) ainsi que je l'ai réalisé sur le chemin du retour.

Sa phrase n'avait donc aucun sens pour moi du fait de mon lapsus. Mais elle a fait écho à une onomatopée de mon enfance qui se disait : « tontétatilotétatou ». Et la réponse était : « ouimontémaotématou », mot magique que j'avais réussi précocement à prononcer malgré, ou à cause de l'absence de sens qu'il semblait recéler. Ce qui fait que j'ai repris son énoncé « oui ce petit c'est vous, mais c'est-pas-tout » ramenant, ce faisant, son énoncé du côté d'une protestation phallique.

Tient-il seulement à ce malentendu d'avoir remis en circulation les signifiants qui s'étaient agglomérés pour produire ce nom bizarre écrit à même le corps de la jeune femme, par le biais de la maladie ?

Plusieurs mois après, alors qu'elle est un peu aphone, elle fait un rêve dans lequel elle se sent bercée par les voix de ses sœurs, avant d'en distinguer une plus nettement et de la reconnaître comme sa propre voix. Alors elle se réveille dans le rêve. Elle voit une silhouette sortir de la scène et y reconnaît celle de son analyste. Elle est sûre alors qu'elle n'a pas à s'inquiéter car c'est à elle qu'elle a confié sa voix.

Elle y associe la séquence à l'hôpital. « J'ai entendu votre voix, mais comme on peut entendre la sienne, dit-elle, quand elle vient de l'extérieur. Je ne sais pas ce que vous avez dit mais la voix m'a ramenée à la réalité comme si je pouvais de nouveau compter. »

À partir de là, peut-on penser que c'est par l'objet voix, en tant que l'analyste était devenu pour elle cet objet, que la vocifération de la jouissance dans le corps a pu virer à la comptabilité, libérant alors la possibilité de déplacement de la libido nécessaire à l'activité pulsionnelle tandis qu'elle peut se compter une, différente de toutes les autres sœurs ?

Ou peut-être cela lui a-t-il été « secourable » dans la mesure où cela a eu pour effet de lui faire entendre que si le signifiant peut emprunter sa matière au corps, il peut tout aussi bien se matérialiser dans le son et procurer ainsi une autre satisfaction, ouvrant sur un autre mode de jouir du signifiant.

Dans les quelques occasions où j'ai évoqué ce cas, il m'a été demandé pourquoi je liais les deux événements que sont mon intervention et la survenue de la maladie. Il ne s'agit pas de dire que la maladie est la conséquence de l'intervention. L'analyse de cette jeune femme a suivi son cours et nul ne peut prédire ce qu'il aurait été si je ne l'avais pas faite. Il aurait juste été autre. Si je les relie, c'est donc indirectement. Cette intervention, juste du point de vue de la réalité[3], était de fait inappropriée en ce qu'elle était précipitée, effet de mon impatience à introduire ma patiente à un repérage de sa position réelle dans cette famille, alors même qu'elle me faisait savoir qu'elle n'était pas sans la savoir. Ce faisant, elle invitait l'analyste à collaborer à l'édification de la vérité, prête à se saisir de la version amoureuse qu'elle lui proposait pourvu que l'analyste consente à cette collaboration, mais au prix d'oublier le réel qui se tient, tapi, derrière la fiction de la vérité. Sans doute est-ce ce qui se produit chaque fois que l'analyste intervient au niveau du discours du patient plutôt qu'au niveau de la structure.

Faut le temps, à l'analyste aussi, pour se faire à la patience.

---

3. Mais n'est-ce pas ce que faisait Freud lorsqu'il interprète d'emblée à Dora qu'elle a bien dû trouver son compte à se faire la cheville ouvrière des amours de son père dans le quatuor qu'elle forme avec lui et les K. ? Même si cela devait « entraîner une précipitation, ne reculons pas à dire une systématisation des symptômes », J. Lacan, « La direction de la cure », dans *Écrits*, Paris, Le Seuil, 1966, p. 596.

À propos de deux impasses cliniques type : les choix du sujet en question

Patrick Landman

L'IMPASSE PAR LE RETOUR DE LA DIVISION DE LA DEMANDE QUI SE JOUE EN DÉBUT DE CURE

Il est classique de dire que toute cure exige, comme condition préalable à sa mise en route possible, une demande du patient. Il est tout aussi classique de répéter à l'envi que le rôle du psychanalyste est de ne pas répondre à cette demande afin de permettre au patient de découvrir au-delà de cette demande les arcanes de son désir, masqués ou occultés par la demande.

En théorie, d'un point de vue « mathématique », il pourrait exister une infinité de demandes différentes, mais en réalité les configurations possibles sont restreintes et réduites seulement à quelques cas que l'on peut répertorier. Alors, plutôt que de s'intéresser aux objets que la demande-cible, il est préférable de se concentrer sur l'investissement que le patient engage dans une demande déterminée, car la nature de cet investissement va parfois conditionner la possibilité de dénouement d'une cure.

En ce qui concerne la demande, à quoi l'analyste se doit-il d'être attentif quand quelqu'un, comme on dit, vient frapper à sa porte ? Une demande est toujours, bien sûr, une demande d'amour, mais un amour particulier, divisé entre deux branches qui sont en tension. Une première branche de l'amour s'adresse à celle ou celui supposé répondre ou savoir répondre à la demande, une deuxième branche s'adresse à celui supposé savoir ce qu'il y a derrière cette demande et qui donc n'y répond pas pour cette raison même. Donc, l'analyste se doit d'être attentif à la manière dont le patient parle de la division de sa demande. Cette division est structurale dans la névrose ; dans les psychoses, la question se pose différemment dans la mesure où la dimension du sujet supposé savoir s'apparente à de la persécution et ce qui est en jeu dans les cures avec les psychotiques relève beaucoup plus du « nom du père » que du sujet supposé savoir. Je parlerai donc seulement de la névrose. Tous les patients connaissent cette division de la demande, alors sur quels éléments faire une appréciation ? Il n'existe aucune recette, l'intuition et le désir de l'analyste comptent avant tout, mais il est néanmoins possible de répertorier certains paramètres.

– *La nature « religieuse » de certains transferts*, en particulier la modalité que revêt chez le patient « l'attente croyante », selon l'expression de Freud, car cette attente est la mise en acte par le transfert de la division de la demande. Plus l'attente croyante est forte et immédiate, plus vite le transfert se met en place, ce qui permet le démarrage de la cure. Mais si la mise en route du transfert entraîne une disparition quasi « miraculeuse » des symptômes, il faudra considérer que non seulement le transfert a remplacé à lui tout seul tous les symptômes mais qu'il donne du crédit à la magie opératoire, au court-circuitage du savoir. La « guérison » résistance que Freud avait repérée, faisant de lui un antipsychothérapeute, est masquée par l'établissement du transfert, mais le ton est donné, car c'est une guérison qui permet au patient d'échapper à la confrontation au savoir. Le patient a mis l'analyste en position d'Autre, et de cet Autre il a obtenu la guérison de ses symptômes, ce qui laisse à penser que le seul pouvoir de l'Autre suffit, c'est-à-dire que c'est son pouvoir qui est moteur et non son supposé savoir, et cette position de transfert sur « l'Autre puissant » représente un nouage qu'il n'est pas toujours possible de dépasser. Or, seule sa mise en cause permettra l'analyse, ce qui paradoxalement exige la chute du transfert. Ce que l'on constate assez souvent, c'est la constitution d'une impasse : le patient s'arrêtera au seuil de questionner le transfert. Comment interpréter cette impasse ?

La division de la demande dont j'ai parlé se rejoue donc dans le transfert, avec les deux faces du transfert, transfert sur l'Autre et transfert sur le savoir, et si le transfert prend la tournure pour le sujet de représenter une réponse à la demande, l'analyse devient très aléatoire. L'Autre puissant vient combler la demande, sa destitution nécessaire pour ouvrir le champ du savoir coupe la source de l'amour de transfert et, si le relais en quelque sorte n'est pas pris par le sujet supposé savoir, la cure est impossible. En fait, il s'agit d'un cas de figure rarement rencontré dans sa forme pure, mais même à un degré moindre, il demeure vecteur d'impasse. La plupart du temps, l'analyste repère cette forme de résistance et essaie de mettre le patient sur la voie du savoir, il y arrive en général, mais la configuration religieuse dans laquelle s'inscrit cette modalité de transfert n'est pas accessible au savoir facilement, même et peut-être surtout avec des interprétations œdipiennes. La vraie question qui se pose dans ce type de transfert relève d'une difficulté du sujet à accéder à la *dimension de semblant* qu'implique la supposition de savoir. Nous sommes en réalité dans le champ de l'illusion. L'obstacle se situe entre l'illusion et le semblant, il ne peut être surmonté qu'au moment où le sujet voit la division de la demande revenir sous la forme d'un choix qui se pose en ces termes : l'Autre puissant qui guérit et répond à la demande ou l'Autre impuissant qui permet l'accès au désir.

– *La détermination trop précise de la demande* peut entraîner une impasse de la cure. La demande en effet est fixée sur un objectif déterminé, obtenir tel ou tel résultat, telle ou telle réussite dans les domaines les plus courants de l'existence : la vie professionnelle ou la vie affective, c'est banal, mais il existe, c'est essentiel, un degré d'adhérence important à cette détermination. Précédemment, j'ai parlé d'attente croyante, ici il ne s'agit pas de cela. Le sujet est en posture non pas de croire, mais il n'a pas de recul suffisant sur le manque qui motive sa demande. Bien sûr, l'aveuglement sur le désir est le propre de l'analysant en début de cure, mais dans le cas de figure que je désigne l'adhérence semble si forte que la demande et le désir se confondent, sont indissociables. L'analyse démarre, le patient semble oublier « son objectif » premier, il parle, il associe, il rêve et se soumet à l'analyse de ses rêves, tout semble se dérouler comme il convient. Mais il s'agit d'une fausse analyse comme on parle de faux *self*. À vrai dire, le travail est destiné à réaliser l'objectif, le transfert n'est pas de nature religieuse, bien au contraire il est instrumentalisé et mis au service de l'obtention de l'objet de la demande et comme la demande et le désir sont artificiellement confondus, le patient a le sentiment de réaliser son désir. Cliniquement, la présentation est la suivante : un patient vient en disant qu'il n'arrive pas à obtenir telle chose, il le présente comme un symptôme avec des arguments convaincants, par exemple que cela se répète, qu'il pense y être pour quelque chose mais que le sens lui échappe, etc. Tout concourt pour qu'une cure démarre et elle se déroule en apparence mais, une fois l'objectif prédéterminé atteint, le patient arrête l'analyse à la surprise de l'analyste qui avait oublié l'objet de la demande ou qui pensait que le patient n'y était plus autant attaché puisqu'il était dans le processus analytique. Le patient, lui, n'a pas oublié et la confusion désir/demande n'est pas analysée. Alors, quand l'objectif est atteint, le patient s'en va sans avoir analysé le plus important : la confusion des étages du désir et de la demande. La demande n'était pas vraiment ou pas suffisamment divisée du fait de la confusion désir/demande. Quand l'objet de la demande est accessible, la division de la demande s'ouvre et le choix du sujet se dirige généralement vers un refus de cette division qui permettrait d'entrer véritablement dans le processus de l'analyse. Il en « savait trop » sur son désir grâce à cette confusion des genres. L'analyse est en impasse car le sujet est en position de sujet supposé savoir. Le transfert ne s'établit pas vraiment en raison de cette inversion des rôles, et le semblant d'analyse prend fin lors de la rencontre avec la division possible de la demande.

L'IMPASSE PAR LE RETOUR DE L'INHIBITION QUI SE JOUE EN FIN DE CURE

À la fin de certaines analyses, la question de l'acte se pose de façon centrale, acte de vie ou acte analytique. Il se peut que l'acte soit l'occasion d'une mise en impasse de la cure car de sa réalisation dépend le dénouement de la cure. On dit habituellement que la fin de l'analyse est reliée à un processus de sublimation, cela est vrai surtout dans les psychoses, mais dans les névroses, l'issue est beaucoup plus souvent en rapport avec la dimension de l'acte. Au moment de franchir la porte de l'acte, il semble que le sujet se trouve frappé d'inhibition, cette inhibition dont par exemple il se plaignait et qui a causé sa demande d'analyse, car toute demande d'analyse comporte une « dose » d'angoisse, d'inhibition et de symptôme.

À vrai dire, l'inhibition de fin de cure n'est pas une inhibition symptomatique, c'est une inhibition plus structurelle. Le patient peut très bien s'être débarrassé de ses symptômes et, au moment de conclure, le voilà repris par de l'inhibition. Que se passe-t-il ? L'acte impose une prise en compte du nom, tandis que l'œuvre d'art est fondée sur une signature qui vient masquer le vide de l'être, l'acte met en relief ce vide et le sujet de l'acte prête son nom à ce vide. C'est une posture intenable. C'est pourquoi tout acte est toujours un acte manqué : le seul acte, selon Lacan, que l'on puisse qualifier de réussi, c'est le suicide. Alors, comment éviter que l'analyse tourne en rond en impasse car le sujet ne choisit pas de se risquer à l'acte ? L'interprétation est de peu d'effet car il ne s'agit pas de symptôme, ou d'inhibition symptomatique, la scansion n'a pas plus d'effet car elle aide à décoller la dimension du fantasme de celle du désir. Or, là précisément, il ne s'agit pas d'un agir fantasmatique. La solution se trouve dans le sens même de l'analyse. La réussite qui viendrait couronner l'acte est toujours une réussite phallique, mais elle est vécue comme une figure « d'être le phallus ». C'est à ce point que s'arrime l'inhibition, tout acte « réussi » est incestueux par nature, il est illicite, porteur d'une jouissance transgressive, il doit être inhibé ou « contrebalancé » par un échec ailleurs, et il faut avoir la patience d'attendre que le patient réussisse à trouver le petit rien d'échec qui permet d'assumer psychiquement la réussite. On voit bien que l'acte et l'inhibition sont dans un rapport d'affinité particulière. L'inhibition n'est pas seulement un symptôme mis au musée, comme disait Lacan, il s'agit d'une nomination imaginaire, « je suis comme cela, je porte l'inhibition comme un nom, une identité imaginaire », et à partir de cette définition tout s'éclaire. Le sujet choisit dans l'inhibition comme dans l'acte à l'inverse du symptôme où il subit plus qu'il ne choisit. Alors, le choix en fin d'analyse est simple nomination imaginaire en inhibant l'acte ou assumer l'acte manqué comme prise du nom. Au sujet de choisir.

Dans la première impasse, l'analyste devait se révéler comme porteur d'une éthique de *L'impuissance*, et dans la deuxième d'une éthique de *La patience*.

Sortir du magma

Nicole Malinconi[1]

Le temps de mon enfance, j'en avais déjà tant parlé aux deux premiers psychanalystes, mais à le retrouver avec elle, je découvrais qu'on peut avoir parlé et s'être prémuni aussitôt contre ce que l'on disait, soit en se plaignant comme une victime, par exemple, ou bien en parlant comme de l'extérieur à soi ; souvent, j'avais parlé de l'extérieur à moi, je veux dire comme si le temps de l'enfance était une chose finie, définitivement quittée, bonne à être jugée ; j'avais prononcé contre lui le jugement que j'avais supposé au psychanalyste silencieux. Avec lui, cela avait été une façon de parler toute chargée de volonté ; il fallait avoir cessé d'être l'enfant de ma mère, avoir quitté ce cocon, vivre enfin ma vie de femme dans le monde des hommes et des femmes sans plus en avoir peur. C'était pourtant bien le but, mais je crois qu'alors je m'étais acharnée à le poursuivre. Je devais avoir confondu l'acharnement avec la décision qui, elle, consent à ne rien savoir à l'avance du résultat ; j'avais trop voulu être quitte ; et comme on sait, à trop vouloir...

---

1. L'écrivaine Nicole Malinconi nous fait l'amitié de nous offrir, en primeur, quelques pages de son prochain livre, *La séparation* qui sortira en septembre 2012 aux Éditions LLL (Les Liens qui Libèrent). Elle y parle de son expérience de la psychanalyse comme analysante. Elle a publié, entre autres, *Hôpital silence, Nous deux* (prix Rossel 1993), *Da solo, À l'étranger, Rien ou presque, Petit abécédaire de mots détournés, Au bureau, Vous vous appelez Michelle Martin*, et en 2010, *Si ce n'est plus un homme*.

Il faut dire que les séances aux rares minutes incitaient plutôt à l'urgence, ne laissaient aucune place au suspens, à l'hésitation, au silence ; il fallait ne pas perdre de temps, ne pas me perdre en chemin, aller au but, m'accrocher à l'idée que lui, le psychanalyste, savait le but à atteindre, et parler comme si je le savais moi aussi, ou mieux, comme si, au fond, à parler comme je parlais, je l'avais déjà atteint.

En somme, je faisais la bonne élève. Je ne voyais pas alors combien je lui restais collée, l'air de rien. Au fond, c'était une façon de ne pas oser lui dire combien j'avais besoin de lui, de ne pas me servir de lui bien davantage. Oser le dire eût été pourtant une façon de me risquer à aller plus avant dans la vie et, étrangement, une chance bien plus sûre de pouvoir le lâcher, un jour. Ses sourires sibyllins n'indiquaient peut-être que cela, après tout, ils devaient ironiser en silence sur la prudence de la bonne élève, sur sa peur de se lancer dans le risque ; mais devant l'énigme des sourires, la bonne élève s'imaginait au contraire qu'il fallait travailler plus encore, faire mieux. Étrange chose que de s'ingénier à se séparer de l'autre parce qu'on suppose qu'il apprécierait cela de vous. Manière de ne pas le quitter, malgré les apparences, de ne pas vouloir savoir par quelle sorte de nœud on lui reste collé.

Toutes sortes d'entrelacs dans lesquels, sur le moment, on est empêtré, comme noyé, que l'on n'est pas non plus sollicité à aborder, il faut le dire, qu'il s'agirait donc d'aborder de soi-même ; mais comment, quand justement on y est noyé, qu'on est peut-être au cœur de son propre emprisonnement, que peut-être on ne le sait même pas, tant on y est pris, ou qu'on ne sait pas qu'on le sait, ce qui ne vaut pas mieux ? Comment voir de soi-même son propre point aveugle ?

Si c'était là précisément le cœur de l'emprisonnement, je crois que je m'en étais juste approchée ; il est vrai que beaucoup d'autres choses que le cœur pouvaient être travaillées, comme on dit, au point de pouvoir quand même repartir dans la vie, d'avoir moins peur du monde des hommes et des femmes.

Mais c'était comme si, avec le temps, cela n'avait pas tenu.

Je dis : le cœur de l'emprisonnement, comme si on pouvait mettre le doigt dessus, ou un nom, que ce n'était pas en train d'échapper sans cesse, d'être ailleurs que là où l'on croyait, que peut-être on n'en aura jamais fini de tenter de le dire. Pourtant, impossible de ne pas vouloir le dire ; mais comment le nommer, ce magma où l'on est soi-même comme sans contours, sans délimitations nettes, dont on s'aperçoit plus tard que sans l'aide d'une secousse venant du dehors de cette glu, de quelqu'un du dehors vous tenant éveillé, on n'aurait pu justement rien en dire ni donc commencer à en émerger ?

Analyse finie – Analyses transfinies

Isidoro Vegh

J'ai trouvé, non sans surprise dans un texte de Martin Heidegger récemment paru[1], parmi les pages qui précédèrent légèrement – dit-on –, et furent préparatoires à *Sein und Zeit*, des passages relatifs à « faire la passe ». À ses yeux, il est question de la passe de l'être-dans, condition aliénée de l'étant, vers la rencontre du *Dasein* avec son être.

Le 9 octobre 1967, date qui devint le titre d'un classique lacanien[2], la passe fut présentée aux membres de la jeune École freudienne de Paris, dans son double versant de conceptualisation logique de la fin de l'analyse et de procédure pour une nomination favorisant que les analyses puissent être menées le plus loin possible et que cela serve à la distinction du gradus et de la hiérarchie.

Sa mise en pratique se termina lorsque l'École fut dissoute, selon la proposition de Lacan. La polémique se poursuivit entre ceux qui considéraient que la passe, comme temps de l'analyse, et la procédure qui en est liée étaient une articulation erronée, et ceux qui attribuèrent l'échec au cadre institutionnel dans lequel se déploya la proposition.

---

1. M. Heidegger, « Dasein y temporalidad », dans *El concepto de tiempo* (Tratado de 1924), Barcelona, Herder, 2008, p. 71.
2. J. Lacan, « Proposition du 9 octobre 1967 sur le psychanalyste de l'École », *Scilicet,* n° 1, 1968, p. 14.

Cette discussion, et ses variantes, éclipsa une question qui pourrait nous aider, à mon sens, dans cette impasse : pourquoi Lacan a-t-il introduit cette nouveauté, à quel problème répondait-il ?

Au-delà de sa rupture avec la hiérarchie de ses membres didactes – n'oublions pas son exclusion de l'IPA –, son véritable interlocuteur, tel qu'il l'avoua plus d'une fois, était, je crois, le fondateur de notre discipline, Sigmund Freud. Sa proposition, telle qu'il la nomma, découlait et venait répondre à un des derniers travaux de Freud, « Die endliche und die unendliche Analyse », texte écrit en 1937[3], deux ans avant sa mort.

Durant les dernières années de sa pratique, s'accentua un phénomène dont Freud se plaignit ouvertement : au commencement de sa pratique, il souffrait certes des interruptions prématurées qui affectaient la recherche, la cure, voire sa subsistance, mais une fois vétéran, les analysants ne voulaient guère terminer leur analyse.

Devenu question, le titre du texte mentionné devint polémique au sein du mouvement psychanalytique.

En Argentine, une éminente psychanalyste, Arminda Aberastury, soutenait l'analyse interminable. Un autre psychanalyste notable, José Bleger, recommandait, du moins aux psychanalystes, de refaire une analyse tous les cinq ans. Ce n'était pas seulement des recettes empiriques, ils s'appuyaient l'un et l'autre sur une théorie de l'Inconscient : le désir est indestructible, certes, et sa cause relève du manque instauré par la castration, mais il éveille aussi continuellement des défenses face à son émergence. Le névrosé, catégorie dont les analystes font partie, a tendance à glisser dans la routine des jours et des années vers une homéostasie qu'il convient de bouleverser avant qu'elle ne se consolide.

En revanche, dans le cas *princeps* de « l'Homme aux loups[4] », Freud dut imposer une date à ce dernier pour interrompre l'homéostasie qui s'était installée dans l'analyse.

---

3. S. Freud, « Análisis terminable e interminable », « Die endliche und die unendliche Analyse », *Obras completas,* volumen XXIII, Buenos Aires, Amorrortu, 1976, p. 213.
4. S. Freud, « De la historia de una neurosis infantil (el "Hombre de los Lobos") y otras obras » (1917-1919), « Die endliche und die unendliche Analyse », *Obras completas,* volumen XVII, Buenos Aires, Amorrortu, 1976, p. 3.

Et Lacan de répondre : il y a une fin d'analyse qui ne s'égale pas à son interruption. Sa logique se dit de plusieurs façons[5] : passage d'analysant à analyste, pour autant qu'il découvre le ressort de l'efficacité transférentielle ; chute de l'illusion non seulement imaginaire d'un sujet supposé incarné en son analyste, dépositaire d'un savoir de sa douleur et sa souffrance ; ainsi que chute de cet objet que soutenait finalement son analyste, représentant de la *Fixierung* qui l'écartait de son désir[6].

Freud, on le sait, le disait autrement : nous accompagnons nos patients jusqu'à ce que, délivrés de leurs misères névrotiques, ils puissent entamer leur vie aux joies et malheurs inévitables.

Qu'est-ce qui me pousse à ce récit, lequel n'apporte, certes, aucune nouveauté aux collègues ayant une vaste expérience dans la pratique et la théorie de la psychanalyse ? Il se trouve que je suis confronté dans mon cabinet à une demande qui m'interroge : des analystes, ayant fait la passe et ayant été nommés à juste titre, réclament un nouveau bout d'analyse.

Dans certains cas, cela s'accompagne de questions angoissantes : « Mon analyse a-t-elle échoué ? Est-ce mon analyste qui s'est trompé, ou bien moi qui ai trompé les autres ? » Dans d'autres, des sentiments de culpabilité : « Je ne peux pas faire cela à mon analyste ! » Des sentiments de trahison, ou de pudeur surviennent également. Voire même aussi, pour soulager la culpabilité, des sentiments de haine envers son analyste, ou même envers Lacan et sa proposition, voire son enseignement tout entier.

Est-ce une réaction thérapeutique négative, un passage à l'acte qui se débarrasse d'une expérience ? Je crois plutôt que le réel de notre expérience nous invite à une réflexion et à reconnaître une lettre qui réclame sa place. Voici ma proposition : j'appellerai ces analyses venant après la passe – et je ne me réfère qu'à la passe que l'on considère effectivement réalisée, réussie – analyses transfinies.

---

5. J. Lacan, Le séminaire, Livre XV, *L'acte psychanalytique* (1967-1968), inédit, séance du 10 janvier 1968.
6. *Ibid.*, séance du 10 janvier 1968.

Évocation de Cantor[7], l'*aleph*, premier cardinal transfini, symbolise la nouvelle série qui met fin, mais n'empêche pas la suite, à la série qui fait des nombres naturels un échantillon de l'infini.

Réclamer l'analyse transfinie relève d'une demande valable. Lacan disait aussi : « S'il y a quelqu'un qui passe son temps à passer la passe, c'est bien moi. » Il se peut que, pour des raisons à déployer, cette passe s'interrompe soudainement. Comment y penser en passant, au-delà de 1967, année de la proposition, à sa dernière écriture et à que ce qu'il nous enseigne de son expérience ?

Dans « La Troisième », c'est ainsi qu'il présente son paradigme :

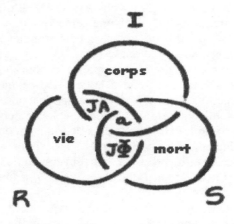

Ses trois Réel, Symbolique et Imaginaire noués pour soutenir la propriété borroméenne : si l'un des anneaux se détache, les autres en font autant.

Rappelons qu'il pose le trou du symbolique comme « trou principal », puisque c'est celui qui contamine le manque aux autres registres, mais qu'il dénomme « vrai trou » celui qui se trouve là où le réel de l'Autre inexistant croise l'imaginaire[8].

---

7. G. Cantor, « Fundamentos de una teoría general de los conjuntos », dans *Cuadernos Sigmund Freud 10/11*, Argentina, Nueva Visión, 1987, p. 137.
8. J. Lacan, Le séminaire, Livre XXIII, *Le sinthome* (1975-1976), « De l'inconscient au réel », Paris, Le Seuil, 2005, p. 134.

JΦ : Jouissance phallique
JA : Jouissance de l'Autre
a : plus-de-jouir

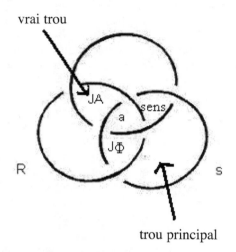

Aussi, oserais-je proposer qu'une fin d'analyse peut être également lue comme le passage d'un trou à l'autre, d'une logique d'incomplétude symbolisant la jouissance phallique, le phallus symbolique en tant que signifiant du manque, vers une logique du Pas-tout, Pas-tout qui provoque une rencontre du sujet avec le réel, qui ne fait ni tout ni ensemble, et s'offre par bouts[9].

Passe pacifiante qui me rappelle la phrase que prononça Lacan dans son séminaire *Le Sinthome :* « Lorsque l'on répare le nœud à la place de la faille, il y a rapport sexuel[10]. »

Qu'entend-on par là ? C'est – Lacan le dit lui-même – lorsqu'on le répare jusqu'à plus soif. Mais il remarque aussi, en se référant au rapport de l'homme et de la femme, qu'il y a et il n'y a pas de rapport sexuel[11].

---

9. I. Vegh, « Prólogo », *El abanico de los goces*, Buenos Aires, Letra Viva, 2010, p. 10.
10. J. Lacan, Le séminaire, Livre XXIII, *Le sinthome,* « Joyce et les paroles imposées », Paris, Le Seuil, 2005, p. 101. I. Vegh, « El goce y sus destinos », dans *El prójimo*, Buenos Aires, Paidós, 2001, p. 165. I. Vegh, « La jouissance et ses destins », dans *Le prochain*, Toulouse, érès, 2005, p. 130.
11. *Ibid.*

Il n'y a pas de rapport sexuel lorsque l'ordre phallique insiste depuis le manque invitant à ce qu'il y a de mieux, à la création, à une rencontre avec l'autre ; ou, au pire, au symptôme en tant qu'ostentation d'une jouissance parasitaire (qui écarte le sujet de son désir).

Il y a rapport sexuel lorsque, l'effet du manque ayant cheminé, le sujet saute à la nouvelle série, transfinie comme dirait Cantor, et rencontre, au dire de Wittgenstein[12], une totalité localisée, tel que l'enseigne l'expérience mystique.

Quand cette passe s'interrompt-elle ?

La vie et le symbolique écrivent les deux anneaux qui, tout avec l'imaginaire, constituent notre structure. « Structure, ça ne peut rien dire que nœud », dira Lacan[13].

Lorsque les coups inattendus de la vie ou les changements symboliques dans le réel du langage, qui concernent la culture, frappent le sujet et qu'il est dans l'impossibilité d'y répondre, alors s'instaure une digue qui justifie la nouvelle série. Jusqu'à ce que s'installe de nouveau, la joyeuse phrase : « S'il y a quelqu'un qui passe son temps à passer la passe, c'est bien moi. »

Chez Freud, ce fut « analyse terminable et interminable ». Avec Lacan, nous avons accepté une logique de la fin de l'analyse et une procédure de sanction qu'il appela « passe ».

Aujourd'hui, je propose *analyse finie – analyses transfinies*. Analyse finie, nécessaire du moins pour l'analyste qu'il a été. Analyses transfinies, lesquelles en tant que réponse au réel, se situent dans la contingence, ce qui ne démérite pas le fait d'avoir conclu la passe. Chute de l'idéal, la passe est une fin, mais n'en est pas tout pour autant.

Analyses transfinies situent de droit, ce qui de fait est réclamé par le réel.

---

12. L. Wittgenstein, « Logisch-philosophische Abhandlung », *Tractatus. Logico-Philosophicus*, Madrid, Alianza Universidad, 1973, p. 201.
13. J. Lacan, Le séminaire, Livre XXIV, *L'insu que sait de l'une bévue s'aile à mourre* (1976-1977), inédit. Séance du 8 mars 1977.

L'impasse sexuelle et la fin de la cure

Claude Landman

J'examinerai, dans ce travail, l'impasse qui me paraît la plus importante à considérer dans l'analyse avec des sujets névrosés, à savoir celle qui est susceptible de se produire au niveau de ce qui a été enregistré dans la théorie au titre du complexe de castration et qui règle l'accès du sujet au désir. Elle est à l'œuvre tout au long du parcours de la cure, mais devient particulièrement problématique dans le temps de sa terminaison. J'envisagerai également la manière dont cette impasse a été traitée successivement et à vrai dire assez différemment par Freud, puis par Lacan pour tenter de la résoudre. Elle soulève un certain nombre de questions éthiques qui, dans la mesure où elles concernent le désir de l'analyste, ne sauraient être indifférentes pour la direction de la cure. J'essaierai enfin de montrer en quoi les réponses qui peuvent être apportées à ces questions sont à mettre en rapport avec la façon dont est prise en compte l'impasse sexuelle, telle qu'elle s'inscrit pour chacun dans la structure.

LA CONNAISSANCE DU SEXE OPPOSÉ

Je partirai de la remarque suivante : pas plus que celle de la nature, dont le livre est écrit selon Galilée en caractères mathématiques, la connaissance du sexe opposé ne relève, contrairement à toute conception empirique ou positiviste, de la dimension de l'esthésie, c'est-à-dire des sens et de la perception. C'est ce dont témoignent les jeunes enfants, le petit Hans en tête, lorsqu'il attribue à sa mère et à sa sœur Anna, ainsi qu'aux petites filles qu'il côtoie, comme à tous les êtres vivants, un *fait-pipi*.

Mais c'est aussi et surtout, comme l'avance Lacan dans *Radiophonie*, ce que *démontre* l'hystérique. C'est le cas de Dora par exemple, lorsqu'elle donne son congé à Freud, qui, persuadé qu'elle refoulait son amour pour monsieur K. avec lequel elle formait selon lui un si beau couple, la poussait dans ses bras. Elle lui démontre ainsi, en effet, ce dont il ne prendra la mesure que beaucoup plus tard, qu'elle ne peut se poser la question de sa féminité que par une identification à monsieur K., c'est-à-dire grâce une identification virile, et ce afin de chercher à connaître la nature de l'objet que recèle madame K. qu'elle idéalise en l'identifiant à la Femme. C'est le cas également d'une autre patiente dont le cas est rapporté en partie dans la *Traumdeutung*, celle que Lacan, en référence au contexte du rêve qui y est analysé, appelle la belle bouchère. En effet, malgré les dispositions dans lesquelles se trouve son mari à son égard et qui auraient dû pourtant la combler sur tous les plans, elle a besoin néanmoins, ainsi que Freud le repère génialement, de se créer dans la vie un désir insatisfait en se refusant chaque matin un sandwich au caviar que son époux lui aurait volontiers offert.

Le seul accès possible à l'autre sexe, partiel au demeurant, ne se produit ainsi qu'en référence à une logique, celle qui est à l'œuvre dans l'inconscient. Que Freud, fidèle au discours que lui tenaient ses patientes et malgré les erreurs commises, ait su entendre cette logique, est non seulement à l'origine de la psychanalyse mais rattache cette dernière à la science au sens moderne du terme. Il convient de ne pas l'oublier.

Le phallus, symbole unique de la libido et le complexe de castration

Il n'est certes pas le seul à avoir repéré qu'il n'existait pas de relation naturelle et harmonieuse entre les sexes. D'autres l'avaient dit avant lui, Longus en particulier, dans le roman pastoral intitulé *Daphnis et Chloé*. Mais il est le premier à avoir commencé à en articuler la raison, en avançant que le phallus, pas le pénis, constitue le symbole unique de la libido pour les deux sexes. Cette référence commune au phallus nécessite, pour la petite fille comme pour le petit garçon, dans la perspective de l'assomption de leur propre sexe à l'âge adulte et de la jouissance sexuelle à laquelle elle donne accès, qu'ils aient à en passer, chacun selon des voies différentes, par ce qu'il appelle le complexe de castration.

À partir d'analyses conduites avec certains adultes et de la remémoration de leur petite enfance, Freud constate que sous l'effet d'une résolution insuffisante de la phase œdipienne, une impasse peut se produire dans le déroulement du complexe de castration en question et être à l'origine d'une névrose. Notons que cette névrose infantile peut passer inaperçue et ne se déclencher, avec son cortège de symptômes, d'inhibitions et d'angoisses, qu'à l'âge adulte, le plus souvent à l'occasion de la rencontre avec l'autre sexe. Plus généralement, l'entrée dans la névrose se produit sous l'effet de la sollicitation du discours social, directement ou par l'intermédiaire de son intériorisation dans le Surmoi, qui presse le sujet de s'engager dans les lois de l'échange, régies par la référence au phallus.

Le phallus est à entendre en effet comme le signifiant qui signifie le pouvoir de signification du langage comme tel, c'est-à-dire de ce tiers-Autre que Lacan appelle le Symbolique et qui est au fondement de tout échange humain, quel qu'il soit. Notons que la signification *du* phallus est un cas où le déterminatif est parfaitement équilibré, puisque l'accès au phallus comme symbole de la signification est également celui de l'accès à la signification du phallus comme symbole. Dans tous les cas, la signification du phallus est ce qui permet au sujet d'entrer pleinement dans le registre de l'échange avec, en prime, la jouissance sexuelle qu'il autorise.

LA NÉCESSITÉ D'UN DOUBLE RENONCEMENT

Mais cet accès n'est possible qu'à une double condition. La première consiste à renoncer à être le phallus imaginaire pour la mère et c'est autour de l'incapacité pour le sujet de satisfaire à ce premier renoncement que se distribuent les structures cliniques des psychoses et des perversions. La deuxième condition, qui renvoie à la clinique des névroses, est celle que souligne

Lacan à la fin de « Subversion du sujet et dialectique du désir dans l'inconscient freudien », soit d'accepter de : « ... sacrifier sa castration à la jouissance de l'Autre, en l'y laissant servir [1] ». C'est-à-dire, pour le sujet névrosé, de renoncer au mode de relation qu'il entretient du fait de son fantasme :
– d'une part, avec son moi, c'est-à-dire avec le type d'investissement particulier de son narcissisme qui le caractérise et grâce auquel il s'imagine, malgré ses dénégations, être différent des autres, voire exceptionnel ;
– d'autre part, avec l'Idéal, qui lui permet à la fois de jouer de sa castration imaginaire, de sa petite différence, et de tenter de la nier sous le couvert de celui ou de celle dont il idéalise la perfection et auquel ou à laquelle s'adressent sa demande et son attente, c'est-à-dire le plus souvent, chez l'hystérique, celle qu'elle situe à la place de la Femme, et chez l'obsessionnel, celui qui vient occuper pour lui la place du Maître.

Bien que le renoncement qui aurait ici à se produire ne le serait qu'au bénéfice de la jouissance de la signification qui est celle du phallus, soit de la jouissance d'un Autre qui n'existe pas, puisqu'il n'est qu'un lieu, celui du langage et de sa capacité à signifier, le sujet s'y refuse avec acharnement jusqu'à la fin de la cure. Malgré les inconvénients et les désagréments que cela entraîne, il n'accepte pas, pour reprendre l'expression que Freud utilise dans les *Études sur l'hystérie*, « de transformer sa misère hystérique en malheur banal ». Car, ajoute Lacan : « Oui, mais si par hasard il existait, il en jouirait. Et c'est cela que le névrosé ne veut pas. Car il se figure que l'Autre demande sa castration [2]. »

LE ROC DE LA CASTRATION

Mais avant de reprendre pour terminer ce qui me semble être ici l'impasse majeure susceptible de se rencontrer dans les cures avec les sujets névrosés et les moyens éventuels qui permettraient d'en sortir, revenons à Freud. Dans la mesure où il pensait que, grâce au transfert et à la néonévrose qu'il induit expérimentalement, la

---

1. J. Lacan, « Subversion du sujet et dialectique du désir dans l'inconscient freudien », dans *Écrits,* Paris, Le Seuil, 1966, p. 826.
2. *Ibid.*

cure analytique permettait au sujet de reprendre l'ensemble du parcours du complexe de castration, il en attendait qu'elle aboutisse, grâce au travail de remémoration du patient et à l'interprétation du psychanalyste, à une « normalisation » de son rapport au sexe et à la dimension sociale de l'échange. Bref, qu'elle lui restitue sa capacité à aimer et à travailler. Cette normalisation, souvent obtenue et loin d'être négligeable, reste néanmoins pour Freud une normalisation relative. Dans un texte qui date de 1937, *L'analyse finie et l'analyse infinie*, prenant appui sur sa longue expérience de praticien et en réponse à l'optimisme de Ferenczi, il posera en effet que la résolution du complexe de castration, quels que soient les efforts déployés au cours du travail analytique, est le plus souvent incomplète, venant buter sur le réel d'un roc d'origine biologique qui se rattache, selon lui, à la grande énigme de la sexualité. Le complexe de castration laisse ainsi un reste irréductible qui se décline cliniquement sous une double forme :
– chez l'homme, par la révolte, le hérissement contre la disposition passive ou féminine à l'endroit d'un autre homme et qui, du fait de l'angoisse de castration que celle-ci suscite, est source d'arrogance ;
– chez la femme, par le *Penisneid*, c'est-à-dire l'envie, ou plutôt la revendication du pénis, avec toutes les sous-jacences de colère et d'agression qui s'y trouvent impliquées, ainsi que le souligne Lacan, et qui la rendent littéralement enragée.

Ce point de butée de l'analyse, variable selon les cas, sur un réel métaphorisé par ce roc biologique sous-jacent à la castration, rend compte de l'indétermination qui est celle de Freud quant au caractère fini ou infini de l'analyse. Position qui a au moins le mérite de ne pas mettre en avant ce qui serait une fin de cure idéale.

Il convient pourtant de remarquer ici que le *Penisneid* chez la femme et l'angoisse de féminisation chez l'homme, constituent précisément les difficultés que la structure particulière du fantasme chez le névrosé évoquée plus haut, dans sa double occurrence hystérique et obsessionnelle, tente d'éviter. Pour n'en donner qu'un seul exemple, Lacan fait remarquer, dans le séminaire *L'envers de la psychanalyse*, que Dora bouche sa revendication pénienne en adorant madame K., sous la forme de la Madone de Dresde qu'elle va contempler. Elle se laisse ainsi littéralement envelopper par madame K., c'est le terme qu'utilise Lacan, au même titre que l'objet viril par la gaine féminine.

Si l'on suit Freud dans le texte de 1937, le terme de la cure ne ferait alors que dévoiler en l'exacerbant ce que le fantasme névrotique tentait de boucher. Ainsi, de névrosés qu'ils étaient au départ, ils deviendraient à la fin et selon les cas, arrogants ou enragés. Cette occurrence n'est pas rare en effet dans le milieu psychanalytique où les protagonistes sont censés plus que d'autres avoir terminé leur cure. Mais il est légitime de se poser la question de savoir si, dans ce cas, le fantasme, qu'il soit hystérique ou obsessionnel, ainsi que la question qu'il recèle sur le rapport du sujet au désir, insatisfait ou impossible, n'a pas été plutôt mis en acte qu'analysé.

S($\bcancel{A}$) OU LA CASTRATION DE L'AUTRE

Grâce à une nouvelle orientation donnée à la signification du complexe de castration chez Freud, qui fait valoir que la question d'avoir ou pas le phallus ne se fonde que sur la nécessité première d'un renoncement à être le phallus pour la mère, Lacan sera amené à reprendre la question de la fin de l'analyse. Dans la mesure où le complexe de castration est à rapporter fondamentalement, non seulement à la reconnaissance de la castration de l'Autre que la mère représente le plus souvent, de son manque, c'est-à-dire de son désir, mais également au choix de la réponse que le sujet est susceptible de lui donner afin d'orienter son propre désir, il avancera que sa résolution relève plus d'une problématique éthique, que d'une énigme en relation avec le biologique. J'y reviendrai.

En attendant et pour préciser encore ce qu'il convient d'entendre depuis Lacan sous le terme de castration en tant qu'elle est la castration de l'Autre, il convient de noter que dans la mesure où l'Autre est le lieu, le trésor des signifiants, le manque dans l'Autre dont il s'agit est nécessairement le manque d'un signifiant. Cette incomplétude de l'Autre sera déclinée par Lacan à l'aide de différents aphorismes tels que : « Il n'y a pas de métalangage », ou encore : « Il n'y a pas d'Autre de l'Autre. » Mais il la désignera également grâce à une écriture : en effet, le signifiant qui manque dans l'Autre et qui donc ne peut pas se dire, il est possible de l'écrire S($\cancel{A}$). Ainsi, lorsque Lacan affirme qu'il n'y a pas de rapport sexuel, il ne fait que tirer les conséquences de ce fait, largement démontré par l'analyse des rêves, à savoir que n'apparaît jamais dans le contenu d'un rêve une articulation qui renverrait à l'existence d'un signifiant inscrit dans l'inconscient permettant au sujet d'accéder à un savoir de ce qui serait un rapport à l'autre sexe. Ce qui peut être mis en rapport avec ce que Freud appelle dans la *Traumdeutung*, « la présentation au moyen de symboles dans le rêve ». Ce savoir inconscient se réduit pour chacun, concernant l'autre sexe, à celui de son rapport au phallus comme signifiant. Le phallus donne ainsi une signification sexuelle au signifiant qui n'en a aucune, noté S($\cancel{A}$), signifiant du manque d'un signifiant, désigné également comme le signifiant primordialement refoulé dans l'inconscient, radicalement inaccessible, trou inviolable du symbolique qui recrache à l'occasion certaines lettres qui sont à interpréter comme retour du refoulé, c'est-à-dire comme autant de signes d'un désir articulé dans l'inconscient, mais inarticulable par le sujet qui en est à tout jamais séparé.

Dès lors, lorsqu'un homme et une femme se rencontrent, la fonction du signifiant phallique qui répond au défaut du signifiant du rapport sexuel dans l'inconscient, consiste à la fois à les séparer et à les réunir.

UN DÉFICIT DE JOUISSANCE STRUCTURAL

Dans la mesure où la relation entre les sexes, quelles que soient les modalités érotiques et amoureuses selon lesquelles elle se décline, est ainsi mise au service de la jouissance du phallus, il est légitime de formuler qu'il existe chez ceux que Lacan appelle les *parlêtres* un véritable déficit structural de jouissance. Ainsi qu'il le souligne, toujours dans *L'envers de la psychanalyse*, il n'y a de bonheur que du phallus, c'est-à-dire qu'il n'y a que le phallus à être heureux et la jouissance de chacun des protagonistes ne se produit en quelque sorte, lorsqu'elle se produit, que par procuration. Quelques années plus tard, Lacan avancera pourtant qu'une femme, où plutôt un sujet en position féminine, n'est pas-toute dans la jouissance phallique et qu'elle a accès à une jouissance supplémentaire, Autre. Quoi qu'il en soit, c'est à cette insatisfaction première, en tant qu'elle est la marque du défaut du rapport sexuel, du manque dans l'Autre du signifiant du rapport sexuel, qu'il convient de rapporter l'importance, voire la prévalence à notre époque, de ce qui y supplée et que Lacan, en inventant l'écriture de l'objet a, a désigné comme le plus-de-jouir. L'ensemble de la clinique psychanalytique, y compris le symptôme qui se manifeste dans le lien social, pourrait être ainsi repris à la lumière des différentes modalités possibles de manifestation du plus-de-jouir, en tant qu'elles permettent de suppléer à l'insatisfaction première qui caractérise le rapport du sujet au sexe.

RETOUR SUR L'IMPASSE DU DÉSIR DANS LA NÉVROSE

Devant ce constat d'un déficit structural de la jouissance chez le *parlêtre*, et dans la mesure où l'intelligence qui caractérise le névrosé est d'avoir reconnu très tôt l'existence de ce déficit, de ce défaut du rapport sexuel, autrement dit de ne pas avoir pris des vessies pour des lanternes, la question qui se repose nécessairement est celle de savoir ce qui pourrait bien faire qu'il consente à échanger sa misère névrotique pour un malheur banal ? Ou, pour le dire autrement, de lâcher la proie pour l'ombre, c'est-à-dire d'abandonner le plus-de-jouir que lui procure la névrose, y compris la névrose de transfert, pour un autre, hypothétique, au-delà de la jouissance phallique.

L'argument du bénéfice thérapeutique ne saurait être retenu et ce, pour deux raisons :
– la première est que comme Freud l'a remarqué avec beaucoup de pertinence, les symptômes disparaissent le plus souvent avec la mise en place de la névrose de transfert, ce qui peut même conduire dans certains cas le patient à arrêter la cure bien avant son terme, sans que la question de la résolution de son rapport à la castration ait pu commencer à se poser pour autant ;
– la seconde raison est que si le sujet névrosé s'aperçoit bien le plus souvent comme tel, tant les difficultés d'accès à son désir, impossible chez l'obsédé, insatisfait pour l'hystérique, évité dans la phobie, l'obligent à des contorsions parfois acrobatiques dans les relations qu'il entretient avec son entourage qui en pâtit, il tient néanmoins énormément, ainsi que je l'ai évoqué, à ce qui

le différencie des autres, de ceux qui s'adonnent à la jouissance vulgaire, même s'il peut lui arriver de les envier. Pour reprendre ce que j'ai avancé plus haut, le névrosé utilise sa castration, sa différence, le défaut de son image et la met au service d'une capacité d'imaginarisation presque illimitée qui l'engage dans des identifications multiples à autant de moi-idéaux.

Ainsi que le souligne Lacan, toujours dans le même texte : « Oui, ce moi que certains analystes choisissent de renforcer encore, c'est ce sous quoi le névrosé couvre la castration qu'il nie. Mais cette castration, contre toute apparence, il y tient[3]. »

Cependant, dans la mesure où ces identifications imaginaires ne parviennent pas à masquer ce dont il manque, il tente de le boucher, ainsi que nous l'avons vu, en idéalisant à la place de l'Autre la figure d'un sujet auquel il suppose selon les cas, soit un savoir sur la perfection du Maître, soit sur l'objet qui fait l'être de la Femme. C'est d'ailleurs ce qui se reproduit dans l'analyse et qui peut être à l'origine d'un transfert sans fin.

L'argument thérapeutique est ainsi difficile à retenir pour engager le sujet névrosé, en fin de cure, à sacrifier sa différence et à accepter de se prêter à l'anonymat qui caractérise la jouissance phallique, quel que soit le bénéfice qu'il pourrait en espérer, tant sur le plan sexuel que social, grâce à une participation plus pleine aux lois de l'échange.

La fin de la cure et le désir de l'analyste : un choix éthique ?

Ce fut incontestablement le mérite exceptionnel de l'enseignement de Lacan de situer avec la plus grande fermeté la problématique de la névrose, au-delà du privilège accordé à la dimension de la demande de l'Autre, dans le champ de la relation que le sujet entretient avec son propre désir, sous la forme d'une question, le fameux *Che vuoi ?*, qu'il adresse au désir de l'Autre. C'est-à-dire dans un champ qui n'est pas celui de la maladie, mais bien plutôt celui de l'éthique. C'est en cela que la psychanalyse se rattache sur ce point, tout en la subvertissant, à la grande tradition philosophique et religieuse.

---

3. *Ibid.*

C'est au désir de l'analyste qu'il revient de soutenir dans la cure et jusqu'à son terme, cette question que le sujet névrosé, par-delà la prévalence de la demande, adresse au désir de l'Autre et qui recèle la clé du rapport au désir qui est le sien. Ceci implique que le psychanalyste accepte d'orienter la cure dans une direction qui n'évitera pas au sujet d'avoir à se confronter à l'angoisse du désir de l'Autre, c'est-à-dire à son manque radical, à sa castration, à son incomplétude irréductible, contre laquelle il se défendait grâce à un fantasme qui fomentait selon les cas un désir insatisfait ou impossible. Et ce, afin de maintenir intacte la relation à la demande d'amour de l'Autre maternel. Le trajet d'une cure pourrait ainsi se résumer à la substitution d'un fantasme qui, dans la mesure où il se rapporte, comme cela est parfaitement repérable dans la pratique, à la demande, est à interpréter en terme de pulsion, noté $\$ \lozenge D$, par un autre fantasme noté $\$ \lozenge a$, véritable construction dans l'analyse qui soutient le désir du sujet comme désir de l'Autre, tel qu'il est articulé pour lui dans l'inconscient, tout en restant inarticulable. Dans l'écriture $\$ \lozenge a$, la lettre petit a vient marquer que l'objet du plus-de-jouir maternel est perdu et qu'il devient le cadre, la fenêtre grâce auxquels s'ouvre pour le sujet le champ du désir comme essence de la réalité.

Si le désir de l'analyste semble nécessaire pour qu'advienne, à la mesure de l'objet du plus-de-jouir propre à chacun, ce type de terminaison de la cure, il n'est pas suffisant. La réponse du sujet au terme de l'analyse, relève en effet du registre de la contingence, d'un indécidable logique qui n'est possible à appréhender qu'en référence à la dimension de l'acte. D'un acte que le sujet aura posé sans en avoir la moindre maîtrise – il en était absent –, et qu'il ne sera susceptible d'authentifier qu'après-coup comme relevant d'un choix éthique véritable, c'est-à-dire comme un changement de son rapport au désir et à la jouissance. S'il décide de devenir psychanalyste, afin de permettre que l'opération se répète pour d'autres, il pourra témoigner dans la passe des modalités particulières selon lesquelles cette fin s'est produite pour lui et qui l'ont conduit, en ce qui concerne son rapport au désir, à une certitude.

Attention à la queue du transfert

Gérard Pommier

Il est de multiples embûches de la cure et on se demande comment un discours si contraire aux normes s'est imposé. Par malentendu, sans doute[1] ! Mais il est une impasse de principe, qui a l'inconvénient d'être aussi le moteur de l'analyse : c'est le transfert lui-même. L'analyse se présente peut-être comme une *talking cure*, mais elle n'est efficace que parce qu'elle est orienté par un « discours sans parole[2] » : une certaine position de discours vectorialise la parole de l'analysant vers... « lui-même ». Vers ce « lui-même » latent et symptomatique qui cherche sa libération. La parole s'aimante selon cette intention de signification[3], contrairement à la parole ordinaire. L'impasse potentielle tient à cette « aimantation ». Qui est l'analyste ? Quelqu'un qui provoque cette aimantation du transfert : il adore qu'on vienne lui causer. Il faut seulement que cette « cause » continue de provoquer ce genre de parole, aiguillonnée par sa propre division. Cette marche en avant s'interromprait si l'analyste faisait de même, et répondait par l'amour à l'aimantation. Il s'en garde, bien sûr, mais il est mille façons de répondre, dont une certaine forme de « non réponse » peut

---

1. Notamment par confusion avec le rapport maître/disciple du discours religieux, l'élation affective et mystique, l'identification au vide, au rien, etc. (confusions qui ont de beaux restes).
2. Comme a pu le dire Lacan.
3. Il est clair que la linguistique saussurienne n'y suffit pas. La mise à jour du signifié n'est qu'un effet collatéral, ou même un résultat contingent.

faire partie. L'impasse se profile donc à chaque instant. Car l'entrée dans le discours analytique ne concerne pas simplement le début de la cure, mais celui de chaque séance, et cela jusqu'à la « fin ». Mais au fait, quelle est cette fin de l'analyse ? L'impasse de l'analyse se définit-elle par une interruption avant sa fin ? Mais c'est justement la définition canonique de la fin de l'analyse, qui est à la fois finie et infinie ! Il faudrait donc préciser cette situation du fini dans l'infini, qui différentie une impasse des suspensions ordinaires.

Car, quoiqu'il en soit, une analyse se termine toujours avant sa fin, et cette suspension se distingue de l'accident transférentiel qui peut pousser les analysants à interrompre alors qu'ils vont plus mal, et qu'ils décrochent du discours analytique. Cette distinction sans doute empirique est claire en pratique. Il y a impasse lorsqu'un patient arrête l'analyse parce qu'il n'est plus dans le discours analytique. Ce n'est pas parce qu'il stagne, ou va plus mal. Car si le patient stagne, cela ne prouve rien : en effet, s'il n'était pas en analyse, il irait sans doute encore plus mal. La stagnation apparente lui permet de se maintenir au moins sur place, à contre-courant de la régression. En certains cas, ce n'est pas négligeable. S'il va plus mal, cela ne prouve rien non plus, car il existe des moments de franchissement très positifs qui s'accompagnent d'une aggravation de l'angoisse ou même de l'apparition de nouveaux symptômes[4]. Le critère de l'impasse semble donc celui d'une sortie du discours analytique, souvent sanctionnée par l'arrêt des séances. Ce déraillage se distingue de ce qui arrive à la plupart des analysants, qui arrêtent parce que cela suffit comme ça, qu'ils arrivent « à aimer, à travailler et à ne rien faire », pour reprendre cette petite phrase de Freud concernant la fin de l'analyse. Et pourtant, cet arrêt pourrait être considéré comme une sorte d'« impasse du bonheur », car lorsqu'un patient interrompt parce qu'il se satisfait du résultat, il est encore bien loin de la fin, même si l'on ne peut définir ce que serait cet idéal.

Ce constat empirique se contente d'une définition au premier niveau de ce qui différencie la névrose de la normalité, ou bien le

---

[4]. Par exemple, la sortie de la névrose infantile est un fait positif qui arrive souvent à de jeunes adultes, lorsqu'ils commencent une analyse. Et elle se produit en même temps que de nouveaux symptômes apparaissent. Cela va plus mal et c'est pourtant un succès dont le palliatif sera alors un nouveau positionnement dans l'amour et le travail. Mais il aura fallu que le symptôme apparaisse d'abord.

« pathologique » du « normal » – qui n'est pas la norme, mais la normativation du désir à sa propre causalité, c'est-à-dire en fait un objectif impossible. Pour la clarté, cette distinction se ramène à une différence entre « actif » et « passif », « l'activité » actualise les fantasmes, tout comme un équilibriste marche sur son fil, alors que le pathologique correspond à une régression symptomatique passive lorsque l'infantile fomente une « crise » dans l'actuel, c'est-à-dire lorsque le passé se répète dans le présent[5]. À cet égard, il peut arriver que le temps de la séance devienne aussi celui de telles « crises » : l'analysant n'en finit plus avec ses réclamations, ses demandes d'amour, ses larmes, voire ses menaces. À tort, un analyste pourrait penser que l'analyse débouche sur une impasse, alors qu'en réalité et par ailleurs, le patient va beaucoup mieux dans sa vie de tous les jours. L'impasse serait de considérer que ces séances si pénibles sont des échecs auxquels il faudrait mettre un terme. Au fond, encaisser les pleurs, les colères et l'agressivité insidieuse (la plus difficile à remarquer à temps) et cela, sans y répondre par une égale agressivité (par exemple, par un silence de plomb) favorise l'éclosion de formations de l'inconscient, très fructueuses. Ces formations permettent de connecter le présent avec le passé – c'est un transfert interne à la parole –, et par conséquent d'ouvrir la route au futur, court-circuitant les « crises ». Cette finalité de l'analyse est limitée, mais c'est le pain quotidien de remettre la machine désirante en route, c'est-à-dire de passer d'une « répétition régressive », infantile, à une « répétition élargie », qui va de l'avant. L'aphorisme de l'impasse surmontée serait donc seulement : « En route ! »

Ce progrès infini devient obligatoire, puisque la normativation à la causalité du désir est impossible. Pourquoi dire que cette normativation est impossible, alors qu'elle est productive[6] ? Pour comprendre l'envol du discours analytique, il faut le considérer du point de vue de la vitesse, sans laquelle il se crashe. Par

---

5. Après tout, nous ne guérissons pas l'hystérie, mais seulement les « crises d'hystérie », ces grandes ou petites crises régressives que d'ailleurs chacun est susceptible de faire de temps à autre, lorsqu'une situation présente répète des traumatismes passés.
6. Pour faire une analogie, le problème ressemble à celui de l'envol d'un avion plus lourd que l'air. Un engin de plusieurs tonnes (ou même une mouche) ne devrait pas pouvoir décoller. Mais avec la vitesse, tout s'arrange !

exemple, le temps d'une séance est toujours court – même si elle dure –, puisque sa coupure antécède l'infini dans le fini[7]. L'impossible normativation se résout dans la vitesse des associations (infinies) qui se transfèrent dans la parole (finie), temporalité qui devient la norme elle-même. Cette normativation est propulsée par l'impossible, parce que le désir est entièrement animé par la répétition. Le désir est possible et même obligatoire, mais sa pacification impossible engendre la répétition.

Le symptôme lui-même s'écrit au compte de la répétition : une circonstance de la vie actuelle mémorise un événement passé, et favorise sa conversion symptomatique (c'est un transfert *régressif*). Mais s'il est vrai que la répétition du symptôme est visible, elle reste muette. Elle parle dans une langue étrangère pulsionnelle, et rien ne sert de lui adresser la parole. Cette répétition symptomatique est beaucoup moins bavarde que les répétitions de destin qui, lorsqu'elles s'accumulent, finissent par avouer leur origine. Lorsque des situations dramatiques analogues se répètent et qu'il devient clair qu'elles sont provoquées par celui qui s'en plaint, il devient trop certain que c'est encore une farce mise en scène par l'impossible normativation du désir, cloué au sol par sa répétition. C'est ici que l'on fera une première remarque : la répétition de destin et la répétition de symptômes ont la même causalité, mais la première bavarde alors que la seconde la boucle. Il suffit donc de faire causer la première pour avoir un effet sur le seconde : c'est un *transfert interne (progressif)* entre les formations de l'inconscient. En fait, toutes les formations de l'inconscient peuvent se transférer sur la parole, qui leur offre le havre d'un sujet.

Pour une raison étrange, on ne retient plus du terme de transfert *(Übertragung)* qu'une seule de ses significations, sans doute parce que c'est le levier tangible de la cure. Mais à quoi sert un levier, si l'on ne voit plus ce qu'il déplace ? Lorsque Freud a commencé à utiliser le mot « transfert » dans la *Traumdeutung*, il a voulu décrire d'abord les condensations et les déplacements qui caractérisent les formations de l'inconscient *entre elles*. Et le transfert désignait ensuite leurs connexions avec la parole qui est,

---

7. On dit parfois que les cures analytiques durent trop longtemps, alors qu'en fait leur effet est instantané (même du point de vue des symptômes). Dans la réalité psychique cette instantanéité est en même temps très longue, puisqu'elle remonte d'un coup jusqu'à l'enfance.

elle aussi, fabriquée avec de la matérialité pulsionnelle (le son). C'est un transfert interne précieux puisque la parole possède un sujet réflexif, conscient, ce qui n'est pas le cas des formations de l'inconscient (qui, du fait d'être parlées, cessent d'être inconscientes). Enfin, et au dernier terme seulement du transfert, cette parole n'est réflexive que lorsqu'elle est adressée à quelqu'un, opération qui la rend consciente. C'est seulement ce troisième et dernier déboîtement du transfert qui a capitalisé le sens du mot *Übertragung*, alors que les deux premières acceptions importent davantage du point de vue de la cure et de son effet thérapeutique. Car, naturellement, Freud n'a pas voulu supplanter les deux premières significations du transfert par la dernière, qui est seulement à leur service. Toute autre compréhension, c'est-à-dire dédier les transferts internes à la personne externe, a de bonnes chances de déboucher sur une impasse. Ce terminus de l'*Übertragung*, « la queue du transfert », est sans doute ce qui oriente l'analysant. Mais il revient à l'analyste de s'en défausser au bénéfice des transferts « internes ».

Cela va-t-il rompre le retour de la répétition ? C'est impossible, puisqu'elle est hameçonnée par le désir lui-même ! On peut pourtant espérer passer de la « répétition du Même » à la « répétition du Différent ». Par exemple, c'est déjà un progrès considérable de passer de l'amour d'une femme en tout point semblable à sa mère, à celui d'une femme au contraire totalement différente. Voilà qui laisse quand même du choix ! Même s'il s'agit d'une répétition dénégative, c'est incontestablement une « libération » qui résout à toute vitesse l'impasse de la normativation du désir[8]. Mais cette libération funambulesque n'est pas la liberté. Car la répétition du désir ne se satisfait pas de son élargissement. Cette répétition « élargie » se contente d'actualiser le contraire de ce qui la pousse à répéter. Elle consiste à revivre, à mettre en acte, à mettre en scène – cette fois-ci activement – ce qui a été subi passivement. Mais au cours de cette opération soulageante, le sujet change de place, il tombe en aphanisis, et par conséquent la causalité du désir n'est pas satisfaite, sinon hallucinatoirement. La répétition élargie porte toujours cette doublure hallucinatoire,

---

8. C'est le sens immédiat de la « dissolution du complexe d'Œdipe ».

si sensible par exemple dans la sorte d'irréalité de l'amour[9]. On ajoutera cependant qu'il existe des champs d'action bornés du désir : il s'actualise en fonction des circonstances et des âges de la vie, et ces limites – par exemple pour un enfant ou un adolescent – ne sont pas des obstacles ou des impasses de l'analyse, mais le terme au-delà duquel il est inutile d'insister[10].

Du « non analysé » reste donc infiniment en attente dans ce qui n'est pas une impasse, mais une suspension relative aux circonstances : ce n'était pas possible d'aller plus loin, faute de matériel d'actualisation du fantasme[11]. Pour faire une comparaison, on ne peut quand même pas penser au divorce le jour du mariage ! L'impasse n'apparaît donc, si l'on veut, que dans une rétroaction temporelle interprétative, et mieux vaut s'abstenir d'y penser ! L'un de mes analysants avait subi dans le passé des hospitalisations psychiatriques multiples agrémentées d'électrochocs. Il s'était entendu déconseillé d'avoir des enfants par son premier analyste. Aujourd'hui, ses trois fils connaissent des réussites exceptionnelles. Cela avait été évidemment une impasse de la cure avec le premier analyste que la prévision anticipée d'un échec dramatique de la paternité. C'était d'ailleurs le résultat d'un diagnostic erroné, car une hystérophobie grave avait été prise pour une psychose. Et comme la psychose est réputée (à tort) incompatible avec la paternité, il avait cru utile de donner ce conseil. C'était ne compter pour rien le miracle accompli par l'amour de sa femme. L'impasse avait été provoquée par l'erreur diagnostique et l'incapacité de prévoir le retournement accompli par le passage de la répétition restreinte à

---

9. De sorte que la causalité se reconduit toujours « en avant », C'est d'ailleurs pourquoi nous gardons toujours la même structure, orientée au futur et à l'infini par la répétition du désir elle-même. La cause du désir n'est rien d'autre que le mouvement de la répétition, et elle n'a pas d'autre objet que ce mouvement lui-même et sa vitesse.
10. Si l'analyse d'un enfant ne dure pas plus de quelques séances, ce n'est pas une impasse, mais le résultat des potentialités d'actualisation du fantasme. De même d'ailleurs avec un adolescent à cheval entre deux modes de jouissance : il n'arrivera pas à verbaliser son désir nouveau, dans les termes d'une enfance qu'il vient d'abandonner. Ce n'est pas une impasse et d'ailleurs une seule séance est parfois décisive.
11. Cela peut être un motif d'espoir : « Quand je serai plus grand, je le ferai ! », espoir qui, quand l'âge est arrivé, peut se retourner plus tard en plaintes et en regrets de ne pas y arriver.

la répétition élargie par l'amour. Mais l'impasse elle-même s'était appuyée sur la présomption du transfert de dernier ordre, actualisé par une « interprétation » anticipée.

Cette impasse n'a pas tenu compte du retournement de la répétition, toujours potentiel au joint du fini et de l'infini interne à la parole. Autant dire qu'elle peut se présenter à chaque instant à cause de la caractéristique dynamique du désir. Encore faut-il maintenant préciser l'enjeu de cette répétition. De quoi s'agit-il, sinon de la répétition d'un traumatisme purement subjectif, qui a d'abord été la rencontre du désir de l'Autre manifesté par sa parole, et ensuite à l'orée de la conscience, par la répétition du « désir du père ». Quiconque demande une analyse sait qu'il y sera uniquement question de sa parole et de sa potentialité révélatrice. Lui qui répudie au jour le jour le désir de l'Autre, lui qui a assuré son existence singulière en commettant sans le savoir un parricide fantasmatique, vient s'interroger sur ces fautes que cache sa propre parole. Pour l'analysant, la rencontre d'un analyste est donc traumatisante et même à chaque séance. Grâce à ce traumatisme, la présence de l'analyste remet en scène les uns après les autres, des plus actuels aux plus anciens, chacun des traumatismes du passé. C'est un épluchage de ces événements passés qui procède par transferts internes, pour finir par se subjectiver à partir de ce qui s'en est mémorisé à travers la fixation de symptômes, de l'angoisse, et des inhibitions. La séance est le lieu d'une remise en scène généralisée de la répétition par transferts internes, tractés par ce qui s'appelle à juste titre la *névrose de transfert*[12]. Le transfert à la personne actualise les traumatismes passés, mais il vaut mieux que cette « personne » se réduise au fur et à mesure et au plus tôt à « personne » en effet ! Sinon, ce sera finalement le transfert lui-même, qui selon le mot de Lacan « fait objection », et c'est lui qui à chaque instant menace de faire impasse.

Il fait impasse lorsqu'il occupe tout l'espace du traumatisme subjectif. Une première fois, à l'origine du désir, le traumatisme subjectif a tiré un coup, mais *à blanc* : il a provoqué un choc, une implosion interne dont il a été impossible de comprendre à

---

12. Chaque séquence d'analyse réduit l'actualisation du passé dans le présent de *ce transfert là*. La répétition du désir ne s'achève sans doute jamais, mais en revanche la répétition dans une certaine névrose de transfert se termine.

quoi cela correspondait. C'est pourquoi il a été couvert, substantifié, par une sensation quelconque (une *représentation de chose*) contemporaine, ou bien par un « traumatisme objectif » plus ou moins important qui s'est produit au même moment. Par exemple, l'objet phobique représente une telle couverture. Une souris qui rentre dans un trou fera office de phallus castré, une araignée à huit pattes joue à merveille la scène primitive, etc. Ce sont des représentations de ce dont il n'y a pas de présentation d'origine. Ce sont des transferts internes obligés qui procèdent par condensations et déplacements. Et c'est pourquoi un analyste peut lui aussi – par excès – occuper toute cette place.

Le traumatisme subjectif « pur » veut dire que nous refoulons non pas un événement réel, mais ce qui de notre propre désir nous angoisse ou même nous affronte à un danger mortel. Par exemple, nous refoulons un désir incestueux toujours présent, au profit de la version rose selon laquelle nous aurions été séduits[13]. Par exemple encore, nous préférons cette histoire tout à fait invraisemblable de « menace de castration » plutôt que de reconnaître que nous avons été féminisé par le « désir du père » (le danger mortel, c'est d'être la femme du père). Le « complexe de castration » veut dire exactement la même chose que la « féminisation », mais avec l'angoisse de castration, les hommes s'en tirent la tête haute et les armes à la main, alors qu'avec la féminisation ils s'en sortent la queue basse. C'est un fait que les théoriciens de la psychanalyse emploient de préférence le concept de castration, dont l'étrangeté les protège. Ils masquent ainsi la bisexualité psychique du sujet, beaucoup plus dérangeante. Cette impasse de la théorie anticipe sur bien des impasses de la cure ! C'est par exemple le cas du clinicien qui voudra à toute force qu'un patient reconnaisse son « homosexualité latente », alors qu'il s'agit seulement de la base féminine de sa virilité. S'il était homosexuel, cela se saurait ! L'injection de la théorie, surtout lorsqu'elle est fausse, revient à imposer le transfert de troisième type, au détriment des associations (les transferts de premier type) que fait l'analysant.

Comment fonctionnent ces transferts internes ? À un moment du passé, quelqu'un a été mis brusquement dans une position passive, il a été débordé par un traumatisme subjectif trop violent,

---

13. C'est le premier mensonge, *proton pseudos* de l'hystérique.

ou encore plus violent s'il est doublé d'un traumatisme objectif. Par conséquent, il le refoule et seul lui reste le souvenir collatéral contemporain, qui fait symbole de cette situation. Ainsi, dans le futur, une fois adulte, le même traumatisme va se répéter à chaque fois qu'il va se retrouver dans une configuration similaire ou croiser un symbole semblable [14]. La présentation fortuite du symbole correspondant au traumatisme refoulé va engendrer l'éclosion du symptôme. C'est donc la narration du petit détail du souvenir ou du symbole qui nous intéresse, car la parole est l'Acte des actes, qui inverse le passif du symptôme en l'actif de dire subjectivé. Seul le patient connaît l'événement précis dans ses petits détails [15]. L'acte de dire, de raccorder premièrement le symptôme au symbole, et le symbole à l'événement, le subjective. Le chaînage pathogène cesse d'être isolé et refoulé : le symptôme se subjective grâce aux transferts de premier et deuxième type. Le travail des transferts internes se produit au joint du traumatisme subjectif et du traumatisme objectif. Car la fixation de la répétition procède du recouvrement de l'un par l'autre, qui sera d'autant plus obstinée et violente que le traumatisme objectif aura réalisé le fantasme et l'aura donc dépouillé de son efficacité de fantasme. Par exemple, le fantasme de séduction va se fixer et se mettre en boucle, si un viol réel s'est surajouté au désir. À cet égard, la tâche analysante consiste à débarrasser le traumatisme subjectif de ses fixations objectives : elle met un terme à la mise en boucle de la répétition de destin, et divise donc l'angoisse par deux [16].

À chaque traumatisme passé, nous avons refoulé une part de nous qui aurait dû reconnaître notre propre désir. Cela signifie que nous nous sommes quittés à cet instant et que jamais nous ne nous retrouverons dans la répétition – sauf grâce à la parole. Mais

---

14. C'est le coup de la crème brûlée d'Emmy Von N. dans les *Études sur l'hystérie*. Au moment du traumatisme subjectif, le sujet ne sent rien. C'est seulement le souvenir collatéral transféré qui ensuite le rend malade.
15. Par exemple, l'analyste ne peut pas savoir à l'avance que – pour telle patiente – le jour où un oncle a soulevé pour rire la jupe de sa patiente, il y avait en même temps dans la pièce un poisson rouge et que le poisson rouge est ainsi devenu un symbole phobique déclenchant une toux. C'est un jeu de transferts internes.
16. On aperçoit ici une limite et même souvent une impasse du travail analytique : il peut arriver qu'un traumatisme objectif ait été si violent, que le traumatisme du transfert ne sera jamais assez puissant pour rompre la spirale infernale du traumatisme passé.

cela spécifiquement lorsqu'elle s'adresse à quelqu'un qui s'efface après l'avoir provoquée : c'est le jeu duplice de l'Aimantation du transfert, où brusquement quelqu'un s'aperçoit dans ce qu'il dit et cela grâce à l'effacement du transfert de troisième ordre. Le sujet divisé se retrouve dans sa propre parole et dans ses remémorations, qui lui viennent en fonction et grâce à cette duplicité du transfert. En parlant, le sujet se rejoint, fait le deuil de ce qui le rendait malade et se quitte. C'est une libération en effet, et l'on comprend que Freud ait insisté pour que l'analyse aille chercher les souvenirs les plus anciens. C'est un principe actif jusqu'à la fin, qui s'avère connecté aux premiers souvenirs.

Ainsi de cette analysante forte de plusieurs décennies d'analyse, bien portante sans doute, ayant réalisé la plupart de ses ambitions peut-être, mais ne pouvant néanmoins se passer du divan, de sa machine à rêves, sans laquelle son existence s'obscurcit. Dans un premier rêve, elle se voit dans son salon avec le jeune chat qu'elle vient d'offrir à son petit-fils, tandis qu'une moissonneuse-batteuse en modèle réduit se dirige vers le petit animal qui va probablement être broyé. Au milieu du récit s'intercale l'image inattendue de la ferme où elle était réfugiée avec sa mère et son jeune frère pendant l'occupation allemande. La moissonneuse-batteuse de l'endroit l'avait beaucoup impressionnée. À l'époque, la famille ignorait qu'ils s'étaient cachés non loin d'un centre de la Gestapo et qu'en fait de refuge, ils n'avaient pas été loin de se jeter dans la gueule du loup. Mais alors ?... le chat c'était elle, sa survivance offerte au petit-fils ! La même nuit, un autre rêve lui montrait un appartement en feu, à un troisième étage. Elle ne connaissait pas cet endroit, mais ce lieu inconnu, c'était son chez elle. Elle est dehors dans la rue. Elle voit les flammes sortant des fenêtres et cherche désespérément le numéro de téléphone des pompiers, qu'aucun passant ne connaît. Là aussi une image – son premier souvenir – lui revient : il date de l'entrée des troupes américaines : c'était la Libération ! Elle est dans une tranchée la nuit dans la petite ville proche de la ferme. Elle lève les yeux et voit son jeune frère dans les bras de sa mère. Elle tient dans les mains la petite voiture rouge de ce frère, et la scène se détache sur le fond du troisième étage d'une maison aux fenêtres noires, mises en *black-out* à cause des bombardements. Pourquoi le troisième étage ? Mais elle avait trois ans justement, et le noir des fenêtres est le contraire de son incendie intérieur, sa jalousie féroce, puis ses jeux incestueux avec ce frère, auquel elle avait voué jusqu'à aujourd'hui une haine inexpiable... Une fois ces associations faites, quel est l'intérêt de cet acharnement au détail ? C'est qu'à proportion de son travail de détachement de son souvenir le plus ancien, sa vie actuelle se sépare de sa doublure hallucinatoire. Elle se libère et avance, car le souvenir le plus ancien est connecté à sa vie actuelle. Et en effet : l'incendie est le *modus operandi* habituel de sa vie de couple. Mieux vaudrait appeler les pompiers, mais il ne faudrait surtout pas qu'ils viennent. Il vaudrait mieux éteindre les braises de l'amour du frère. Mais ce sont pourtant elles qui la font brûler et prorogent l'énigme de l'autre amour, qu'il faut préserver. Les souvenirs anciens de l'infantile sont soumis – moins à la remémoration qu'à travers la remémoration – à cette retrouvaille du sujet avec lui-même. Avec ce « lui-même » symptomatique qui lui travaille le corps, *via* la pulsion portée par les sensations mémorielles. C'est-à-dire jusqu'au moment où un transfert se fait entre une remémoration pulsionnelle (une vision) et la parole : c'est un travail de transfert interne entre les souvenirs du passé et la pulsionnalité du corps. La parole restitue son sujet à la pulsion, qui du coup s'éteint, ou plutôt se transfère dans la fluidité de cette parole, retrouve son cours. C'est une immense libération, efficace dès les débuts de la cure. Le transfert *interne* entre la parole et la pulsionnalité sensorielle des souvenirs (qui sont la base corporelle régressive des symptômes) est la clef thérapeutique immédiate de l'analyse. Et elle soulage dans le même mouvement la violence du transfert *externe* induite par la présence de l'analyste.

C'est le sourire adressé à l'analyste en fin de séance, suite à l'échange des maux contre les mots. Si cette permutation souvent discrète n'a pas lieu, l'obstacle du transfert à la personne se profile. Mieux vaut activer les transferts internes, *même en se trompant* ! Il peut arriver au contraire qu'un analyste ne prête pas attention aux remémorations dans le petit détail, dans la mesure où il préfère se faire aimer. En principe, ce n'est pas une mauvaise idée : il n'est pas hasardeux de tout miser sur la névrose de transfert, car une fois que le discours fonctionne, l'analyse marche presque toute seule. Mais ce transfert externe est au service d'une mise en scène qui provoque des transferts internes, et ces derniers demandent à être validés par celui qui les provoque, alors même que cette validation le désuppose, le vide de son Aura, de sa puissance. « Si c'est toi qui l'a dit, ce n'est pas moi : je ne suis plus rien au bout de l'opération. » On pourrait dire que c'est une sorte de castration de l'analyste : c'est bien lui qui est le seul à pouvoir y concéder. La queue en prend un coup, sinon c'est l'obstacle qui se concrétise quand l'analyste pense, qu'il a son idée à lui : on voit bien qu'il a sur le bout de la langue son interprétation à lui, et qu'il brûle de l'imposer sans rien entendre, c'est-à-dire, ne dire que du dit. C'est une impasse, car il n'y a surtout rien à comprendre à cette sorte de transfert interne des *Einfall*[17] à leur phrasé, aux illuminations pulsionnelles de souvenirs brusquement subjectivées. Si l'analyste donne une explication à ce propos, alors même qu'il n'y a pas de « pourquoi » à cette résorption d'un effet dans sa cause, ainsi annulée, c'est qu'il tire la couverture à lui : c'est du gâchis. La demande d'amour n'en fait jamais d'autre. Et inutile d'« analyser ce transfert » ! Ce serait l'étrangler dans son impasse.

On l'a dit, la rencontre du désir de l'analyste est traumatique : elle remet en scène non seulement le désir de l'Autre, qui se répète à travers la parole, mais également et surtout « le désir du père », cet inconnu de la *doxa* lacanienne. C'est le « désir du père » qui métamorphose le désir premier, d'abord originairement hallucinatoire, en désir œdipien, donc sexuel. C'est aussi ce désir infernal qui pousse au choix du genre sexuel et au choix de l'objet sexuel. Cette figure paternelle renaît sous le coup du transfert, de l'acte de parler dans les conditions du discours analytique. Elle porte le traumatisme à son point d'incandescence maximale, celui où la sexualité est confrontée à son impossible propre. Car la réalisation du désir est impossible, pour les motifs généraux liés à la répétition, et précédemment évoqués. Mais lorsque le désir s'érotise sur son versant post-œdipien, le rapport du masculin à un féminin toujours renié devient le moteur de cet impossible. L'homme ne jouit que de l'orgasme féminin, qui le féminise, ce à quoi il ne peut concéder qu'en risquant de perdre son genre. Et une femme ne le supporte que contradictoirement à sa masculinité première. Le rapport sexuel est donc la source toujours actuelle de l'angoisse, pourtant lieu potentiel du soulagement du désir. *Via* le transfert, l'acte de parler

---

17. *Einfall* est le terme allemand mal traduit en français par « association libre » (qui se comprend comme des pensées, alors qu'il s'agit d'images).

met en scène cette actualité érotique, de sorte que le troisième déboîtement du transfert présentifie cette impossible résolution du désir lui-même[18]. Lacan a dit élégamment et aseptiquement que l'analyste était le *Sujet Supposé au Savoir*. Sans doute ! Mais de quel savoir s'agit-il, sinon du savoir inconscient, c'est-à-dire d'un savoir qui résulte par définition du refoulement traumatique ? Le « sujet supposé savoir » n'est pas simplement le comptable du traumatisme sexuel, mais son acteur ressuscité : l'obstacle de la queue du transfert, en somme. L'analyste est donc à cet égard le revenant d'une sorte de puissance énigmatique, peut-être pas un personnage maléfique ni un gangster, mais en tout cas un individu que l'on n'aime pas du tout croiser dans la rue ou dans les lieux publics.

Mais il ne faudrait pas croire que cette dimension patibulaire de l'analyste serait l'impasse elle-même ! L'impasse, ce serait plutôt de vouloir de quelque façon se montrer sympathique, ou plus pratiquement, de ne pas supporter l'agressivité sournoise, la plainte, les reproches. Il est couramment admis qu'il vaut mieux ne pas s'en faire pour ce risque d'impasse, car il existe une sorte de figure idéale de l'analyste, qui consiste à se montrer de marbre, ou même plutôt antipathique. Mais c'est une attitude à double détente, qui risque de déboucher sur une impasse au deuxième degré, qui sodomise le patient plus souvent qu'à son tour – ou pour le dire plus gentiment, qui le reconduit dans une séduction souvent inextricable. Il arrive peut-être qu'un analyste s'amuse d'un tel pouvoir, mais le plus souvent il constate avec inquiétude cette séduction qui est après tout une potentialité du transfert d'abord fructueuse avant d'être contreproductive. Et cette subduction sera d'autant plus violente que l'analyste ne joue pas sur les transferts internes entre les formations de l'inconscient et la parole, et ne table que sur le transfert à sa personne, porté à incandescence par ce défaut dialectique.

L'expression « la queue du transfert » ne cache donc pas son allusion érotique. Le troisième déboîtement du transfert – à la personne – chauffe à blanc la sexualisation du désir, c'est-

---

18. La « queue du transfert » porte bien son nom, et il n'importe même pas que l'analyste soit un homme ou une femme. Par exemple, cette analysante dont l'analyste est une femme tousse beaucoup, mais uniquement en séance. Et elle n'en trouve pas de meilleure explication que de dire : « J'attends le prince charmant ! »

à-dire son impossible soulagement. C'est le côté inhumain du discours analytique, qui en fait le prototype du traumatisme, celui que l'érotisme ordinaire est justement fait pour escamoter, plus souvent grâce aux échecs que grâce aux succès. Par exemple, dans la vie ordinaire, une fois qu'une séductrice aura repoussé un prétendant après l'avoir séduit, ce résultat négatif n'en soulage pas moins le fantasme. Au contraire, dans le discours analytique, il n'y a ni succès ni échec, mais la dureté du désir se proroge, appelant à sa rescousse le souvenir des traumatismes passés. La situation est donc propice à la séduction, parfois si poussée qu'elle est tentante. La *doxa* dit qu'il faut lui résister. Mais comment ignorer que le refus ne suffit pas ? Car, au contraire, il exacerbe le transfert à la personne – comme dans l'Œdipe. L'impasse serait certaine, les déclarations amoureuses succédant aux allusions érotiques, sans le secours des transferts de premier type. Lorsque par exemple une patiente raconte un rêve torride avec son analyste, l'association du vêtement du praticien à la couleur de la robe de la mère de l'analysante, va dégonfler sans retour la personnalisation du transfert. Par exemple encore, un patient rêve qu'il sodomise son analyste (femme) et associe fort à propos qu'il a pensé avoir subi ce même traitement par son chef de bureau, qui lui refusait une augmentation. L'association par transfert interne de l'augmentation s'accompagne d'une déflation de l'érection, qui menaçait l'analyste.

À défaut, voilà ce qui peut déboucher sur des catastrophes silencieuses : en apparence, l'analyse marche bien (car l'amour soigne). Mais au résultat final et avec le temps, les potentialités de l'existence se seront recroquevillées sur l'analyse, devenue la vraie vie, entièrement dominée par l'hallucination de l'analyste. Il arrive ainsi qu'une femme saborde sa vie de femme au profit de ce transfert de marbre, dans une vie du troisième type. Et le temps passe sans autres amours, jusqu'à ce que des échéances irrémédiables de la vie des femmes soient dépassées. Les autres amours, lorsqu'il y en a, apparaissent comme des amours de pacotille, alors que le transfert serait plutôt le vrai. Le même destin peut échoir aussi à un homme, mais il n'a pas les mêmes conséquences sur sa vie amoureuse, qui s'en trouve au contraire allégée et normée. Une impasse à long terme se profile pourtant lorsque l'analysant devient un sectateur de son analyste, incapable de penser en dehors de son ombre portée.

L'impasse principale est ainsi devenue le transfert à la personne. On parle souvent de la liquidation du transfert comme si c'était une liquidation de la personne qui deviendrait une espèce de déchet (?) rongé jusqu'à son objectité par le cannibalisme analysant. On en parle aussi comme d'une opération terminale de la tâche analysante, ce qui n'est pas faux, car il faut savoir en effet détendre complètement l'exigence transférentielle, une fois franchi un certain cap. Mais s'agit-il vraiment d'une opération terminale ? Car il vaut mieux qu'elle soit la conclusion de chaque séance ! La permutation qui s'établit entre la pulsion symptomatisée et la parole qui la subjective fait passer au second plan le transfert à la personne, source d'une passion en impasse ou d'un sectarisme obscurantiste. Il existe des impasses de l'analyse par défaut, qui résultent de la difficulté à tenir le discours analytique. Mais il existe aussi une impasse par excès, qui focalise l'ensemble de la répétition sur le transfert à la personne. On dira alors qu'il existe deux types d'impasses de la cure, celles qui capotent avant la « fin », et celles qui vont au-delà de cette « fin » en ratant la sortie[19].

Attention à la « queue du transfert » concerne enfin ce qui passe à tort comme « fin » de l'analyse, c'est-à-dire le passage d'un analysant à la position d'analyste. Pour des motifs hautement mystagogiques, le « désir de l'analyste » a la réputation d'être spécial, comme si les analystes échappaient – tels des saints – à la commune humanité. Et pourtant, leur désir est – comme pour chacun – orienté par la répétition. Il est donc plus que probable qu'un analysant qui a été traumatisé par le transfert, va vouloir se débarrasser de ce traumatisme en refaisant à son profit le même coup, c'est-à-dire en s'installant comme analyste. Le rapport à son analyste a été hautement sexualisé, et par conséquent celui ou celle qui est sur le point d'en finir – du moins avec une certaine névrose de transfert – pourrait bien se mettre à répéter lui-même, et cela

---

19. Il faut prendre garde à la queue du transfert, au même sens qu'en psychiatrie, il faut se méfier de la queue de la mélancolie. Lorsque l'accès mélancolique n'était pas raboté par les psychotropes, il arrivait au bout de quelques mois un moment de guérison apparente lorsque les cruelles souffrances des autoaccusations avaient satisfait les exigences du surmoi. C'était le moment dangereux où il fallait se méfier d'un raptus suicidaire, dans un moment de joie excessif, maniaque, d'être guéri. Il en va de même pour le transfert lorsqu'il dépasse son propre but, c'est-à-dire le jeu des transferts internes, libératoires.

d'abord en devenant analyste. Et il pourrait bien répéter du même coup le traumatisme sexuel qu'il a subi, et cela de manière tout aussi érotisée. Par exemple, un analysant étant lui-même devenu analyste depuis peu de temps arrive à sa séance en se demandant ce qu'il vient encore y faire... Puis, après un silence embarrassé, il parle de son dernier rêve, dans lequel son analyste vient de prendre sa retraite. « Le bizarre, dit-il, c'est que vous avez un remplaçant... Mais plus étrange encore, c'est qu'une femme vous remplace, ce qui en somme ne serait pas très grave, si je n'avais pas envie de la sauter. » Sans rapport apparent, il ajoute après un silence qu'il est toujours hanté par ses premières excitations sexuelles. Ne faut-il pas mesurer que le transfert a été pour lui une épreuve de soumission sexuelle, et qu'il retourne cette situation maintenant qu'il est devenu analyste, position que lui évoque les motifs traumatiques de ses premières excitations sexuelles, où il avait été sollicité par la nouvelle compagne de son père fraîchement divorcé ? Loin d'être un moment d'initiation mystique, la fameuse « passe » qui décrit le passage de l'analysant à l'analyste, décrit un renversement de situation qui requiert la poursuite de l'analyse à cause de ce retour de flamme, qui s'accompagne parfois de la séduction sexuelle des patients. C'est après tout ce qui est arrivé à nombre d'élèves de Freud. En bon père, Freud ne désirait pas sexuellement, et non seulement il ne désirait pas ses patientes, mais les femmes en général, si l'on en croit les témoignages de sa vie amoureuse. Mais il a propulsé le désir des fils – de ses élèves – et leurs tourments. Le désir sexuel des fils est aiguillonné par le désir du père – car seuls les fils désirent – et cela jusqu'à aujourd'hui. Le risque d'érotisation de la relation aux patients procède de la transmission : en ce sens, « Attention à la queue du transfert ! » n'est pas un précepte moral. Qu'un homme et une femme se rencontrent, qu'ils soient analyste, analysant ou autre chose est un événement qui, s'il se produit, est secondaire eu égard à la rencontre, de toute façon déraisonnable. Ce qui constitue l'impasse concerne spécifiquement l'érotisme, lorsqu'il est provoqué par le transfert lui-même, sans même tenir compte des personnes. C'est un problème qui fait partie de la transmission de l'analyse, puisque c'est sur cette chaudière que se cuisine une filiation d'allure quasi familiale des analystes, normée sur la folie du désir lui-même, dont on verrait mal comment se garder, sans les effets produits en amont de l'impasse : sur sa tangente, en somme.

D'un signe qui lui serait fait ou aspects de l'homosexualité dans « Dora[1] »

Jean-Jacques Moscovitz

I

« Le traitement rapporté ici fut interrompu le 31 décembre 1899, l'exposé en fut écrit dans les deux semaines qui suivirent mais je ne l'ai publié qu'en 1905. Il fallait bien s'attendre à ce que plus de vingt années de travail ultérieur suivi viennent modifier la conception et l'exposé d'un pareil cas, toutefois il serait évidemment absurde de vouloir, au moyen de corrections et d'amplifications, mettre à jour *up to date* cette observation et de chercher à l'adapter à l'état actuel de nos connaissances. Je l'ai donc laissée en somme telle quelle et n'ai corrigé dans son texte que les erreurs commises par distraction ou par omission...

---

1. S. Freud, « Fragment d'une analyse d'hystérie (Dora) » 1905, traduction française par Marie Bonaparte et Rudolph M. Lowenstein dans *Cinq psychanalyses*, Paris, PUF, 1966, p. 1-91. Ce présent texte publié en 1973 dans la *Revue française de psychanalyse* n° 3, tome XXXVI, est le tout premier exposé dans le parcours de ma formation débutée à la Société psychanalytique de Paris (IPA), pour la continuer à l'ex-EFP, dissoute en 1980.
Une « cure en impasse » d'une analysante genre Dora de Freud m'a amené à élaborer ce même « désarroi » décrit dans sa note 2 pages 77-78 datée de 1923.

En ce qui concerne les remarques d'ordre critique m'apparaissant justifiées, je les ai placées dans des notes annexées à l'histoire de ce cas morbide, ainsi le lecteur saura que si des notes ne viennent pas infirmer les opinions émises dans le texte, c'est que je continue à m'en tenir à celles-ci. Quant au problème de la discrétion médicale qui me préoccupe dans cet Avant-propos, il n'y a pas lieu d'en tenir compte pour les autres exposés de cas publiés dans ce même volume[2]... »

Pour aborder ces quelques « aspects de l'homosexualité dans Dora »

Il nous faut faire un périple à travers le texte de « Dora » lui-même[3]. Dans le texte de ce *Fragment d'une analyse d'hystérie*, l'« Avant-propos » nous montre quelques éléments des problèmes que Freud se posait sur la publication « d'un cas » de psychanalyse de « ramener à des proportions raisonnables ce que l'on peut se croire en droit d'attendre de moi », dit-il ; et plus loin, « de toute façon, il me sera impossible d'éviter les objections, car si naguère on m'a reproché de n'avoir rien dit sur mes malades, on me blâmera maintenant d'en trop parler » ; ou encore, après avoir cité les difficultés de publication qui sont à la fois d'ordre technique et d'ordre humain, puisque pour l'hystérie il s'agit « d'avouer » leur intimité sexuelle, il décrit le devoir « de discrétion médicale et son regret de ne pouvoir rendre service à la science en cette circonstance en l'éclairant » ; mais, surtout, voici à ce sujet ce qui est à signaler, selon nous, et nous citons encore Freud : « La publication de ce que l'on croit savoir sur les causes et la structure de l'hystérie devient un devoir, l'omission une lâcheté honteuse », tout cela évidemment ayant trait à cet aspect des choses, où il pense que quelqu'un connaissant la patiente, en l'occurrence Dora, et Dora elle-même, donc, pouvaient se retourner contre lui s'il avait publié tel quel ce que l'on lui avait « avoué ». Plus loin encore, il nous dit par exemple : « Je sais que dans cette ville tout au moins il y a nombre de médecins qui, cela est assez

---

2. S. Freud, « Fragment d'une analyse d'hystérie (Dora) », note de 1923.
3. Cet exposé eut lieu lors du séminaire dirigé par Conrad Stein en 1973 à la Société psychanalytique de Paris.

répugnant, voudront lire cette observation non pas comme une contribution à la psychopathologie de la névrose, mais comme un roman à clef destiné à leur divertissement. » Il souligne combien il s'emploiera à décevoir de telles personnes. Plus loin, là encore, il nous apprend qu'il « revendique tout simplement les droits du gynécologue ou plutôt des droits beaucoup plus modestes ».

Ainsi, à propos des difficultés éthiques de la publication, se montre déjà à travers les termes employés combien Freud est en proie à un embarras particulier pour ce premier « cas » de publication des *Cinq psychanalyses* qui, comme nous le savons, est un titre d'édition française (et l'un des tout premiers textes psychanalytiques dans l'histoire des exposés cliniques de Freud).

Rappelons qu'il avait tout d'abord voulu intituler cette publication sur Dora *Rêves et hystérie* puisque le texte parle essentiellement de deux rêves ; il soulignera, toujours dans cet « Avant-propos », combien il faut avoir pris connaissance, pour être analyste, de ce qu'est l'interprétation du rêve, et, c'était le point de vue de l'époque de nos tout premiers pionniers, qu'en accédant à une telle interprétation on peut « se » dire et être considéré comme analyste par ses pairs.

Et tout en nous apprenant que cet exposé succède à ses *Études sur l'hystérie*, il nous fait part de ses découvertes de l'association libre comme technique préférentielle à toute autre en ce qui concerne l'écoute d'un patient : « Je laisse maintenant au malade lui-même le soin de choisir le thème du travail journalier et prends par conséquent chaque fois pour point de départ la surface que son inconscient offre à son attention. J'obtiens alors ce qui appartient à la solution de symptôme par fragments enchevêtrés dans des contextes différents et répartis sur des époques fort éloignées. Malgré ce désavantage apparent, la nouvelle technique de beaucoup supérieure à l'ancienne est incontestablement la seule possible. » Toujours dans cet « Avant-propos » est noté l'aspect « mutilé » du discours des malades qu'il obtient et la nécessité de « combler les lacunes et de résoudre les énigmes » que cela sous-tend. En même temps, il s'excuse de ce fait que, par exemple, « ni le malade ni l'auteur ne sont fautifs d'une troisième imperfection », en l'occurrence celle ayant trait à ce qu'un tel cas ne peut résoudre tous les cas d'hystérie.

Enfin, dernier point de cet « Avant-propos », qui guide mon exposé : une note signalant la date de 1923 et que nous citons *in extenso* en exergue tant elle nous semble importante pour la direction de certaines cures afin qu'elles ne soient plus trop en impasse.

Ainsi, à propos de Dora, il nous apprend que : « Le secret de Dora a été gardé jusqu'à cette année [1905], il y a peu de temps, j'appris que celle-ci, perdue de vue par moi depuis longtemps et retombée malade pour d'autres raisons, avait révélé à son médecin qu'étant jeune fille elle avait été traitée psychanalytiquement par moi ; cette révélation rendit facile à ce confrère averti de reconnaître en elle la Dora de 1899. Si les trois mois de traitement d'alors n'ont pu faire davantage que résoudre le conflit existant, s'ils n'ont pu établir une barrière de défense contre les états morbides ultérieurs, nulle personne équitable ne le pourra reprocher à la thérapeutique analytique. »

En fait, tous ces termes de « blâmer », « répugnant », « aveux », et cette attitude de mise au point vis-à-vis du lecteur nous ont orientés vers ce que Freud nous démontre lorsqu'il va décrire les symptômes de Dora, en l'occurrence la toux et l'aphonie, ce chatouillement de la gorge : « Les énergies instinctuelles, dit-il, destinées à produire des symptômes hystériques sont fournies non seulement par la sexualité normale refoulée mais encore par les émois pervers inconscients. »

Ou encore, toujours en citant Freud : « Il n'était donc pas stupéfiant que notre hystérique âgée bientôt de 19 ans et qui avait entendu parler de semblables rapports sexuels (la succion de la verge), développât un pareil fantasme inconscient et l'exprimât par une sensation d'irritation de la gorge ou par de la toux. Il n'était pas non plus surprenant qu'elle fût sans éclaircissement extérieur à un pareil fantasme, ainsi l'ai-je constaté avec certitude chez d'autres malades. La condition préalable d'une semblable création libre de l'imagination, qui coïncide avec la manière d'agir des pervers était chez elle un fait digne d'attention. Elle se rappelait très bien avoir été, dans son enfance, une suçoteuse. Le père aussi se souvenait de l'avoir sevrée de cette habitude qui s'était perpétuée chez elle jusqu'à l'âge de 4 ou 5 ans. Dora elle-même avait gardé dans sa mémoire cette image nette de sa première enfance : elle se voyait assise par terre dans un coin suçant son pouce gauche, tandis qu'elle tiraillait de la main droite l'oreille de son frère tranquillement assis à côté d'elle. » Et : « Il s'agit ici d'un mode complet de l'assouvissement de soi-même par le suçotement dont m'avaient parlé d'autres patientes encore, devenues plus tard anesthésiques et hystériques. »

Succions...

Freud sort du cas de Dora pour faire appel à celui qui lui permet de conclure que ce fantasme si pervers est en rapport avec la « succion du sein de la nourrice ou de la mère ». Il parle là également de zone érogène primaire qui a « gardé une partie de cette qualité dans le baiser considéré comme normal »... Continuons la citation : « L'activité intense et précoce de cette zone érogène est, par suite, la condition d'une complaisance somatique ultérieure de la part du tube muqueux qui commence aux lèvres. Lorsque plus tard, à une époque où le véritable objet sexuel, le membre viril, est déjà connu, s'établissent des réflexes qui accroissent à nouveau l'excitation de la zone buccale restée érogène, il ne faut pas de grands efforts d'imagination pour substituer à la mamelle originaire ou au doigt qui la remplaçait, l'objet sexuel actuel, le pénis, dans la situation favorable à la satisfaction. Ainsi, ce fantasme pervers tellement choquant de la succion du pénis a une origine des plus innocentes, le dit fantasme est la refonte d'une impression qu'il faut appeler préhistorique de la succion du sein de la mère ou de la nourrice, impression qui d'ordinaire fut ravivée quand on eut l'occasion plus tard de voir des enfants au sein. Le plus souvent c'est le pis de la vache, représentation intermédiaire, qui sert à établir la transition entre le mamelon et le pénis. » Or, dans le texte de Hans, Freud nous apprend d'une manière aussi particulière que Hans avait le même fantasme. Voici ce que ce saut dans le texte du Petit Hans nous montre : il posa un jour à sa mère cette question, nous dit Freud :
— Hans : Maman as-tu aussi un fait-pipi *(wiwimaker)* ?
— Maman : Bien entendu, pourquoi ?
— Hans : J'ai seulement pensé...
Au même âge, il entre un jour dans une étable et voit traire une vache : « Regarde du fais-pipi il sort du lait », dit-il.
Là, Freud nous explique toute la série remarquable de la succion du sein maternel à la succion du pénis avec comme

transition le pis de la vache. Fait assez remarquable puisque, à propos de Dora, il s'agit essentiellement de la découverte « des transferts », alors que pour le petit Hans, comme le texte lui-même nous le montre, il s'agirait de la découverte de la « castration ». Et pourtant Freud emploie la même série remarquable.

LE TEXTE DE DORA

Mais revenons au texte de Dora, ou plus exactement étonnons-nous de cette sorte de glissement du texte qui nous autorise justement à le quitter quelques instants. Jusqu'alors en effet nous étions comme « collègues », car nous lisions ensemble le même texte en quelque sorte commun. Dans un texte, nous pensons, et tout particulièrement dans la lecture du texte de Freud en général, que pour un analyste, il existerait une sorte de « spécularité intra-textuelle », à savoir que le texte se regarderait lui-même se faire lire comme si, au fond, l'écrivain était déjà en train de le lire en l'écrivant et qu'il nous communiquait la possibilité de le faire avec lui. Ce serait une sorte de narcissisme du texte, de plénitude, de transparence, voire d'hermétisme parfois. Toutes choses que le lecteur percevrait comme telles et en tous cas comme choses à quoi on ne toucherait pas sans délier le tout dans sa spécificité propre, car tout cela coulerait de source. Seule aporie possible et index de la constitution de l'objet : des points charnières par où l'on percevrait le manque, une impasse, un obstacle, comme si le texte ne se laissait plus faire, renvoyant le lecteur à ses propres pensées. Cet arrêt de la transparence du texte autorise l'arrêt de la lecture, recul de la voracité de l'œil avec identification ou au contraire dessaisie identificatoire à l'écrivain, bref l'advenue d'une sorte de relation d'objet entre les lignes ou au contraire abandon de toute relation ; mais si la relation apparaît, il y a là comme un droit de regard signalant une demande de celui qui écrit à celui qui le lit. Et devant cet achoppement rendu commun se produit comme une sorte d'acte d'appropriation (c'est peut-être là aussi d'une certaine manière parler de transfert in *statu nascendi* : stagnation de la dialectique du processus analytique, se retrouvant comme dans une stagnation de la lecture). Mais cette relation intime nécessite de toute façon une redevance, c'est-à-dire un écot à l'auteur.

Enfin, dernier point de ce périple à travers le texte de Dora, avant de parler de ce « Signe qui lui serait fait ». Plaçons-nous en effet à la fin du chapitre sur le second rêve.

Freud vient de convaincre Dora de son amour pour M. K. Ainsi, à propos du fantasme de l'accouchement : « Vous l'avez donc corrigé dans votre pensée inconsciente. Car votre fantasme de l'accouchement pré-suppose qu'il s'était alors passé quelque chose, que vous avez alors vécu et éprouvé tout ce que vous avez dû puiser plus tard dans le dictionnaire. Vous voyez que votre amour pour M. K. ne finit pas avec la scène du lac, que cet amour persiste jusqu'à présent bien qu'inconsciemment pour vous... » « Aussi bien ne me contredit-elle plus. »

Suit une note très longue en bas de page, mise là par Freud, et toujours datée de 1923 : il y donne quelques particularités sur ce second rêve mais surtout il nous dit : « Si l'analyse avait pu être poursuivie, elle aurait sans doute démontré que l'aspiration à la maternité était un obscur mais puissant motif de comportement de Dora » ; il cite alors différentes choses qui mettent en évidence la démarche de curiosité sexuelle de Dora, et surtout une phrase qui aurait été omise par lui lors de la rédaction du texte de Dora dans la première quinzaine de janvier 1900 : un point particulier lui revient : « M. X. habite-t-il ici ou bien où habite M. X. ? », nous fait-il savoir en nous disant bien que X est un nom qu'il ne peut citer parce qu'il prête « à équivoque en des termes inconvenants » et qui a trait à la curiosité sexuelle de Dora. Plus loin, il ajoute : « Cette interprétation peut être étayée par le fait que nous nous trouvons dans une autre région du rêve et où le matériel provient des souvenirs de la mort de sa tante (son modèle féminin) dans la phrase : ils sont partis au cimetière, un autre jeu de mots faisait là allusion au nom de cette tante. Dans ces mots inconvenants il y avait l'indice d'une autre source orale de ses connaissances sexuelles, le dictionnaire n'ayant pas suffi ici. Je n'aurais pas été surpris d'apprendre que Mme K. elle-même, la calomniatrice, eût été cette source. C'est elle que Dora aurait si généreusement épargnée tandis qu'elle persécutait toutes les autres personnes de sa vengeance presque sournoise. Derrière cette multitude de déplacements résultant de l'analyse on pourrait inférer un simple motif : le profond amour homosexuel pour Mme K. »

PROFOND AMOUR HOMOSEXUEL POUR Mme K.

Ainsi, Freud parle d'homosexualité et après cette note voici ce qu'il nous dit : « Les travaux d'élucidation du second rêve avaient pris deux heures ; lorsqu'à la fin de cette seconde séance j'eus exprimé ma satisfaction des résultats obtenus elle répondit dédaigneusement : "Ce n'est pas grand chose ce qui est sorti", ce qui me sembla l'indice de révélations proches. » Et, plus loin :
« Elle commença la troisième séance par ces paroles :
– Savez-vous que c'est aujourd'hui la dernière fois que je suis ici ?
– Je ne puis le savoir puisque vous ne m'en avez encore rien dit.
– Oui, je me suis dit que je patienterais jusqu'au nouvel an, je ne veux pas attendre plus longtemps la guérison.
– Vous savez que vous êtes toujours libre de cesser le traitement. Mais aujourd'hui nous allons encore travailler. Quand avez-vous pris cette décision ?
– Il y a quinze jours, je crois.
– Ces quinze jours font penser à l'avis que donne de son départ une domestique ou une gouvernante.
– Il y avait aussi une gouvernante qui a fait cela chez les K., lorsque je suis allée les voir au bord du lac ».
– Tiens ! Vous ne m'en aviez encore jamais parlé, je vous en prie, racontez-moi ça. »
Trois termes sont ainsi réunis : la rupture annoncée par Dora à Freud et que Freud entérine, puisqu'il ne peut rien faire d'autre ; le transfert sur Mme K, comme il nous l'apprendra plus tard, mais comme on peut déjà le pressentir d'après tout ce qu'on a pu lire de ce texte ; le fait que la rupture est en rapport avec la relation à M. K., répétée dans le transfert, et en même temps l'homosexualité citée dans cette longue note où Freud en quelque sorte nous explique ce quelque chose qui fait l'objet de notre travail. En effet, avant d'en terminer avec ce préambule, rappelons ce qu'il nous précise dans sa dernière note sur l'homosexualité : qu'il aurait dû la deviner plus tôt, qu'il aurait alors axé son action sur cette énigme et que le second rêve aurait pu justement la résoudre mieux (ce qui évidemment est tout à fait problématique car de « second rêve » il n'y aurait peut-être point

eu si l'homosexualité avait été désignée dans la relation de Freud à Dora). Mais en tous cas, notons bien ce qu'il en dit dans les toutes dernières lignes de cette note : « Avant que je reconnusse l'importance des tendances homosexuelles chez les névrosés, j'échouais souvent dans les traitements, ou bien je tombais dans un désarroi profond. »

II

Donc, du texte de Dora, en particulier dans sa deuxième moitié, un fait se montre remarquable pour mettre en relief ces « quelques aspects » de l'homosexualité dans ce fragment d'analyse d'hystérique. Freud en effet y relie trois termes régulièrement : l'homosexualité, le transfert, la rupture. Tout cela situé presque toujours en fin de chapitre, à la fin du texte conclusif, par exemple, ou dans de nombreuses notes de bas de pages.

C'est présenter là un des points essentiels du sujet qui m'intéresse ici, à savoir cette absence apparente, cette « omission » comme dit Freud, de la prise en compte de cette homosexualité. Par ailleurs, un autre fait, beaucoup plus actuel celui-là, a incité en partie ce travail : un cas de psychanalyse d'une jeune hystérique, cure arrêtée au bout de dix-huit mois et qui présentait dans la relation avec moi, cette sorte de « chaîne théorico-clinique », homosexualité, transfert, rupture, comme si « l'Œdipe positif[4] » et l'homosexualité œdipienne étaient dans un rapport dialectique tel que l'on ne pourrait s'atteler à l'un sans être obligé de considérer aussi plus ou moins inconsciemment l'autre des deux pôles.

L'homosexualité en effet n'échappe pas à la problématique de Dora. Freud nous dit « avoir omis de prévenir à temps sa patiente de son profond amour homosexuel pour Mme K. », la question du choix d'objet homosexuel ou féminin est là : il existe bel et bien.

D'ailleurs, à la fin du premier chapitre sur « L'état morbide », Freud nous présente autour de la scène du lac, le père de Dora, Dora, M. K. et en particulier Mme K., substitut maternel

---

4. Ce terme signale l'appropriation du texte de Freud, puisqu'il ne se retrouve pas dans le texte de Dora. C'est pourquoi le préambule, comme notre texte lui-même, ont, entre autres raisons, été écrits : pour mesurer cette démarche de lire Freud, tout en essayant de s'en désapproprier.

privilégié ; il parle de gynécophilie des jeunes filles hystériques. Ce choix homosexuel serait en rapport, théoriquement, comme Freud nous l'indique en 1922 dans son article sur « Jalousie, paranoïa et homosexualité », avec les notions d'identification à la mère, d'identification narcissique et la problématique du complexe de castration féminin.

Mais à la mère de Dora, Freud n'accorde que peu d'intérêt, sauf quand il la décrit confinée dans sa « psychose des ménagères », ou comme l'intermédiaire entre Dora et son père ; ainsi la scène du lac rapportée par Dora à sa mère pour qu'elle soit rapportée à son père ; ce moyen d'atteindre au père par la mère, élément important de l'homosexualité de l'hystérique, Freud ne s'y arrête pas quand il publie *Dora* en 1905.

En fait, tout pour Dora dans sa cure semble s'organiser en fonction de la rupture, vécue et agie avec Freud dans son désir et sa démarche de vengeance vis-à-vis d'un homme amoureux d'elle et qui le lui a fait savoir ; là apparaît cet élément homosexuel en rapport avec le transfert, et aussi avec la rupture. Rupture elle-même liée à la demande psychanalytique si particulière de Dora, puisqu'elle est formulée par son père (et peut-être également par Freud ?).

Quand Dora la formulera enfin, elle aura dit son fait à tous, n'étant plus alors dans une position de non-vérité, ayant pu ré-agencer en elle quelque peu ses images masculine et féminine. Mais nous sommes à la dernière page du texte.

QUELLE POSITION FÉMININE DE FREUD ?

Est-il possible de voir (comme voudrait le montrer la note de 1923 relative à l'homosexualité), la demande psychanalytique de Dora formulée à partir de sa position homosexuelle inconsciente, et cela vis-à-vis, si l'on peut dire, de la partie féminine de Freud, partie omise ? Car au retour de Dora chez lui, Freud ne pourra pas lui dire autre chose que : « Je vous pardonne de ne pas m'avoir donné la possibilité de vous débarrasser plus radicalement de votre mal », alors qu'elle vient précisément d'elle-même à ce moment-là, mais avec ce côté provocateur inhérent à toute hystérique en proie à l'élucidation du mystère de sa propre féminité.

Si l'homosexualité dans Dora existe, elle n'existe pas isolément. Elle n'est, en effet, ni une propriété psychologique particulière, ni un moment psychogénétique privilégié, ni un symptôme.

Plus précisément, à propos de l'homosexualité de Dora, est à prendre en compte ce que justement Freud prendrait en compte quelque part en lui, qui transparaîtrait dans ce témoignage écrit de la cure de Dora et de la relation psychanalytique qui s'y déroula. Dire que l'homosexualité n'existe pas « comme ça toute seule dans son coin », c'est dire qu'elle n'est pas non plus un concept qui prendrait pour nom le mot du concept opposé, en l'occurrence l'hétérosexualité.

Dans ce texte, l'homosexualité se définirait bien par ce qui meut activement, et chez Freud et chez elle, ce « quelque chose » qui serait comme en dehors ou en plus de ce qu'elle vient chercher chez un médecin psychanalyste, chose qui la concernerait au plus profond d'elle-même, et qu'elle se refuserait. Et Freud accepterait quelque part en lui ce refus. Erreur technique, dit-il en 1923, de ne pas avoir deviné à temps et de porter à la connaissance de Dora sa tendance psychique la plus forte : cette tendance homosexuelle inconsciente.

D'ailleurs, ne pourrait-on pas dire que toutes ces notes de Freud au lecteur concerneraient ce « quelque chose » de la relation entre lui et Dora. Et que, si de fait, elles nous sont adressées à nous lecteurs par Freud, elles sont de droit là pour faire appel à Dora, à la Dora que Freud a en lui et à qui il se doit de rendre cette partie d'elle-même à laquelle il aurait fait place en toute méconnaissance.

Homosexualité pas toute seule, disions-nous, car elle accompagnerait et sous-tendrait l'Œdipe de Dora dans son versant positif, décrit explicitement par Freud tout au long de ce texte, en quelque sorte, manifeste. Plus exactement, ce courant libidinal homosexuel par son intensité serait comme le lieu nourricier, de nature orale narcissique, de l'hétérosexualité de Dora. Intensité qui concentre, préserve ou absorbe (et c'est là tout le problème de la rupture) une grande partie de l'énergie nécessaire à la maîtrise et au déroulement du complexe d'Œdipe. Œdipe dans son versant hétérosexuel, c'est-à-dire d'être objet de désir d'un homme et en même temps d'être désirante de l'être. Cela ouvrant sur le chapitre difficile du complexe de castration féminin qui, selon

Freud, s'oppose à celui du garçon en ce que si là il consiste à avoir ou non un pénis, chez la fille, c'est à être ou ne plus être un garçon, ou ne plus être comme un garçon.

Ainsi l'idée avancée, en ce qui concerne notre sujet, serait la suivante : la scène présentée dans le texte de la cure de Dora serait de nature hétérosexuelle, les forces en présence pour une partie essentielle seraient de nature homosexuelle (et cela dans la cure, bien sûr, mais « reportées » entre les lignes du texte).

La gifle à M. K. en témoignerait par exemple quand Dora entendra le fatidique « Ma femme n'est rien pour moi », avec en corollaire cette névralgie faciale de transfert quand elle retourne chez Freud après la rupture.

C'est là rappeler aussi l'inévitable question que nous pose l'hystérique sur la bisexualité humaine car, avec ce terme d'étymologie matricielle, femelle (signe, comme l'indique F. Perrier d'un désordre ambigu d'une chair androgyne[5]), elle nous fait nous reposer sans cesse avec elle la question : « Suis-je un homme ou une femme, ou plus exactement, de quelle manière ne suis-je pas aussi de l'autre sexe ? »

Chez Dora, à côté de ses penchants conscients hétérosexuels, apparaît cette place forte homosexuelle qui se cacherait à elle-même son désespoir d'advenir telle quelle à la conscience, puisque chez cette névrosée, elle serait transformée.

Car, si effectivement, sur le plan biologique strict ou pulsionnel, la jouissance sexuelle se satisfait de l'existence d'une seule personne ou de deux et même de plusieurs, de sexe identique ou différent, le contexte socioculturel et notre propre destin sexué s'inscrivent et s'articulent de façon telle en nous, que les relations sexuelles s'effectueront le plus souvent à deux et à sexe différent et le plus souvent aussi à génération identique, à peu de chose près. Il est remarquable alors que Freud dans ce texte parlât de certains de ces Grecs homosexuels puisque socialement élevés, et qu'il ne fallait pas trop s'en étonner.

Dans « Psychogenèse d'un cas d'homosexualité féminine », Freud insiste sur le fait que « tous les êtres normaux présentent dans une très large mesure, à côté de leur nature hétérosexuelle manifeste,

---

5. F. Perrier, « Structure hystérique et dialogue analytique », *Confrontations psychiatrique*s, vol. 1, n° 1, 1968, p. 101-117.

une homosexualité latente ou inconsciente. Si l'on tient compte de ces découvertes, c'en est fait de l'hypothèse d'un troisième sexe créé par la nature dans un moment d'humeur particulier ».

Ainsi, apparaît le registre dialectique, en rapport avec le phénomène de transfert. Dès lors, le texte de Freud en tant que tel pose deux courants distincts :
– d'une part, Freud décrit l'Œdipe positif hétérosexuel de Dora, soit cet amour caché pour M. K. et son désir de vengeance devant la déception soi-disant inconsciente de Dora de le voir ne pas poursuivre son approche auprès d'elle ;
– et, d'autre part, dans ce même texte, mais en notes comme nous l'avons déjà souligné, Freud effectue cet épinglage d'un signifiant non repéré par lui dans la cure, mais incontournable dans le discours de Dora, dont le texte relu en 1923, a trait à ce que il veut voir/ne pas voir, soit le signifiant qui porte sur une position homosexuelle, en place maître.

Transfert/contre-transfert

À titre d'exemple, selon la note de 1923 sur l'homosexualité, voyons comment il décrit les quatre niveaux de transfert (du plus superficiel au plus profond).

Sentiments de vengeance à l'égard du père, puis de M. K. ; Puis sentiments d'amour à l'égard de M. K., puis de Mme K.

Et Freud confirme donc tout au long du texte sa décision irrévocable de « tenir bon l'Œdipe », que ce sera là son action la plus favorable auprès de Dora ; il occupera ce poste quoi qu'il arrive, même quand il fera part au lecteur de sa surprise devant un transfert qui aurait dû être, selon lui, plus tôt désigné comme ressemblant à cette relation avec M. K. que Dora a décrite en lieu et place de sa relation à l'image paternelle.

Inutile de dire combien Freud a raison, car la question serait : comment se fait-il, dans ce « fragment d'analyse d'hystérie », qu'il s'en tienne si fermement à cette décision et pour longtemps, puisqu'il lui faudra vingt ans pour utiliser un autre langage[6] ?

---

6. Les notes, dont Freud veut nous faire part tout au long du texte de Dora sont datées de 1923, alors que le cure eut lieu le dernier trimestre de l'année 1899, mais fut publiée cinq ans plus tard.

À ce moment-là de la cure, il a raison en effet car l'hystérique est bien celle qui montre toujours du doigt ce qu'elle veut cacher (ici, son choix d'objet hétérosexuel) et qu'en fin de psychanalyse c'eût été ce qu'elle vient chercher chez Freud effectivement.

À essayer de le prendre à revers en suivant l'index en sens inverse, c'est le piège : Freud n'y tombe pas. Dora montre son « Œdipe positif » et Freud la prend au mot, le contenu homosexuel inconscient sera pour plus tard, on en connaît maintenant la date !

La technique est là peut-être exemplaire puisque précisément, de technique psychanalytique, il n'y en a point ; Freud omet quelque chose et fait prévaloir autre chose sans aucune intention préétablie.

C'est-à-dire que dans le rapprochement œdipien au père, soit l'identification virile de Dora, Freud ne voit qu'une seule chose, le souhait inconscient d'une relation sexuelle avec son père ou avec ses substituts (M. K. ou Freud).

En effet, dans son mouvement d'identification virile, Dora effectuerait l'opération compensatrice d'être comme son père, puisqu'elle ne peut l'avoir et se l'approprier pleinement pour elle toute seule ; voilà ce que l'identification hystérique l'autorise à obtenir sans rien résoudre de sa problématique féminine.

Ainsi, l'actuel, le plus manifeste, le plus interprétable, c'est l'hétérosexualité ; le plus ancien, le plus profond et à analyser plus tard, c'est l'homosexualité.

Cette homosexualité donc n'est pas dévoilée dans le transfert, mais elle y serait implicitement incluse, non distincte. Rien ne pourrait l'en isoler, puisque tout nous y conduit ; en effet, non dite par Dora, non devinée par Freud, elle fascine le lecteur pour son brio à se faire méconnaître dans la cure et à se faire reconnaître dans le texte.

L'honnêteté de Freud à avouer son « erreur technique » n'est pas là pour nous en faire ignorer avec lui l'existence, mais bien pour la reconnaître comme authentique.

De plus, ce manquement à son écoute n'est pas à considérer comme un déficit de son entendement analytique, mais il est de l'ordre du processus analytique entre lui et Dora.

Il est remarquable, en effet, de voir que, devant une Dora et ses hésitations trompeuses sur son choix d'objet dans ses rapprochements et ses investissements d'objets à chaque fois enfin désignés comme définitivement fixés, Freud en choisit un et cela non pas malgré, mais en vertu de cette transparence du Moi de l'hystérique.

Nous avons vu que ce choix porte sur cet invariant de la cure de Dora, qu'est l'Œdipe positif, paramètre de structure fixe à partir duquel Freud nous parle et ignore l'homosexualité.

Là, bien sûr, on pourrait s'interroger sur le peu de cas qu'il fait de certains indices donnés au lecteur, en rapport avec certaines de ses attitudes contre-transférentielles.

En voici quelques-unes : séduction par M. K. ; obéissance à la consigne paternelle, il ne pose pas en effet, comme Lacan[7] nous conseille de le faire, le problème en 1900 de l'aspect normatif ou naturel de l'Œdipe positif ; ou même dans cette petite note sur Schnitzler « écrivain mais non médecin », et se référant à ce qu'en dit très justement Nata Minor[8], on pourrait parler de l'égarement de Freud vis-à-vis de sa relation profonde à sa mère ; ou encore de ses rapports à la science, à la médecine (dont il parle beaucoup dans le début du texte)...

Mais tout cela ici apparaît de nature spéculative. Seule serait intéressante la question : est-ce qu'une sorte de signe aurait dû être fait à Dora concernant son homosexualité, afin d'ancrer quelque part entre eux deux, cette question pour la reconnaître ; bref, la nommer aurait-il suffi à équilibrer quelque peu leur relation pour éviter la rupture ? Ou n'aurait-ce été qu'une « interprétation sauvage » ?

RUPTURE

En prenant à la lettre le texte de Freud, et Freud prenant à la lettre le texte de Dora, force est de constater que place est faite au père. Mais Dora et Freud n'utilisent pas le même chemin pour y accéder. Freud y va directement en empruntant « l'Œdipe

---

7. « Préjugé qui fait considérer la prévalence du personnage paternel comme naturelle et non comme normative », J. Lacan, « Intervention sur le transfert », dans *Écrits*, Paris, Le Seuil, 1966, p. 215-225, cf. note 7 : « Le fil est pour l'aiguille comme la fille est pour le garçon. »
8. N. Minor, « Freud, Schnitzler et la reine le la nuit », *Études freudiennes*, janvier n° 5-6, 1972, p. 207-224.

positif ». Dora, sans le savoir elle-même, aurait besoin de ce détour par l'homosexualité, source importante de sa féminité si mal assurée.

Ainsi peu sûre d'une image paternelle trop tentatrice, ne s'acceptant pas dans une position passive, Dora a en Freud un analyste qui, dans sa position contre-transférentielle prévalente, sera très actif et non passif justement, et qui de plus dans ces interventions fera prévaloir son action sur le matériel hétérosexuel ; tout y est pour que l'homosexualité n'ait plus d'autre place que celle sous-tendant ce tapageur Œdipe positif, qui lui-même ne peut s'épanouir aussi favorablement que Freud le présage ; ce sera la rupture !

Enfin, autre question tout aussi fictive que celle sur l'idée du signe fait à Dora : et si l'analyste de Dora avait été une femme ? Question étonnante peut-être, mais qui est là en rapport avec la seule bisexualité possible : sexualité donnée à l'analyste, c'est-à-dire vécue par le patient, c'est-à-dire bisexualité de l'inconscient comme partage et différence des sexes centrée sur la dimension du phallus, soit du manque phallique, seul présent dans l'inconscient, le devenir conscient se chargeant ensuite selon le sexe de faire valoir une bisexualité maîtresse du jeu, mais nous sommes alors dans un psychologisme commode et non dialectisable dans le transfert/contre-transfert au sein d'une cure.

Et l'homosexualité dans Dora, de cette homosexualité dans le transfert de Dora sur Freud, de Dora à Freud, montre à quel point l'analyste se doit de faire de la place en lui à l'objet du manque, de se laisser travailler par lui ; que ce soit d'ailleurs un patient, un texte ou lui-même. Il s'agirait là de parler de féminité et de passivité, qu'elles soient d'ailleurs de l'homme, de la femme, du patient ou de l'analyste.

N'est-ce pas là soulever le procès de l'incorporation-introjection en rapport avec la problématique de nos attitudes contre-transférentielles où le désir de l'analyste joue sa partie ?

DÉSIR DE L'ANALYSTE...

En effet, dans le compte rendu de cette cure que Freud nous livre, et par l'abord du texte par le biais de l'homosexualité, parler de la « technique ou théorie de la technique » reste une bévue d'obédience médicale, soit de vouloir *garder le dessus, ne pas être ignorant, ne pas décevoir*, qui, si comme dit Freud, devrait donc nécessiter un autre travail que celui de Dora, soit celui de la « Direction de la cure et des principes de son pouvoir[9] ». Le point essentiel serait dans cette redondance à parler « d'erreur technique » puisqu'il n'y a de technique que celle de l'erreur, celle ayant trait à une cure de Dora faite a posteriori, fictive et idéale, comme si un prototype pouvait être déposé, auquel il faille se référer alors que précisément le discours de l'hystérique comme le discours psychanalytique dans leur mutuelle reconnaissance nous montrent qu'il n'en est rien.

---

9. J. Lacan, « Direction de la cure et des principes de son pouvoir », dans *Écrits, op. cit.*, p. 595 : « Mais c'est là seulement l'effet des passions de l'analyste : sa crainte qui n'est pas de l'erreur, mais de l'ignorance, son goût qui n'est pas de satisfaire, mais de ne pas décevoir, son besoin qui n'est pas de gouverner, mais de garder le dessus. »

La thérapeutique des psychoses confrontée aux aléas de la *lalangue*

Guy Dana

Comment comprendre les échecs thérapeutiques avec les psychoses et faut-il y voir un effet des troubles du langage qui, avec les psychoses, ne manquent jamais ? C'est l'orientation que nous suivrons afin de mettre en perspective guérison et échecs thérapeutiques à l'aune des soubassements du langage.

Et, tandis qu'une orientation thérapeutique est proposée à partir du génie analytique, c'est la notion de grammaire et la recherche d'une fluidité en relation avec les troubles du cours de la pensée qui fondent les grands principes de cette thérapeutique. Du génie et de la grammaire, il sera question de telle sorte à expliciter ces termes

LA ROUTE DU LANGAGE À L'ENVERS

« Marlène boit du théralène en s'appelant Paul Verlaine. »
Elle rajoute triomphante : « Charpentier pue des pieds comme un serrurier. »
Ces comptines auront valu à Yaël d'être exclue du centre où elle travaillait. Il lui était reproché de déclamer à tue-tête ces vers en forme de ritournelle aux heures où ses collègues s'affairaient sur les tâches demandées. Elle y prenait goût, c'est certain car son visage s'éclaire d'une pleine satisfaction dès lors

qu'un interlocuteur s'intéresse à ses jeux de langages. C'est assez évocateur de ce que Lacan nomme jouissance et pour l'heure, Marlène ne peut dire ce que représentent pour elle les termes de cette comptine. Seule, semble-t-il, la prosodie importe. La prosodie, c'est-à-dire le ton, le rythme, l'accentuation mais ce qui étonne l'interlocuteur, capte son attention ou bien le dérange franchement révèle une autre face : qui sait en effet à quelle désorganisation intime, à quels échos, à quel tintamarre assourdissant ces comptines en forme de ritournelles essaient de s'accorder ou de répondre ?

J'argumente dans les développements qui vont suivre à partir de ce que la clinique des psychoses révèle : une fondamentale dérégulation avec l'outil langagier, une dérégulation de la jouissance qui s'y rattache.

La question qui se pose pour nous est de savoir comment et par quelle méthode pourraient se rétablir des appuis, un apaisement, une réconciliation avec ce cœur de la vie psychique que sont les soubassements du langage. Tout au moins d'avoir localisé l'origine, voire l'essence du conflit entre ces soubassements et l'ordre sémantique intelligible, offre une direction à la pratique. En effet, une des faces du réel, parmi les repères que nous cherchons à établir, est constituée par ces soubassements dont les effets ont des conséquences extrêmement perturbantes en cas de psychose. Le passage et la mutation entre différents états du langage vont constituer un enjeu thérapeutique qui ne peut être livré aux seuls psychotropes.

La voie finale commune, étant de parvenir à du lien social supportable et praticable.

Ces ritournelles, c'est, me semble-t-il, une tentative de maîtriser ce qui en Yaël agit par fulgurances, par concrétions de sons, par une présence énigmatique ; ça échappe radicalement au sens et à une intelligibilité. Ces phénomènes encore discrets chez Yaël révèlent donc une activité sous-jacente au langage, phénomène de bord pourrait-on dire, que Lacan appelle *lalangue* et qui manifeste toujours ses effets, névroses ou psychoses.

Or, dans les psychoses, ces effets sont sans retenue, en *live* pourrait-on dire.

Il faut considérer aussi, vieil adage freudien, que ces ritournelles, dans leur atypicité sont une tentative assez pathétique, parfois désespérée de guérison, et, pour reprendre la terminologie de Lacan une défense contre l'intensité de ce qui gronde au niveau de la lalangue.

Se retrouve aussi, malgré le chaos que traverse Yaël, les soubassements poétiques du langage. Bernard Toboul[1], familier des recherches de Jakobson, a récemment rappelé que pour ce linguiste la structure poétique du langage, en filigrane de toute langue, est permanente, faisant valoir l'influence de l'œuvre de Jakobson sur Lacan. On peut penser que cette structure poétique transcende toutes les pathologies du langage quels que soient leurs effets manifestes.

En définitive, ce qui est au fondement des manifestations psychotiques est une désorganisation des passerelles entre la lalangue et le langage, de leur régulation et, à partir de là, on peut dire que toute clinique dans le monde des psychoses se présente comme suppléance, délire compris. L'articulation entre ces deux états de la matière langagière étant fragile, peu orientée, trop perméable, et nécessitant toutes sortes d'efforts. Or, ces efforts se heurtent à une jouissance encore trop privée que seul le sujet lui-même pourrait mobiliser pour peu qu'il aille vers une signification partageable.

Tâche ardue mais à certains égards, car tout dépend de ce nous recherchons, on peut dire que si l'échec est permanent, les succès le sont aussi. En somme, parler de guérison serait trop dire, mais dès que le lien social peut être soutenu, une conquête aura été obtenue.

Échec de la guérison, conquête du lien social, tel est pour nous une façon de poser le problème.

En effet, lorsque manque la barrière du refoulement, celle dont on peut dire qu'elle est la première suppléance, l'impression prévaut que les patients dits psychotiques font la route du langage à l'envers. Ils en démontrent la genèse. Ils démontrent la poésie inhérente au langage mais à leur corps défendant ! Ils interrogent l'antinomie du signe à la chose mais dans une forme de drame intime sans aucune réconciliation entre le son et le signe, si bien

---

1. B. Toboul, Communication au colloque d'Espace Analytique : *Qu'est-ce qu'un enfant ?* (8 et 9 octobre 2011).

que lorsque Yaël me dit qu'elle n'est pas folle, c'est à l'extrême que pour elle le mot « folle », son signe sonore est sans commune mesure avec ce qu'il désigne et, du coup, gronde une rébellion contre tout sens intelligible. La jouissance est encore trop forte.

C'est une rébellion qui, dans sa radicalité, suscite l'amour. Un des premiers, me semble t-il, à avoir mis l'accent sur cet amour dû à l'usage des mots, c'est François Perrier[2].

On comprend ainsi que le péril vient du fond, du fin fond, et on comprend que ce qui fragilise le lien social, ce qui soudain s'interpose comme un éclair, que ce qui fait désordre et rompt l'interlocution témoigne de façon exemplaire des limites de la communication !

On comprend aussi le caractère imprévisible des psychoses incapables de maîtriser ces soubassements du langage et, là où avec les névroses le travail analytique conduit avec l'inattendu à une plus grande tolérance, avec les psychoses, l'inattendu est un péril permanent et la même direction de travail va se heurter à la structure et à son roc.

La situation est paradoxale et dysharmonique :
– Tantôt des passages à l'acte, des *actings* vraiment imprévisibles, jaculations verbales, fulgurances qui éventuellement entraînent le geste. On peut dire alors que prisonnier des soubassements du langage, le sujet se confronte à la question de l'auteur. Autrement dit, qui est l'auteur au cœur de la substance jouissante ? Y en a-t-il un ?
– Tantôt l'envers fragile de cette clinique de la fulgurance ! Autrement dit, les processus autoplastiques dominent et ce qui se constate, c'est une saturation de l'espace psychique de telle sorte à éviter toute relation d'objet. Le sujet recroquevillé sur lui manifeste alors une impossibilité radicale à faire face à l'inattendu. Une défense, en somme, mais qui peut voler en éclats.

En réalité, la première situation est une conséquence des effets de la lalangue qui produit ces fulgurances, sur fond hallucinatoire : là, nous sommes devant un réel qui ne peut se saisir, un réel interne, un inconscient réel, en somme, lisible par son chaos (les travaux de Colette Soler ont bien rassemblé les thèses de

---

2. F. Perrier, *La Chaussée d'Antin*, tome I, Paris, Albin Michel, 1994.

Lacan à ce sujet[3]). C'est ainsi que lorsque l'inconscient est à *ciel ouvert* par le réel qui le constitue, l'imminence d'une catastrophe est permanente. Il n'est pas rare d'observer alors un pseudo conformisme et une passivité de façade afin de parer aux attaques internes comme externes. Il y a l'idée de construire un refoulement. Soit, mais refoulement n'est pas ici équivalent à topique ou dynamique de l'inconscient ; tout au moins, la question se pose.

N'oublions pas que la visée serait d'obtenir une fluidité dans cet habitat qu'est le langage, c'est-à-dire une régulation de la jouissance où la dynamique de l'inconscient se reconstruit.

ÊTRE AVEC

Partons donc dans nos élaborations de ce qu'est ce drame de la psychose et de ce qui constitue le cœur de notre métier, et qui enseigne jusqu'aux névroses, avec en premier lieu ce constat que je vérifie cliniquement constamment : il y a *des* psychoses !

Ce qui fait, aussi surprenant que cela puisse paraître, qu'avec les psychoses le travail du cas par cas est indispensable. On doit souligner que le principe du DSM s'y oppose et n'a aucune chance de saisir quoique ce soit aux fondements de cette clinique. Or, ce qui me frappe avec les psychoses, ça n'est pas tant le délire, pour autant qu'on y soit confronté, ce qui étonne bien davantage, c'est la réticence, le retranchement une certaine façon de poser son corps ou de le négliger, c'est encore la fixité du regard ou de la mimique et surtout, car cela ne manque jamais, ce que les anciens appelaient troubles du cours de la pensée et les troubles du langage.

C'est à partir de ce réel indomptable dont témoignent les troubles du langage et de la pensée que peut se fonder une orientation, voire une politique.

En effet, lorsqu'avec les psychoses, nous cherchons à unifier les processus en jeu, lorsque nous nous mettons à l'écoute de ce qui se passe, il y a plusieurs éléments cliniques qui émergent et rejoignent les propositions théoriques de Freud comme de Lacan.

---

3. C. Soler, *Lacan, L'inconscient réinventé*, Paris, PUF, 2010.

En premier lieu, c'est la difficulté de se repérer, de tendre vers un objet de pensée : les anciens appelaient cela diffluence. Difficulté à maîtriser son objet, mais aussi difficulté à s'orienter vers une adresse : les deux sont liées et l'adresse, elle non plus, ne semble pas assurée comme si, en reprenant la pertinente théorisation de Freud, les processus autoplastiques prenaient le pas sur les processus alloplastiques. Lacan le soulignait par une expression imagée, le patient dit psychotique garde l'objet dans sa poche[4] ! L'extraction de l'objet ne se faisant pas (Maleval). Il est clair que le maniement du transfert va s'en trouver affecté, l'analyste étant lui-même un objet !

Pour aller plus loin dans l'analyse de ces phénomènes, on peut dire, dès lors que nous prenons la parole et construisons notre propos, que chacun des termes est anticipé dans la construction des autres, et il faut, comme Lacan le souligne, qu'un bouclage rétroactif intervienne pour qu'une signification s'inscrive.

Cette signification, souligne-t-il aussi, est toujours phallique, en tant qu'elle résulte d'un choix opéré par le sujet à partir du signifiant qui, en quelque sorte, localise sa jouissance.

Quand il se révèle que la fonction phallique est défaillante, la tension anticipatrice se relâche, et le bouclage rétroactif s'avère difficile à produire.

Je l'ai souligné dans mon livre[5] : dans ces conditions, le sujet n'arrive pas à piloter ce qu'il a à dire. On en déduit que la signification du phallus, concept au demeurant parfaitement imprononçable, est un index de régulation et d'orientation qui, manquant, produit ces effets de diffluence.

C'est ce qu'éprouve Artaud qui décrit fort bien le phénomène dans une lettre à George Soulié de Morant, écrite en 1932[6] : « Dans cet état, confie-t-il, où tout effort d'esprit, étant dépouillé de son automatisme spontané est pénible, aucune phrase ne naît complète et toute armée ; toujours vers la fin, un mot, le mot essentiel, manque, alors que commençant à le prononcer,

---

4. J. Lacan, *Petit discours aux psychiatres*, conférence au cercle d'études dirigé par Henry Ey, 1969.
5. G. Dana, *Quelle politique pour la folie ? Le suspense de Freud*, Paris, Stock, 2010, p, 252.
6. A. Artaud, *Œuvres complètes*, tome I, Paris, Gallimard, 1956.

à la dire, j'avais la sensation qu'elle était parfaite et aboutie. [...] et lorsque le mot précis ne vient pas, qui pourtant avait été pensé, au bout de la phrase commencée, c'est ainsi que ma durée interne se vide et fléchit, par un mécanisme analogue pour le mot manquant, à celui qui a commandé le vide général et central de toute ma personnalité. » (Pensons ici à ce qui a pu inspirer Pascal Quignard !)

Ce vide général et central de toute sa personnalité, c'est l'effet du réel dans lequel Artaud est plongé ; la dit-mension du réel prévaut, mais il faut souligner que les deux autres dit-mensions sont en état de faiblesse ; Artaud est comme un gymnaste qui tente de s'élever au-dessus d'une barre fixe et il ne peut pas ; en gymnastique, cela s'appelle un rétablissement et il ne peut pas se rétablir.

Il rapporte la sensation d'une « fragmentation de sa pensée » et fait part d'un « manque d'une certaine vue synthétique ».

S'agissant du ou des transferts possibles, il dit aussi à Georges Soulié de Morant que la « présence de quelqu'un » lui est nécessaire pour penser. « Ma pensée, précise-t-il, s'accroche à ce qui vit et réagit en fonction des idées que quelqu'un émet ; cela ne comble pas le vide [...] mais ça semble l'aider. Seul, dit-il, je m'ennuie mortellement, et en général je me trouve dans un état pire que l'ennui, extérieur à toute pensée possible. Je ne suis nulle part, et tout ce qui me représente s'évanouit [...] C'est vous dire si par moments je tombe bas. Le néant et le vide, voilà ce qui me représente... »

Artaud est en somme tombé dans le vide et toute la thérapie analytique va consister non pas à le combler ce vide mais à le recycler, à l'intégrer.

Le vide ici est un nom du réel et son envahissement, le déséquilibre qu'il produit au sein du tripode RSI, est le témoignage en même temps que la cause de cette dérégulation de la jouissance. Or, ce n'est pas seulement cet index manquant ou relativement manquant qui oriente la jouissance, qui oriente le phrasé et qui permet la relation, qui ici est en cause. En effet, s'il y a de la diffluence, c'est qu'il manque comme un lest au discours !

Et ce lest, Freud le situe dans l'opération du refoulement originaire dont la tension fondatrice est, avec les psychoses, défaillante, voire absente. Une tension vers l'inconnu dont on peut dire qu'elle permet le transfert et qui ici, avec les psychoses, ne se ressent pas ou bien ne se ressent pas de la même façon. Petite parenthèse pour dire ô combien est nécessaire une théorie de la pratique parce que la théorie conforte l'énigme lui donne une puissance thérapeutique, vertu doit-on rajouter de la pensée spéculative qui la porte. Ainsi, reconstruire une énigme supportable devient l'orientation d'une thérapeutique des psychoses.

Poursuivons donc en ce sens car cette tension, on peut en parler aussi, comme le fit Lacan dans une réponse à Marcel Ritter. Il soulignait alors que lorsque les choses se passent bien, lorsque s'inscrit cette négativité du refoulement originaire, alors le *sujet est exclu de sa propre origine*[7], autre façon de dire, mais qui illustre ce qui apparaît comme une dynamique de la négativité, donc de l'énigme, qui avec la clinique des psychoses est manquante.

Ce qui veut dire aussi que le vide des origines est insupportable. Manque cette précieuse tension vers l'inconnu ; tant et si bien que c'est l'inconnu en tant que tel qui devient insupportable, tout vide au demeurant, tout ce qui se présente comme figure du vide : l'inconnu, l'inattendu, l'imprévisible, mais aussi l'adresse environnée du supposé savoir car *la personne du médecin*, pour parler comme Freud, est aussitôt objectivée et, au supposé savoir, il lui est préféré un savoir sachant.

Voilà qui donne à la question de l'espace et du réel une topique : là où s'élaborent les processus de pensée en tant que tels. Ainsi, l'espace est-il d'abord un espace d'élaboration, d'associations alors qu'on le voit très restreint avec les psychoses. Autrement dit, *psyché est étendue*[8], certes, mais à condition de pouvoir élaborer et associer, à condition de se perdre dans l'oubli et de se retrouver dans l'énonciation. Toutes choses très difficiles dans le champ des psychoses.

Conséquence pratique : avec les psychoses il faut parler, entraîner la parole, parler plutôt que faire le secrétaire ; il faut être avec en mettant à l'épreuve l'idée suivante : plus la parole est accompagnée, sans aucune position de surplomb, plus la fluidité

---

7. J. Lacan, « Réponse à Marcel Ritter », *Lettres de l'école freudienne* n° 18, 1976.
8. S. Freud, *Résultats, idées, problèmes*, Paris, PUF, 1985, p. 128.

qui s'obtient, si elle s'obtient, est une conquête ; bref, ça régule la jouissance. Autrement dit, comme le suggère Artaud, les associations doivent se faire à deux, l'un entraînant l'autre. Être ici plus fort que le symptôme – car il n'y a pas de symptôme avec les psychoses –, c'est être plus fort que la dérégulation de la jouissance et, à certains égards, plus fort que les effets dévastateurs de la lalangue ; oui mais comment, alors même que l'échec semble inscrit dans la structure ?

Ce que Lacan appelle, s'agissant de la psychanalyse, une pratique de bavardage trouve avec les psychoses une application immédiate. Toutefois, ce qui intéresse Lacan, ce sont les éclaboussures, là où ça déborde, l'excès en quelque sorte, fut-il de silence.

Je pense aussi à Louis-René des Forêts et à son bavard[9], texte somptueux et fascinant parce qu'il n'a de cesse. Précisément, il faut une discontinuité, des points d'arrêts comme de relance. C'est pourquoi cette pratique de bavardage doit être associée à la traversée d'une grammaire, à la recherche d'une écriture à quoi peut concourir une pratique ordonnée des lieux psy. Le but étant, pour reprendre la formule de Lacan sur la contingence[10], « que ça cesse de ne pas s'écrire ». L'écriture d'Artaud n'est-elle pas alors le meilleur médium lorsque le réel vous environne, que dis-je, vous plombe pour inscrire ce qui échappe à l'entendement ?

Une tentative d'inscription plus que d'écriture en somme, une tentative d'inscription, un savoir faire qui se cherche, car « ce qu'on sait faire avec lalangue dépasse de beaucoup ce dont on peut rendre compte au titre du langage[11] ».

L'écriture est alors une façon d'entrer en relation avec le monde de la lalangue, mais toute tentative créatrice aussi. Il s'agit de traduire un monde intime dont le langage n'arrive pas à rendre compte. Il est clair que ce serait meurtre d'âme au plan de la vérité du sujet que de passer outre.

---

9. L.-R. des Forêts, *Le bavard*, Paris, Gallimard, 1978.
10. J. Lacan, Le séminaire, Livre XX, *Encore* (1972-1973), Paris, Le Seuil, 1975, p. 86.
11. *Ibid.*, p. 127.

Traverser avec une grammaire

Cela étant, peut-on aller plus loin avec les psychoses ? Quel bénéfice apportent les articulations, terme auquel Lacan accorde une grande importance parce que pour lui, la structure n'est pas la forme mais prend appui sur « l'articulation signifiante comme telle [12] ».

Comment comprendre, à partir de là, l'idée d'une grammaire ? C'est ce que je propose d'argumenter. En effet, s'affronter à l'articulation signifiante d'un lieu à l'autre, n'est-ce pas s'affronter à la structure pour ce qu'elle est, se l'approprier, autrement dit introjecter son architecture ? L'enjeu étant de retrouver une fluidité à travers ou malgré le chaos qui gronde, malgré cette difficulté dont parle Artaud à suivre, anticiper sa pensée car le réel ici, ce sont les sables mouvants qui vous emportent. Comment peut-on y faire face et quel est dans ce contexte le désir du psychanalyste ?

J'ai tendance à me repérer à partir d'une lettre de Freud [13] à Lou Andréa Salomé dans laquelle se dit quelque chose d'important, d'une part, pour Freud lui-même, d'autre part, sur le travail que nous avons à mener avec les psychoses (alors que très vraisemblablement Freud n'y songe pas particulièrement dans cette élaboration) : « Ce qui m'intéresse, écrit-il, c'est la séparation *(Sheidung)* et l'organisation *(Gliederung)* de ce qui autrement se perdrait dans une bouillie originaire. »

Autrement dit, je traduis à ma façon, le séparable, voilà l'enjeu.

N'est-ce pas poser une orientation, un enjeu dans le travail avec les psychoses ?

Prendre en compte l'opposition distinctive terme à terme, se dégager de la lalangue dont l'insistance est trop forte, retrouver en somme le plaisir de penser par l'articulation d'un terme à l'autre, telle est la direction qu'indique le désir du psychanalyste Freud et que, me semble-t-il, Lacan suivra : n'est-ce pas là aussi les premiers indices d'une grammaire ?

---

12. J. Lacan, « Remarques sur le rapport de Daniel Lagache », dans *Écrits*, *op. cit.*, p. 649.
13. L. Andreas-Salomé, *Correspondance avec Sigmund Freud*, Paris, Gallimard, 1970, p. 43-44. Lettre du 30 juillet 1915.

Nous avons vu dans tout ce qui précède que ce qui insiste avec les psychoses ce sont ce que les anciens appelaient troubles du cours de la pensée. Nous avons d'abord affaire à une sévère dérégulation de la jouissance dans la parole et ce sont les soubassements du langage qui induisent dans le contexte des psychoses tourment, voire torture. Les mots sont non seulement polysémiques, c'est-à-dire qu'ils peuvent avoir plusieurs sens, mais ils sont aussi polyphoniques et c'est alors les effets de sons qui prévalent. C'est une torture car toute la tessiture du langage est ici vécue, parce que déstructurée, de façon persécutive.

Quant à l'holophrase, paradigme de cette déstructuration, elle signe un espace occupé, embolisé pourrait-on dire. Il y a écrasement de la paire S^1/S^2 et cela montre les difficultés rencontrées avec les psychoses pour articuler, progresser... déplier (le mot est à la mode !), ses pensées.

Comment donc structurer l'espace psychique en intégrant l'espace, c'est-à-dire le réel, ce que Lacan traduit de la façon suivante : Pour revenir à l'espace, souligne-t-il dans le séminaire *Encore*[14], « il semble bien faire partie de l'inconscient, structuré comme un langage. »

Ce qui peut se comprendre comme l'envers de la formule bien connue : un signifiant représente le sujet pour un autre signifiant. En effet, contrairement à l'holophrase, un espace sépare les signifiants entre eux. Entre les mots, gît le réel.

C'est pourquoi se justifie ici l'idée d'une introjection du réel dont on voit le lien avec l'extension de la parole, de telle sorte que cette extension soit possible en donnant réalité à l'étendue en somme ! Lorsqu'avec les deux autres dimensions, symbolique et imaginaire, le réel trouve son équilibre, il serait légitime d'évoquer un réel apprivoisé qui permet une meilleure régulation de la jouissance.

Et nous comprenons mieux aussi, avec la notion d'un réel apprivoisé, la nécessaire forclusion de sens dont parle Lacan, celle-là même qui rend possible l'interlocution. Il s'agit d'obtenir une réduction, de parvenir à une pensée porteuse d'un sens prioritaire qui, lorsqu'elle réussit, apaise et fait taire le tintamarre, la polyphonie et la polysémie. La tâche est immense et nous

---

14. J. Lacan, *Encore, op. cit.*, p. 122.

sommes en quête de tout ce qui pourrait favoriser l'introjection du réel pour apaiser les surgissements volcaniques.

Mais attention, il y a l'inverse, il y a cette réduction de sens à l'excès qui fait de la langue managériale d'aujourd'hui, celle qui infiltre bien des aspects du champ social, une langue qui conduit au contraire à une incarcération du sujet : la réduction de sens est alors à l'excès, emporte tout espace et se présente toute entière comme dénégation. Ne reste plus alors qu'une langue sentinelle qui veille au grain !

Attention, cette langue est aux antipodes d'un travail thérapeutique.

Le lien social qui s'en déduit est alors marqué par la retenue, l'anonymat, voire la violence, celle que l'on dit sourde.

Dans le maniement de la langue commune, celle qui représente un sujet, il y a l'idée d'un équilibre entre espace et langage. C'est cet équilibre entre espace et langage et plus précisément entre espace et signifiant qui peut aboutir dans la thérapeutique des psychoses à une introjection du réel, et, pourrait-on avancer, à une introjection de la méthode analytique elle-même.

La psychanalyse peut-elle apporter aux psychoses une réponse qui, s'inspirant du même équilibre, fasse la part des difficultés cliniques rencontrées, qui par conséquent fera la part de l'ambivalence de Freud à associer la psychanalyse à la thérapeutique des psychoses ?

Une réponse où l'existence psychotique serait un enjeu au-delà de la cure, une réponse qui permettrait de ne pas cliver entre existence et thérapeutique des psychoses, une sorte de fondu enchaîné entre le travail analytique et le lien et l'inscription sociale.

Une réponse non pas seulement dans le travail individuel avec les patients mais une réponse plus globale mettant en jeu théorie et pratique à l'échelle des multiples lieux psy qui composent cette aire de jeu, au demeurant mal nommée, qui s'appelle secteur. Une réponse enfin où le réel serait au centre des préoccupations et qu'il s'agirait d'introjecter et de recycler pour atténuer son emprise. Or, si nombre de psychanalystes travaillent sur cette aire de jeu, je remarque qu'ils se font discrets là où un travail serait possible.

À mon idée, une pratique des lieux permettant de dompter les fulgurances de la *lalangue* et le tourment qu'elle suscite peut avoir des applications multiples dans le travail avec les psychoses. L'idée d'une grammaire se précise. Elle tend à harmoniser espace et langage et favorise ainsi du lien social supportant l'altérité. Mais elle se présente comme obstacle à traverser et ajout de complexité pour donner sens à l'idée de repartir, de recommencer, de reprendre de l'élan et ce, par l'articulation, la ponctuation, les effets d'après-coup comme de césure.

Thèse : en partant de la compréhension analytique du langage (et non pas linguistique), en mettant à l'épreuve par l'énonciation, les strates qui vont du hors sens absolu au bien dire, en faisant de ces passages, des étapes pour un lien social plus supportable, s'ouvre un chantier qui peut donner corps à un travail d'ensemble. Entre les lieux et ces strates où se cherche du sujet, je crois que les psychanalystes sont des passeurs dont le travail s'écarte de la stricte adaptation au social pour susciter, à partir d'une énonciation retrouvée, une prise de risque rendue possible.

La difficulté consiste à introduire du jeu, à rompre l'holophrase et à conquérir de l'espace pour associer et penser ; or, la traversée d'une grammaire par les multiples articulations qu'offre le passage d'un lieu à l'autre y concourt. C'est une expérience du langage à hauteur de ce que peut supporter la psychose. Ces lieux se présentent comme une chaîne signifiante et font jouer entre séparation et accueil l'articulation réel/symbolique. On pourrait évoquer l'introjection d'une architecture ; généralement entre unité clinique et appartement thérapeutique par exemple ou entre accueil séquentiel familial et unité clinique, etc. Chaque articulation traversée permet une relance, tente un écart avec la répétition et permet de recommencer. C'est pourquoi avec les psychoses la réalité des lieux traversés comme la matérialité effective de l'espace ont leur importance.

GÉNIE DE LA PSYCHANALYSE

La psychanalyse mérite mieux que d'être ravalée au rang d'une technique parmi les autres ; elle mérite mieux car elle peut penser au-delà des lieux psy, comme avec les lieux psy. Son extension est un atout que ne possèdent pas d'autres intervenants même si, c'est une nécessité, il y a lieu de dialoguer.

C'est à partir de là, je crois, qu'il faut dégager quelques indices du génie de la psychanalyse.

J'essaie ici de travailler quelques aspects du savoir-faire interne à la méthode analytique car c'est de là que je suis parti pour amadouer les choses dans leur globalité et pour essayer de modeler l'institutionnel à partir de ce génie. Notre collègue et ami Hervé Petit[15] disait que Lacan avait en quelque sorte forcé le destin du mot réel.

C'est très juste, en ce sens que le forçage de la sémantique, néologismes compris, permet de dégager un savoir qui décante à partir de là : une part du génie de la psychanalyse est de cet ordre. Il s'agit de forcer le destin ou tout au moins de ne pas se laisser conduire par des pensées qui font allégeance au destin.

Avant de reprendre et d'essayer de nourrir l'idée d'une grammaire en forçant le destin de ce terme, deux grands principes qui bordent notre travail doivent être rappelés :
– d'un côté, seule l'expérience de la folie enseigne à condition pour les praticiens de lui donner un certain écho au bon moment de telle sorte que le savoir soit du côté des patients ;
– de l'autre côté, c'est notre tolérance à la folie, l'expérience que nous laissons faire sans opposer derechef un mot d'ordre, ce qui interroge évidemment sur les limites, sur ce que nous supportons sans immédiatement réagir, mais cela nous interroge aussi sur la coupure, sur le moment où l'acte analytique, c'est aussi couper dans la jouissance. Ici, outre le travail de construction et d'interprétation du praticien, une grammaire institutionnelle concourt aussi à cette entame de la jouissance.

Si bien qu'un troisième principe émerge, qui consiste à *se dégager de l'ordre pour faire valoir le cadre et l'acte qui s'y rattache*. Veiller à la traversée d'une grammaire institutionnelle y participe. Il s'agit essentiellement d'un travail sur la jouissance, soit à considérer les soubassements du langage et non pas immédiatement le comportement.

Avec les psychoses, bien que les choses soient très différentes de ce que nous rencontrons avec la clinique des névroses, il est possible à mon idée, et dans une conception globale impliquant plusieurs structures institutionnelles, de donner réalité à partir du génie de la psychanalyse, à partir de son intelligence interne en

---

15. H. Petit, « Le réel : un mot dont Lacan force le destin », revue *Che Vuoi ?* n° 14, 2000.

quelque sorte, de donner réalité à la notion de cure sectorielle. Nous sortons sans états d'âme de la religiosité la cure type !
De quoi s'agit-il ?
L'analyste écoute et il procède à un réglage. Un réglage de la jouissance. Il entend entre la lalangue et le langage. Il entend, si possible, au-delà de la sémantique intelligible. Il plonge et donne sens au « stabitat » et, s'agissant du monde des psychoses, se satisfait de toute part... quand advient une ouverture par exemple ou à l'inverse lorsque se font entendre des signes de clôture. Mis en éveil par toute inscription ou par toute écriture, il procède à un réglage un peu comme les djeun's... qui, avec leur moto font ronfler le moteur, dans un sens ou dans l'autre ! L'analyste lui aussi se cale sur un réglage.

C'est un travail qui doit se soucier de la compacité, de l'inertie pour gagner en fluidité. Toutes les *routes secondaires* deviennent importantes. Par exemple, nous pratiquons beaucoup les groupes de parole qui, mieux que les présentations de malades, permettent d'avancer vers une socialisation de sa parole. En mettant à l'épreuve l'énonciation, la tâche est immense parce que l'inertie des psychoses est immense et sans commune mesure. Pour entamer cette compacité, le génie de la psychanalyse c'est de faire valoir autant que possible la question du tiers ; tiers nommé, nommable ou exclu mais que nous cherchons à inclure. C'est aussi l'après-coup de tout passage qui modifie sensiblement l'imaginaire car peu ou prou se construit une légende, qui pourrait être versée dans ce vaste domaine de la suppléance.

Et puis il y a le cadre. On peut évoquer Kurt Lewin[16] et son insistance à associer fixité des procédures et liberté des contenus dans leur solidarité. Le cadre reprend l'idée d'une fixité des procédures comme grammaire à minima.

J'ai fait ce pari que si les structures institutionnelles étaient articulées entre elles comme un langage, alors la grammaire qui s'en déduit serait opérante par le passage lui-même, ferait de la transition et de l'articulation qui s'en suit une expérience et celle-ci serait en somme l'antithèse de l'holophrase. Tout passage d'une structure institutionnelle à une autre contribue à faire entendre une

---

16. K. Lewin, *Psychologie dynamique : les relations humaines*, Paris, PUF, 1950.

articulation entre réel et symbolique. L'écriture, celle du cadre, est donc un préalable à l'expérience qui l'éprouve.

Le but serait de rendre opérants des lieux psychiques encore atones en se servant de l'après-coup. Autrement dit, à partir de l'articulation, s'imprégner d'une mutation, d'une post-infusion. La notion d'infusion sied au monde institutionnel comme elle sied à l'analyse elle-même qui transmet son empreinte, son expérience par osmose.

Éprouver l'institutionnel comme une infusion, puis une post-infusion suppose qu'une grammaire sous-jacente à l'expérience accompagne l'expérience.

Quelque chose vous informe de façon non explicite.

Quelque chose où, comme dans les dessins pour enfants où il s'agit de relier au crayon une suite de pointillés, la signification vient après-coup.

Quelque chose qui informe dans le mouvement, c'est-à-dire que le mouvement lui-même est performatif

Je ne peux trop détailler dans ce texte l'expérience qui aura été la mienne mais pour résumer l'intention, il aura fallu au fil des ans, construire un pare-excitation par la multiplication des lieux institutionnels et il aura fallu penser ce pare-excitation comme la condition d'une sécurité psychique sans laquelle rien n'est possible. Le principe d'associativité s'en déduit et s'articule à la vie pulsionnelle comme aux soubassements du langage.

Cette praxis favorise le discontinu et rompt définitivement avec le dehors/dedans par des circulations où l'espace/temps entre les lieux a son importance.

Et il aura fallu aussi remettre en question l'idée d'une guérison pleine et entière. Je crois plutôt à la guérison analytique, comme le soutenait Nathalie Zaltzman, ce qui n'est pas pareil, c'est-à-dire s'agissant des psychoses : obtenir des mutations dans le lien social, lui redonner ou lui donner une souplesse qu'il n'avait pas.

J'affirme que chaque fois que cela est rendu possible s'ouvre l'effectivité d'une conquête sur les forces létales, celles qui convergent vers les soubassements du langage et qui s'opposent par là au principe du vivre ensemble. Inverser cette tendance est une tâche à la portée des psychanalystes pour peu qu'ils se mobilisent vraiment.

Les impasses de la cure

Christian Simatos

Vaste sujet. Aux deux extrêmes, on peut penser soit, négativement, que la psychanalyse est elle-même une impasse, soit, au contraire, que la cure une fois engagée pourra sans doute connaître des ratés, mais certainement pas d'impasse à proprement parler.

Le fait est que se donner pour thème de réflexion les impasses de la cure peut faire supposer comme allant de soi l'existence d'une cure-type, cure idéale telle qu'on n'y rencontrerait jamais d'impasse.

À l'inverse, pourquoi ne pas considérer la cure comme un cheminement patient allant d'impasse en impasse ? Cette formulation n'est pas aussi contradictoire qu'elle en a l'air.

Impasse ou butée pas forcément ressentie comme telle, c'est le point vers lequel s'oriente la répétition. Et c'est évidemment de ce point-là que peut se relancer une nouvelle boucle du discours.

Il est difficile dans ce contexte de ne pas entendre comme en écho cette passe introduite par Lacan pour susciter des témoignages qui ne soient pas préformés par le savoir du maître. Je la comprends comme un passage, défilé remarquable, où est censée venir à se cristalliser l'errance d'un analysant, comme le révélateur des impasses qui constituent sa cure. C'est un moment, à prendre au sens mathématique, où mon dire tend à faire surface dans ce que je me dis, comme si celui à qui je m'adresse était court-circuité, emportant dans sa chute le savoir supposé qui soutenait ma demande et en provoquait les impasses. D'où la fonction des passeurs dont il était attendu, vu le point où ils en étaient eux-mêmes, qu'ils ne se prennent pas pour des maîtres.

La mise en place institutionnelle de la passe est allée vers un échec, Lacan l'a reconnu, mais voilà peut-être l'occasion de donner à cet échec la valeur d'une impasse incitant à reprendre le chemin. Il s'ensuit, me semble-t-il, que les impasses les plus criantes sont celles que nous induisons, nous analystes, du fait des ratés de notre pratique, en raison de malentendus et de méprises, et je ne vois pas comment en dresser la liste sans revenir à s'abriter d'une cure-type idéale.

Cela m'amène à la question du contrôle comme lieu tel que l'analyste peut s'y exercer à transférer les impasses auxquelles il a, à son corps défendant, partie liée dans ses cures. En quelque sorte, il en change le signe en les composant en un bouquet qu'il offre à son contrôleur.

Les impasses de la cure à l'adolescence

Dominique Gobert

Nous connaissons les difficultés des cures d'adolescents : demande parentale que l'adolescent refuse, difficulté à tenir le cadre proposé, demandes urgentes qui ne débouchent sur aucun travail d'élaboration.

Des obstacles très grands sont observés, plus particulièrement, lors de l'apparition d'une phobie sociale, l'adolescent ayant du mal à venir à ses séances car il est angoissé par le fait de sortir de chez lui. Nous nous trouvons dans le cas de souffrance psychique évidente sans qu'un travail analytique puisse seulement démarrer. Le rôle des parents est décisif, leur propre investissement de la possibilité d'une parole permet ou ne permet pas la venue de l'adolescent. Mais nous devons faire preuve de grande patience, que cela soit du côté du psychanalyste ou de celui des parents. Lorsque ces derniers commencent à parler sur le lieu de parole où ils souhaiteraient que leur fils ou leur fille parle, l'adolescent finit souvent dans un deuxième temps par l'investir pour son compte. L'adolescent peut venir ponctuellement, mais dorénavant il sait qu'il existe une possibilité de parole pour lui. Lors d'un malaise psychique plus grand, notamment lorsque les angoisses sont en recrudescence, il saura l'utiliser. L'adolescence est une période d'opposition et de critiques à l'égard des parents, mais ce cheminement, nécessaire pour la séparation à venir, n'invalide pas la grande importance que les adolescents prêtent aux propos de leurs parents. Se mettre en contre est souvent se mettre tout contre.

Il arrive aussi que le transfert, enfin établi, ne permette pas une mobilisation suffisante du symptôme pour que l'adolescent puisse sortir de chez lui en dehors de ses séances. La réalité psychique a un temps qui ne tient pas compte du temps social. Nous devons faire abstraction de la pression scolaire, de la pression sociale et de la pression parentale pour avoir la liberté de se consacrer au temps psychique.

Au-delà du symptôme, faire un diagnostic de la structure psychique sous-jacente est fondamental. Ce diagnostic se doit d'être prudent car de nombreux adolescents présentent des symptômes graves qui restent transitoires. Trois possibilités sont le plus souvent rencontrées : l'adolescent rencontre des difficultés liées au processus de l'adolescence, l'adolescent présente une pathologie narcissique et enfin sa phobie sociale est en relation avec une psychose émergente.

Dans ces trois cas, si le transfert s'est instauré et que les symptômes n'évoluent pas, une prise en charge plus institutionnelle s'impose dans des centres de soin-études, ou des centres associant ateliers thérapeutiques et pédagogie. Ces prises en charge parallèles étayent le travail analytique et nouent de nouveaux transferts qui ont le statut de transferts latéraux.

En amont, le travail avec l'Éducation nationale est très fructueux afin qu'une attention réelle soit portée aux adolescents qui décrochent. Les parents doivent en être rapidement informés et il doit leur être proposé de consulter avec l'adolescent. Les MDA (les maisons d'adolescents) sont tout à fait précieuses pour ce travail de partenariat autour de l'adolescent qui s'absente de l'école.

L'exemple de Gérard, adolescent qui présente une phobie sociale, illustre une impasse « surmontée » d'une cure. Son passage dans une structure de soins avec études s'est avéré nécessaire.

Gérard, 13 ans, a des difficultés pour se rendre à l'école, ses camarades le prennent comme « bouc émissaire » et il se sent si mal qu'il préfère rester chez lui. Cet adolescent recherche pourtant le contact des adolescents les plus bagarreurs et ne les quitte plus. La suite est toujours la même, il se fait insulter et souvent taper.

Il apparaît qu'en réalité, la naissance d'une petite sœur survenue alors qu'il a 11 ans ait été concomitante avec la survenue de ses difficultés relationnelles. Gérard ne se sent plus le préféré de la mère, il déclare aimer beaucoup sa sœur mais ne peut s'empêcher, à la dérobade, de lui donner des coups, ce que nous apprenons par les entretiens avec ses parents.

Au détour de nos séances avec lui, il nous dit dormir avec sa mère quand son père est absent, ce qui, pour des raisons professionnelles, arrive fréquemment. Or, depuis la naissance de sa sœur, le partage du lit de la mère ne lui ait plus assuré puisque la petite sœur demande aussi certaines nuits. La rivalité pour la mère se révèle absolue. Gérard ne comprend pas pourquoi cela lui serait interdit. Le problème à ses yeux n'est pas de partager le lit de sa mère mais d'avoir à y renoncer lorsque sa sœur passe avant sa propre demande. Nous relevons une absence de culpabilité exprimée.

Freud nous a appris à reconnaître une culpabilité inconsciente lorsque le sujet se débrouille pour se faire punir : il s'agit des criminels par sentiment de culpabilité. Lacan, en commentant ce texte, note que cela humanise le criminel car il relève deux grands crimes de l'humanité, à savoir la tentation incestueuse et le désir criminel à l'égard du père qui s'ensuit. Le criminel, en signant son crime par la répétition du même scénario auquel il ne peut déroger, recherche la punition car nul n'est censé ignorer la loi. « Le crime ni le criminel ne sont des objets qui se puissent concevoir hors de leur référence sociologique... La sentence : c'est la loi qui fait le péché, reste vraie hors de la perspective eschatologique de la Grâce où saint Paul l'a formulée[1]. »

Le problème, dans notre cas, est que cette culpabilité obéit à une logique inconsciente, comme si nous assistions à la finale du scénario lorsque le sujet recherche activement la punition par les autres sans faire le lien avec les nuits passées auprès de la mère et les critiques à l'égard de son père. Lacan nous rappelle que la punition peut être recherchée par la personne elle-même : « Que le criminel en effet se fasse lui-même l'exécuteur de la punition dont la loi fait le prix du crime, comme dans le cas de cet

---

1. J. Lacan, « Introduction théorique aux fonctions de la psychanalyse en criminologie », dans *Écrits*, Paris, Le Seuil, 1966.

inceste commis aux îles Trobriand entre cousins matrilinéaires et dont Malinowski nous rapporte l'issue dans son livre... ou que la sanction prévue par le Code pénal comporte une procédure exigeant des appareils sociaux très différenciés, cet assentiment subjectif est nécessaire à la signification même de la punition[2]. » Bien que la recherche surmoïque de la punition ne soit pas exprimée comme telle par le sujet, sa recherche systématique des coups par ses pairs est tout à fait évidente. La détresse psychique en est la conséquence, aboutissant au développement d'angoisses lors du départ scolaire, plus exactement lors de la rencontre avec les autres.

Les séances se poursuivant, nous assistons à une prise en compte par le sujet de sa jalousie et de ses vœux de mort à l'égard de sa sœur, de sa véritable passion pour sa mère et de son mépris pour son père. Le lien entre sa vie nocturne et sa vie avec les autres n'est pas réellement fait. En revanche, celui entre l'amour et la rancœur pour la mère apparaît au gré de ses associations. Progressivement, le fils se rapproche du père. Les comportements masochistes à l'égard des plus violents s'atténuent jusqu'à disparaître. Il commence à se faire des amis.

Quelque temps plus tard, nous apprenons le désir de divorcer exprimé par la mère. L'adolescent disparaît des séances et reste cloîtré chez lui, pour finalement revenir quelques semaines après que nous ayons mobilisé ses parents. Le transfert des parents à notre égard a su permettre le retour de ce jeune. Nous pouvons penser que cet adolescent avait un transfert sur nous-mêmes grâce au travail psychothérapique déjà effectué, mais était-il suffisant pour lui permettre de reprendre ses séances ? Nous ne pouvons ignorer qu'il avait aussi un transfert sur le lieu où des rapports amicaux s'étaient noués avec ses pairs. Sans établir une quelconque priorité quant à ces transferts d'essence différente, il est probable qu'ils ont constitué une synergie positive lui permettant de rompre sa position d'isolement. Comme dans de nombreuses situations, s'appuyer sur des transferts latéraux évite certaines hospitalisations ou des ruptures prématurées de la cure alors que l'adolescent se trouve au plus mal.

---

2. *Ibid.*

Le retour pour cet adolescent lui a permis d'exprimer des idées mélancoliques qui ont surgi lors du départ de son père. Au cours de ces semaines de prostration, l'adolescent a été envahi d'idées mortifères, avec une expérience de fin du monde. Dès son retour, il exprime son soulagement d'avoir finalement réussi à se sortir de sa solitude. Sa chambre lui est soudainement apparue comme le lieu où la mort pouvait surgir et ses séances, comme le lieu où il était possible de sortir de cet état. Ce père, si critiqué, s'avère indispensable à son existence, tout au moins avant qu'il ne s'assure de la pérennité de leur lien malgré la division du foyer familial. L'intensité des critiques à son égard renforce la difficulté de l'aveu de sa dépendance à son père.

Le transfert sur le lieu et les personnes qui l'animent est parfois le seul possible pour l'adolescent qui évite ainsi un transfert trop massif et sûrement trop angoissant. Le plus souvent, le transfert, lors d'une situation classique d'analyse, devient possible à condition que les adultes, sur qui repose le transfert sur le lieu, renvoient l'adolescent aux séances analytiques. Ce dispositif introduit l'idée que ce que je nomme les transferts latéraux convergent vers ce temps de parole singulier, idéal porté par l'expérience de la cure analytique des adultes tutélaires.

Il arrive que la parole ne surgisse pas là où elle est attendue, l'adolescent se met à parler lors d'un voyage en voiture, lors d'un atelier créatif... Bien évidemment, c'est ce qui constitue le transfert théorisé par les cliniciens de la psychothérapie institutionnelle. Cette expérience constitue parfois l'essentiel de ce qui se passe. L'adolescent évite ainsi la perlaboration, mais il évite aussi un transfert plus inquiétant. L'évitement phobique est détourné au profit d'une relation précieuse et vitale qui surgit en dehors d'un cadre classique. Il est probable que le transfert lors d'une séance prendrait vite une dimension persécutive, car revenant à la question : « Que me veut-il ? » L'analyste devient alors le prétexte d'une rencontre qui ne se fait pas avec lui. C'est cette fonction du détour auquel il faut être très attentif.

La situation est d'ailleurs souvent sujette à des fluctuations, tel adolescent qui vient pendant des mois sans rien dire lors de ses séances, puisque les choses se disent ailleurs, peut au détour d'une séance investir le lieu de parole qui lui est offert. La capacité pour l'analyste de recevoir un adolescent qui vient mais qui ne dit rien est sans doute essentielle pour que le cadre fasse office de continuité. Ces adolescents qui ne sortent plus de leur chambre peuvent perdre l'alternance du jour et de la nuit comme opposition signifiante. Les séances, mêmes peu investies en apparence, constituent une alternance de présence/absence structurante, première ébauche faisant coupure avec l'univers clos de leur chambre.

Le bûcheur en « peau » de poème[1]

Luminitza Claudepierre Tigirlas

Bilieux, PR tourmente sa femme qui aurait le mauvais goût de ne pas se montrer assez heureuse à ses côtés. Elle le persuade que parler à un psychanalyste adoucira son amertume coléreuse. PR, un homme d'une cinquantaine d'années, s'exécute. Ce PeeR qui se laisse entendre dans son nom semble le maintenir en expectative de lui-même. Il ne cesse de constater qu'il s'observerait en train de venir me voir comme s'il jouait à quelque chose. « Spectateur de moi-même, je regarde un autre "moi" se présentant ici pour faire plaisir. » Toutefois, « avoir son psy » lui paraît branché. Pour s'en démarquer, il s'oblige à rompre chaque fois le silence par une formule adolescente devenue rituelle : « Je n'avais pas envie de venir. » Il lui paraît indispensable de me montrer qu'il ne veut pas être dupe de ce qu'il appelle « notre rencontre organisée ». Dans l'appétit qu'il se découvre pour déployer une résistance massive à la mise en place du sujet supposé savoir, PR se sert entre autres de M. Onfray. Il offre à sa femme *Le crépuscule d'une idole. L'affabulation freudienne* » pour me dire que lui-même ne lit pas l'opuscule.

PR a l'impression qu'on lui a forcé la main. Par ailleurs, il regrette souvent son « oui » complaisant en réponse à une

---

[1]. Cet article a été rédigé à partir d'une communication faite au congrès de l'Association Analyse freudienne, le 2 octobre 2011 à Paris.

exigence qu'il entend fortement. C'est une exigence surdimensionnée et qui dépasse la réalité de toute demande de l'Autre. Se référant à la relation transférentielle, PR associe ce qu'il épingle de « notre situation » dans le dispositif avec son inclination éperdue d'il y a trente ans pour son initiatrice sexuelle, une fille mystérieuse, qu'il n'osait pas quitter pour « ne pas la blesser ». Loin de l'idéal féminin de son père, elle inspira à PR la sentence suivante : « L'amour est une prison, l'évadé s'y fait pendre pour éviter de se faire prendre. » Il a fallu qu'il rencontre par la suite une femme inaccessible, pour que l'image de son père ne s'interpose pas entre eux.

Tiraillé par son ambivalence, PR tente de s'esquiver à toute position subjective jusqu'à ce qu'il fasse ce lapsus : « Rien ne garantit d'être en osmose avec un(e) frère... » Je relève : « *une* » ? Frère ? » PR ne mâche pas ses mots : « Si j'ai dit *une* pour mon frère, c'est parce qu'il m'arrive de penser qu'il a manqué d'élégance, comme moi, d'échapper à une fausse-couche ! » PR s'inclut dans le fantasme de fausse-couche à l'égard de son frère d'un an plus jeune qui semble avoir une fonction de double. Le souhait que son cadet ne naisse pas s'exprimera de diverses façons par la suite. Il a un autre frère plus âgé de sept ans dont il ne se préoccupe pas apparemment.

L'analysant se plaît à attribuer sa verve obscure à l'empreinte d'un style qui lui serait propre. Il affectionne ce terme qui fait allusion à ses exercices de mise en rime, ses productions de textes poétiques, telles des mises en bouche, représentant tant d'« embûches », dit-il, dans sa vie « discrète » de gestionnaire. Il utilise « embûche » pour parler de « ruse », sa façon de feindre l'angoisse. PR savoure ses propres mots comme s'il les mangeait, tels des « mets vocaux ». Lorsqu'il s'exclame au cours d'une séance : « Eh, oui ! il y a des jours où je mets ma "peau" de poème, ma "peau" (qui) aime... », il me semble que cela vient m'assurer – et lui permet de s'assurer – que son personnage tragique ne lui impose pas constamment de se vivre dans la haine. De tels moments de légèreté s'avèrent ainsi « praticables » dans l'univers de la haine de son ennui. Cela ne peut arriver qu'au prix d'un acte incisif, comme l'idée de « se faire la peau » de l'être accablé qui l'habite. L'écorché vif – qu'il perçoit en lui-même – ne peut se voiler autrement qu'avec une « peau » fournie par *lalangue,* et qu'il entend dans le mot « poème ». Les linguistes diraient ici qu'il a recours à la paronomase.

Le fardeau de l'ennui auquel il s'affronte tous les jours est éminemment tragique. Le Mal le guette par des passions. L'adversité trouve son allié dans le Surmoi de l'analysant qui incarne la nécessité, sinon la fatalité. PR s'exerce à couper court au désespoir. Sa recherche de l'idéal d'être hors ou au-dessus de la loi est imprégnée d'une sorte de toute-puissance mélancolique. Il peut s'écrier : « Comment je vais ? Comme ma statue : de haut en bas... » Il faut entendre qu'il s'enfonce.

Dégorgement du tragique par l'humour noir

Je ne retrouvais plus mon rire face aux jaillissements d'humour noir dans la parole de PR. Il ne me restait qu'à les accueillir tels quels, gorgés de sa « politesse du désespoir », l'autre nom de cette pratique de défense proposé par le poète Achille Chavée. Les créations par lesquelles PR s'efforce de déguiser l'appréhension tragique de son être au monde m'alertèrent sur la présence du Réel, tel qu'il « ne cesse pas de ne pas s'écrire » au cœur du fantasme.

Dans l'après-coup de cette cure dont la conclusion, nous le verrons, n'est pas passée par l'épuisement du transfert, je m'interroge sur les effets du détachement, de la froideur, de la mise à distance par lesquels l'humour noir tente de réduire l'Autre à l'impuissance. Le Sujet supposé savoir y est constamment titillé, réinterrogé, mis en doute, mis à mal. Dans « Kant avec Sade », Lacan attribue à l'humour le rôle du « transfuge dans le comique de la fonction même du « surmoi[2] ». Autrement dit, par le biais de l'humour, le Surmoi concède au sujet un peu de narcissisme. Lacan résume ainsi l'hypothèse de Freud (1927), selon laquelle l'attitude humoristique consiste en ce que « la personne de l'humoriste a retiré de son moi l'accent psychique et l'a reporté sur son surmoi. À ce surmoi ainsi gonflé, le moi peut alors apparaître minuscule, tous ses intérêts futiles, et il se peut qu'avec cette nouvelle répartition d'énergie, il devienne aisé pour le surmoi de réprimer les possibilités de réaction du moi[3] ».

---

2. J. Lacan, « Kant avec Sade », dans *Écrits*, Paris, Le Seuil, 1966, p. 769.
3. S. Freud, « L'humour » (1927), dans *OC*, XVIII, Paris, PUF, 2002, p. 138.

Dans son texte sur « Le mot d'esprit et sa relation à l'inconscient » (1905), Freud situe l'exclamation « La semaine commence bien ! », attribuée à un condamné à mort un lundi matin, dans un registre « où l'humour est le plus rudimentaire, celui, dit-il, de ce qu'on appelle l'humour noir[4]... » Serait-il vraiment rudimentaire, l'humour noir, ou un processus d'élaboration psychique lui est tout de même inhérent ? À son tour, Lacan qualifie d'humour noir ce que Sade pose comme règle universelle à la jouissance : le droit de jouir de l'autre sans limites. Il écrit précisément ceci : « Humour noir au mieux, pour tout être raisonnable, à répartir de la maxime au consentement qu'on lui suppose[5]. » Son « au mieux » laisse une place au doute. Cela n'a pas été le cas pour André Breton qui, lui, rapporte la production de l'humour noir à l'idée de l'éminence dans le domaine de la création : « Sade, à plus d'un autre titre, incarnerait encore supérieurement ce que nous appelons l'humour noir[6]. »

Quant à PR, il aurait voulu provoquer chez les autres l'admiration qu'il vouait à son père et que sa mère lui porte à son tour. Il pointe son côté idéaliste, faiseur de beaux discours et restant un « bobo dans toute sa splendeur ». PR semble flatté par l'acronyme de « bourgeois-bohème », qu'il aime s'attribuer dans sa rêverie d'être un personnage qui le dépasse. « J'aurais voulu être quelqu'un de plus authentiquement bien et utiliser ma souffrance pour écrire. » PR revient sur l'idée du ratage, sur son regret de ne pas être devenu un écrivain. Il se demande si c'est une vraie piste d'analyse et exprime la crainte de jouer le rôle de celui qui veut me faire plaisir pour se faire plaisir aussi, d'essayer de me séduire pour se séduire aussi, c'est-à-dire de se sentir vivre.

Dans un rêve, des espaces inconnus se mélangent aux images fugaces de sa ville natale. PR flirte avec trois femmes charmantes, sa femme se tient derrière celles-ci. Sur la même scène, deux couples font l'amour dans deux décapotables au vu de tout le monde, c'est « choquant et excitant ». Le rêveur a la sensation de monter une rue de son enfance. Le sentiment d'ascension est

---

4. S. Freud, *Le mot d'esprit et sa relation à l'inconscient*, Paris, Gallimard, 1988, p. 400.
5. J. Lacan, « Kant avec Sade », *op. cit.*
6. A. Breton, *Anthologie de l'humour noir*, Paris, Jean-Jacques Pauvert éditeur, 1966, p. 40.

interprété au niveau de son désir de liberté et de l'attachement à son couple. Le rêve est associé à la frustration sexuelle, au désir émoussé dans son couple. La charge libidinale est détournée en colère. La présence de sa femme est analysée dans le registre des reproches de celle-ci, de la contrainte qu'il ressent. Elle exprime la réprobation quant au regard léger du rêveur sur les « trois grâces libertines ». Il tient compte d'elle en arrière-plan, même dans la séquence voyeuriste. Sa femme l'observe, ou c'est sa propre conscience qui le juge, tel un équivalent de Dieu lui-même.

« Je pense à mon premier divorce, superbe lapsus, remarque-t-il d'un ton désinvolte, j'ai divorcé une seule fois ». PR se dit content de ne pas avoir de liens de sang avec ses enfants adoptés pour ne pas transmettre des tares familiales. Il s'est senti bousculé de devoir faire tardivement le projet d'avoir des enfants. Les essais de fécondation artificielle, les échecs ne le gênent pas, il ne se sent pas fautif d'être stérile. Vivant l'amour comme une privation de liberté, il reproche à ses enfants l'enchaînement affectif qui l'entrave. Sa fille et son fils l'empêchent de rester dans sa sphère d'autosuffisance, protection invisible entre lui et les autres. Obligé de sortir de son isolement, où il se contemple suspendu dans le vide, il cultive la fuite par attrait du néant, par la propension de se retirer dans un monde aseptisé, comme si rien ne pouvait l'atteindre. Traversé par des pensées autodestructrices, PR gît dans le froid saumâtre d'un mollusque « encoquillé ». Son expression n'est pas sans faire allusion à l'angoisse d'être gobé.

Par le récit des bribes d'un rêve, PR s'avoue qu'il aime les vêtements pour femme et qu'il aurait voulu être un créateur de mode – homosexuel. L'espace du rêve lui rappelle ce que semblait être la chambre de son couple. Il est en train d'y rentrer. Il devine dans l'air, la figure de sa femme, elle est là sans être là. Quelqu'un d'autre y est très présent : allongée sur un coude dans le lit, c'est un être hermaphrodite, ni homme, ni femme, plutôt aux traits masculins. Le rêveur se demande étonné s'il ne s'agirait pas de l'amant de sa femme ou si cette personne essaie de l'attirer dans le lit. Ce n'est pas son genre. PR associe la scène aux pensées qu'il a cultivées après avoir été abandonné par sa première femme autour d'éventuelles tendances lesbiennes de celle-ci. Le rêve est rompu par l'apparition dans le lit d'un acteur connu qui ne lui paraît pas désirable. L'analyse de PR s'oriente vers l'idée qu'il s'exerce à atténuer ses tentations et pas seulement dans la vie. Il conclut qu'il s'autocensure même dans le rêve. Le signifiant « acteur » permettrait de rendre acceptables ses fantasmes. Une partie de lui fantasme, une autre lui fait la morale. PR se sent partagé entre penchants d'ascétisme et jouissance à tout niveau, entre ce que représente Gandhi et son opposé, qui serait Rabelais. PR dit ne pas avoir pensé que l'être aux traits sexuels indécis serait lui-même. L'androgyne du rêve représente un tentateur subtil, il esquisse un geste d'invite un peu retenu, précise PR, admettant que cela pourrait le représenter comme quelqu'un qui ne s'autorise le fantasme que dans certaines conditions : celles où l'interdit moral fait office de couperet au-dessus de sa tête.

Avoir du style pour « se faire (chi)chier »

« J'aurais voulu être un visionnaire, je ne suis qu'un petit "moi" chichiteux, je ne cesse pas de me faire "chichier"... » Englobant « chichi » et « chier », son « chi(chier) » se présente en formation de l'inconscient et exprime un signifiant maître de PR : fantasmatiquement oser « se faire chier » lui coûte des manières, de la cérémonie. Son « se faire (chi)chier », voilà une belle version du troisième temps de la pulsion, exprimé par la position « se faire chier » dans la structure obsessionnelle. Dans son Séminaire du 29 mai 1964, Lacan survole la forme réflexive des pulsions partielles. Il décrit le trajet de la pulsion qui se retourne dans « ce qui est représenté comme une invagination ou une poche[7] ». La pulsion quête ainsi quelque chose à travers la zone érogène. Et ce quelque chose répond au mouvement d'appel dans l'Autre. Tandis que l'obsessionnel a affaire à ce niveau à un grand Autre barré, c'est-à-dire vidé de jouissance, « ensemble vide[8] », il se contente de rester placide dans son mal-être.

PR décèle chez lui un côté fruste, primaire et un autre sophistiqué, un côté ouvert et un autre méfiant et fermé, qu'il solliciterait en alternance au gré des humeurs et des circonstances.

---

7. J. Lacan, Le séminaire, Livre XI, *Les quatre concepts fondamentaux de la psychanalyse*, Leçon du 29 mai 1964, Paris, Le Seuil, 1973, p. 178.
8. J. Lacan, Le séminaire, Livre XVI, *D'un Autre à l'autre*, Leçon du 11 juin 1969, Paris, Éditions de l'Association freudienne internationale, 2002, p. 358.

« Parfois, j'ai besoin de crier ma colère et parfois je me cache comme si je me rivais contre un trou de serrure. Je suis horripilé par les autres, j'ai le fantasme de l'ermite. »

Il exprime de la chaleur et de la haine pour son frère cadet qui a rompu violemment avec la famille. Il met l'état piteux de ce frère sur le compte de l'originalité. Cela correspondrait au modèle paternel : se méfier des autres, afficher du mépris, vivre sans envergure, être égocentrique, prendre tout au premier degré, adopter la même vision noire des choses. PR avance la supposition qu'il reverra son frère à l'enterrement de leurs parents. Il se surprend à penser que, si son père disparaissait, cela soulagerait quelque part les frères et cela concerne même l'aîné qui, habituellement, n'a aucune place dans son discours. PR affirme ne pas vraiment avoir ce souhait de mort quoiqu'il trouve son père pénible. Cependant, c'est ainsi qu'il voit l'issue, qui permettrait aux trois frères de se retrouver. Comme si son père les séparait en quelque sorte, même si cela n'a jamais été son intention. Son père, longtemps adulé par ses fils, représente pour PR une puissance négative. PR lui attribue une capacité inhibitrice. Son frère cadet adresse des critiques véhémentes à leur père. PR se dit conscient d'être très injuste : c'est malgré lui qu'il pense à un tel dénouement et il doit reconnaître que cette pensée récurrente le trouble un peu. Il se sent toujours sous le regard de son père, comme si son « vieux » était toujours là par les idées qu'il lui a inculquées.

Son frère revient vers lui en rêve. Il s'agit toujours du cadet, jamais de son aîné. Il le devine de dos : amaigri, torse nu, très diminué physiquement et moralement et cela lui donnerait un vague sentiment de culpabilité. PR a du mal à savoir si ce sentiment de culpabilité vient de lui-même ou si c'est l'analyste qui l'aurait incité à le penser. Il n'exclut pas de rejeter par confort cette idée de faute. PR se réfère à la souffrance de son frère, aux propos délirants qu'il peut tenir. L'idée d'avoir une responsabilité même partielle de sa décompensation lui est pénible. Son côté grandiloquent crie vengeance, mais en rêve, il n'ose pas le regarder en face. PR dit l'avoir aperçu torse nu en le contournant comme s'il faisait un travelling sur un tournage au cinéma. Il n'a pas reconnu le visage de son frère qui lui paraissait psychiquement loin et sans retour, en même temps plus jeune et déformé par sa déchéance. PR évoque son silence de coupable dans l'enfance lorsqu'il dit s'être ligué avec son père pour attaquer son frère et il exprime la peur de voir poursuivre son œuvre de destruction. Il a toujours alimenté le fantasme d'être le fils préféré parce que cela mettait son frère hors de lui. PR se dit effrayé de penser qu'il aurait poussé son cadet dans son mal-être.

UNE FACE ESPIÈGLE DE SON DIEU PRIVÉ

PR a entendu de la bouche de son père un discours particulièrement moralisant, mais il a aussi connu en lui l'homme espiègle. Il estime avoir encore plus que son père l'occasion d'être espiègle, il a l'habitude de râler à voix haute et de rentrer dans des colères monstres. Il peut arriver qu'il se réveille de mauvaise humeur et ressente de la haine. PR me fait part des réflexions répétitives qu'il rumine en sortant de la séance autour de son sujet de prédilection : fait-il le bien par obligation, devoir ou crainte de Dieu, selon la notion qu'il a de Dieu ? Il doute de sa générosité, cela l'embête un peu. Il n'a pas de plaisir à faire le Mal, mais il se demande s'il éprouve de la satisfaction à faire toujours le bien. Il doute aussi de son contentement narcissique à parler de lui-même lorsqu'il vient me voir. « Un autre moi qui manque d'estime en moi me dit que ce n'est pas intéressant de parler de moi. Je me demande si je me livre vraiment dans une relation amoureuse et ici avec vous. » Ces deux « moi » se combattent toujours : un rigoriste féroce et un jouisseur. Le jouisseur vient troubler sa tranquillité, ses petites certitudes. Le rigoriste est embêtant, il l'empêche de jouir. PR exprime ainsi son impression de jouer un personnage, de me montrer une des facettes de sa personnalité – celui qui est en contact avec le représentant social de lui-même, pas l'intime.

PR dénie avoir des idées directement suicidaires. Il évoque ses pensées fugitives, disparates, de ne plus exister. La souffrance donnerait du relief à sa vie. Une construction défensive lui permet de brider ses tendances suicidaires par une certaine forme de foi. Il se sent « vaguement chrétien », il préfère se dire qu'il n'existe pas pour ne pas être surpris par le néant le jour de sa mort. Il trouve plus confortable d'être agnostique. L'analysant dit ne pas oser aborder ses envies suicidaires, cela le renvoie à sa propre inutilité, à l'absurdité de sa vie, à sa peur d'être blasé. En sortant d'une séance, PR prend la mesure d'une certaine crainte qu'il peut éprouver à l'idée d'un Dieu des Dieux qui poserait des interdits. « Ça peut faire rigoler », dit-il évoquant son semblant de foi pas très conforme au dogme chrétien. Selon PR, nous serions comptables de nos actes envers une entité supérieure. Mais finalement, dans son attente perpétuelle d'être approuvé par le père, il voit Dieu comme son père : un Dieu moraliste et juge, pas un Dieu tout amour.

Dans un rêve, l'analysant décrit une bâtisse gelée, terne comme un cachot. Entre de hauts murs, il voit des gens de dos et de profil, jamais de face, ils sont sans regard comme dans un refus du vivant. Affligeant, son rêve met en scène le décès de sa mère exquise et provoque la réconciliation avec son frère. PR s'empresse de me dire combien il aurait préféré que le mort du rêve soit son père. L'analysant interprète qu'en mettant en rêve sa mère à la place du mort, il se châtie lui-même. Ce serait aussi une punition pour son frère. Ce qui le trouble, c'est le scénario qu'un événement tragique se produise pour les réconcilier ; qu'il en voudrait à son frère qui ne lui manquerait pas vraiment. Le rêve exprime un désir de revanche sur son frère, du coup la mère serait aussi atteinte puisqu'elle lui a infligé un rival. L'aîné n'entre pas en ligne de compte.

PR évoque à nouveau la dualité de son personnage : celui qui est sérieux, obéissant, légaliste, et un autre lui-même envieux, souhaitant sans relâche autre chose et aspirant à une vie moins conforme, qu'il n'aurait pas le courage d'assumer. Le fardeau de la famille, les responsabilités lui pèsent. S'occuper des angoisses de sa femme l'exaspère. Rêveur tendu, il s'octroie des plaisirs fugaces. Pour éviter d'être égratigné, il va piocher des plaisirs sans faire partie intégrante du monde. Il pleure pour dire que ce n'est pas très enviable d'être lui-même. Dans le jeu qu'il dit jouer en analysant, il peut s'avouer l'insupportable de rester seul avec lui-même, d'étouffer d'être toujours là, c'est-à-dire en vie. Se refusant d'aborder en analyse tout ce qui le concerne, il constate chez lui une certaine pacification. Depuis qu'il me parle, il dit sentir un peu plus de légèreté en lui, et entendre de la bouche de sa femme qu'elle le trouve plus agréable à vivre.

Aux (a)bords du transfert

Quelle articulation entre les créations teintées d'humour noir de cet analysant et mon désir d'analyste en ce qui le concerne ? Tout en s'empêchant, PR est venu, en vrai bûcheur, me parler presque une année à raison de deux fois par semaine. Il ne reviendra pas sur le divan après une pause liée à une intervention chirurgicale au niveau du canal carpien. PR a pris soin de me préparer de façon contournée à une telle perspective en me parlant d'une impossibilité indéterminée concernant la conduite de sa voiture. Ma proposition de prendre le bus ne l'a pas enthousiasmé. Pour cet homme qui a pu se nommer « bobo dans toute sa splendeur », la conduite de sa voiture participe de quelque chose de l'ordre d'un idéal phallique. L'invocation du transport révèle bien, au moyen de sa racine, la question du transfert. L'opération d'une main et ensuite de la deuxième aurait été prévue avant le début de l'analyse. PR était sur la liste d'attente d'un spécialiste réputé. Ce maître confirmant le pouvoir universitaire et aussi figure paternelle l'emporte ainsi sur le Sujet supposé savoir. L'analysant reviendra sur ce symptôme corporel évoqué rapidement dans la plainte inaugurale autour de certains réveils douloureux en pleine nuit. Il se demandera si les picotements, les brûlures attribuées au canal carpien ne seraient pas des phénomènes psychosomatiques. Il déploiera la chaîne signifiante suivante : brûler, prendre, repousser, ne pas toucher... masturbation.

PR souffrait de ces douleurs depuis l'époque de la rupture avec son cadet et un changement de poste il y a quelques années. Cela coïncida avec l'arrivée des enfants. L'initiative de l'adoption ne lui a pas appartenu, il a fallu qu'il s'adapte brusquement à des tâches et des contraintes quotidiennes. Il s'est senti en décalage avec son nouveau statut de père, mais il dit avoir aimé ses enfants tout de suite. Le cadet était bébé. « Je les ai portés à bout de bras », gémit-il. Le fil associatif passe par « pousser à bout – pousser l'autre à faire des choses malgré ses craintes » et amène PR à admettre qu'il éprouve dans ses bras la lourdeur de la famille. L'analysant se demande aussi si le symptôme des mains endolories qui le dérange moins souvent ne pourrait pas être une façon de se condamner. L'opération chirurgicale interviendrait, selon lui, pour sceller le couronnement de sa réussite face à l'adversité, marquer la fin de son inadaptation à la posture de père. Couper cet étau des ligaments ou des muscles, selon PR, serait couper « symboliquement » ce qui le gêne et fait entrave à sa liberté, ce qui l'enserre par des murs invisibles, même si cela s'apparente à l'automutilation et se rapproche d'une forme de suicide. Mon intervention : « Vous êtes bien en train d'opérer une coupure symbolique par la parole » a été approuvée sans l'ébranler dans sa décision.

Choisissant de se faire ouvrir la gaine du nerf carpien apparemment coincé, PR se coupe aussi de sa parole libre en analyse. Il met en acte l'impression persistante qu'on lui a « forcé la main ». D'entrée, PR ne m'a donné la main qu'à son corps défendant, autant qu'il a pu le faire en rapport avec son sentiment de culpabilité pas prêt à céder sur l'indicible. Cette main n'a pas tenu le coup et doit être opérée. J'y verrais une expression du « réellement symbolique[9] ». Ce syntagme évoque l'inconscient en tant que « symboliquement inclus dans le réel ». De cette manière, Lacan situe le désir impossible de l'obsessionnel du côté du mensonge. La lutte entre le mensonge dans lequel « s'encoquille » PR et la vérité qui transperce dans sa « poésie » ne fait qu'entretenir le pouls de sa trouvaille « se faire chi(chier) ». Autrement, river ce signifiant maître serait « l'identifier à la mort[10] » et PR n'est pas encore disposé à s'y reconnaître.

Je ne peux pas ne pas interroger aussi l'insuffisance de mon désir à partir de mon lapsus. Au moment où nous avions décidé de nous engager à deux séances par semaine, je me suis entendu conclure : « Donc, vous viendrez deux fois par mois », au lieu de « par semaine » que nous venions de fixer. Ce lapsus n'était peut-être pas sans lien avec son habitude imperturbable de ramener deux fois par semaine ses ordures ménagères au travail pour profiter de bennes de déchets industriels et dont il venait de me parler. Dans sa relation à l'autre, ce serait plutôt lui le déchet qu'il transporte ainsi vers le monde. Même à ce niveau, il se fait représenter par son échantillon de déchet inodore fait de

---

9. J. Lacan, Le séminaire, Livre XXIV, *L'insu que sait de l'une-bévue s'aile à mourre*, leçon du 15 mars 1977, Paris, Éditions de l'Association freudienne internationale, 1998, p. 109.
10. J. Lacan, Le séminaire, Livre XVII, *L'envers de la psychanalyse* (1969-70), Leçon du 10 juin 1970, Paris, Le Seuil, 1991, p. 198.

papiers et de plastiques, car ses restes alimentaires vont dans le secret du bac à composte dont se nourrit son jardin. L'impossible de PR confrontait le psychanalyste à l'impuissance. Il revient à l'impuissance de protéger la vérité qui se situe « entre nous et le réel[11] ». La relation analytique prend le risque de se soutenir de l'amour de cette même vérité qui peut faire surgir le signifiant de la mort par l'insistance de la répétition dans la réalité psychique du parlêtre.

Le recours au discours de l'Université ou du Maître, a précipité, me semble-t-il, la fermeture transférentielle dans cette cure. Je ne peux que me demander si cela vient signer cliniquement la fin de la question du sujet. Ou peut être la chute du petit *a* ne pouvait-elle se faire pour PR autrement que de cette manière, dans l'évitement, ne pas « blesser » l'autre ? Je n'ai pas relancé PR, ni par écrit, ni au téléphone. Attendait-il qu'on lui « force la main » une fois de plus ?

---

11. *Ibid.*, Leçon du 10 juin 1970, Paris, Le Seuil, 1991, p. 202.

L'analyse sans fin de l'analyste et la question des tranches d'analyses

Christian Hoffmann[1]

Le terme de « tranches d'analyses » n'existe pas dans le texte de Freud. Par contre, on trouve dans le célèbre texte sur *L'analyse avec fin et sans fin*[2], une recommandation de Freud à l'analyste qui n'est pas sans réserver des surprises.

Dans le chapitre sept de cet article, Freud se réfère à Ferenczi sur la question de l'approfondissement de l'analyse, qui peut être entravé par le moi du patient et celui de l'analyste.

On pourrait se contenter d'une déclaration à la Molière : « Psychanalyste et néanmoins homme ! », mais il est bien évident qu'une telle échappatoire n'est pas satisfaisante pour le métier d'analyste. Lorsqu'il s'agit de « saisir exactement la situation du patient et d'y réagir de manière efficace », rien ne garantit l'acte analytique, comme le dit Freud, si ce n'est l'analyse personnelle, qui devrait pouvoir permettre à l'analyste de ne pas être « perturbé » par ses propres « défectuosités ».

---

[1]. C. Hoffmann, psychanalyste, professeur de psychopathologie clinique. Sorbonne Paris Cité, université Paris Diderot, codirecteur de l'École doctorale Recherches en psychanalyse, chercheur au CRPMS.
[2]. S. Freud, « L'analyse avec fin et l'analyse sans fin », dans *Résultats, idées, problèmes*, t. II, Paris, PUF, 1985.

L'analyste doit pouvoir satisfaire à de lourdes exigences du fait même que la relation analytique est fondée sur la vérité et ne supporte pas de faux-semblant à cette reconnaissance.

Freud ajoute que l'analyse est un métier impossible parce que son succès reste insuffisant et que cette insuffisance réside dans ce qu'il appelle à la fin de son article : le roc de la castration. Ce qui démontre que l'insuffisance du succès est plus du ressort de la castration que de l'analyste, ce qui n'entame pas le constat de Freud sur ce métier de psychanalyser comme impossible. Avec Lacan, on peut entendre qu'il y a un réel en jeu dans la pratique analytique qui s'appréhende sous la forme de l'impossible.

Voyons comment Freud appréhende fort différemment ce réel du roc de la castration et de l'analyse à la fin de son œuvre.

Dans le dernier texte de Freud sur la *Ichspaltung*[3], non seulement il nous donne la solution au refus de la féminité comme roc de la castration et de l'analyse pour les deux sexes, mais il nous familiarise avec la notion de sujet de l'inconscient aux prises avec la pulsion, la jouissance et les structures sociales, qui se manifestent notamment par l'interdit.

Dans cet ultime écrit, en 1938, Freud introduit la coupure dans l'être. Le *Ich* de la *Spaltung* se laisse traduire par la « coupure » ou la « division » de « l'être ». Par exemple, l'expression « *Mein ganzes Ich* » se traduit par « Tout mon être ». On peut compléter par l'être du « Je » ou du sujet. Cette division entre l'énoncé et l'énonciation ne devrait pas nous gêner.

Cette division du sujet est la découverte freudienne de la solution au refus de la féminité et à son roc analytique. À savoir que face à un traumatisme psychique comme celui d'un danger psychique lié à la poursuite d'une satisfaction pulsionnelle, lorsque se pose le choix de renoncer à la satisfaction en reconnaissant le danger, ou de dénier la réalité du danger et maintenir la satisfaction, l'enfant répond à cette situation conflictuelle par deux positions opposées. D'une part, il refuse la réalité du danger et ne se laisse rien interdire, et simultanément il reconnaît cette réalité en transformant l'angoisse suscitée par ce danger en symptôme.

---

3. S. Freud, 1938, « Le clivage du moi dans le processus de défense », dans *Résultats, idées, problèmes*, PUF, 1985. Lacan propose déjà cette lecture simultanée de ces deux textes de Freud dans son article sur « La direction de la cure », dans *Écrits*, Paris, Le Seuil, 1966, p. 642.

La solution par le symptôme se paye non seulement du prix de la souffrance, dans laquelle nous reconnaissant la jouissance, mais également du prix d'une « coupure » dans l'être du sujet. Il n'y a pas de guérison à attendre de cette division du sujet dont le noyau est constitué par la pulsion et sa satisfaction, la jouissance et les dangers de la structure sociale. Bref, comme nous le reconnaissons aujourd'hui, pas de sujet sans symptôme, c'est-à-dire, sans jouissance.

Reste à savoir ce qui rend l'analysant(e) apte à devenir analyste. La réponse de Freud se trouve dans le résultat de l'analyse personnelle[4], si celle-ci lui apporte :
– la ferme conviction de l'existence de l'inconscient ;
– lui permet d'accéder à un savoir inédit sur soi lors d'une levée du refoulement ;
– lui indique la technique analytique.

C'est seulement à ces conditions que l'analyste est en mesure de pouvoir continuer à s'analyser, et c'est ce qui le rend apte à devenir analyste.

Ajoutant qu'il regrette que l'analyste s'engage dans des passions qui ne sont pour lui que des évitements de l'analyse, en premier lieu Freud cite le pouvoir que lui confère sa fonction. Lacan n'hésitait pas à remettre en place les analystes qui partageaient ouvertement la passion de Mai 68. On peut justement attendre d'une analyse qu'elle aère le sujet de la jouissance du pouvoir[5], ce qui irait jusqu'au bénéfice d'un ajustement du désir à la question de la gouvernance, que la jouissance ne fait qu'entraver, à l'instar d'un Alcibiade.

Parmi les autres « dangers de l'analyse » repérés par Freud, il faut compter le réveil de motions pulsionnelles refoulées, que l'analyste a à affronter. C'est cette possibilité d'un réveil, d'un retour du refoulé, par la pratique de l'analyse qui a amené Freud à conseiller à l'analyste de se soumettre périodiquement, tous les cinq ans, à l'analyse personnelle, sans en avoir « honte[6] ».

---

4. S. Freud, « L'analyse avec fin et l'analyse sans fin », *op. cit.*, p. 264.
5. C. Hoffmann, « L'idéal en question », dans *La psychologie des masses, aujourd'hui, Schibboleth/actualité de Freud*, Paris, Les éditions des Rosiers, 2012.
6. S. Freud, « L'analyse avec fin et l'analyse sans fin », *op. cit.*, p. 265.

Dès lors, nous ne pouvons que souscrire à la conclusion de Freud lorsqu'il énonce « que l'analyse personnelle, elle aussi, et pas seulement l'analyse thérapeutique pratiquée sur le malade, cesserait d'être une tâche ayant une fin pour devenir une tâche sans fin[7] ».

Lacan donne une consistance plus métapsychologique et topologique à cette question de la fin d'une analyse et des tranches d'analyses en 1976, lorsqu'il se préoccupe à nouveau de la fin de l'analyse et de son rapport à l'identification. Sa définition de l'inconscient comme « l'une-bévue » lui permet de mettre l'accent sur le fait que le sujet se reconnaît dans sa bévue. Cette définition de l'inconscient comme « une-bévue » donne à entendre que l'inconscient « reste », à la fin de l'analyse, l'Autre où se soulève la question du sujet[8]. Donc, pas question de s'identifier à son inconscient à la fin d'une analyse, ni à l'analyse (ce qui est déjà une vieille affaire !), ni à son symptôme. Lacan distingue l'identification au symptôme, de sa prise de distance accompagnée d'un « savoir y faire avec son symptôme ».

En quoi consiste une analyse, si ce n'est à mettre dehors ce qui est dedans, à savoir l'inconscient[9] ? Cette façon d'aborder l'analyse par Lacan, lui fait immédiatement se poser la question en terme topologique du risque encouru. À savoir, si on opère par le Symbolique en y pratiquant une coupure, le risque est grand de voir à la fin d'une analyse le Symbolique recouvrir l'Imaginaire et le Réel, ce qui donnerait une autre structure que celle du nœud borroméen. Nous pouvons retenir de ce propos de Lacan, comme il l'indique, qu'une analyse marque un « passage ». Auparavant, il définissait l'acte analytique comme un « franchissement ». Ces deux expressions qui traduisent bien l'expérience de l'analyse montrent que Lacan avec son nœud borroméen tenait à l'idée d'une structure de « bords ». Cette structure de « bords », à entendre comme bords de Réel, traduit bien le point de départ de son séminaire sur « L'une-bévue » pour insister sur la dimension, qui reste radicalement Autre, de l'inconscient à la fin d'une

---

7. *Ibid.*, p. 265.
8. J. Lacan, Le séminaire, Livre XXIV, *L'insu que sait de l'une bévue s'aile à mourre* (1976-1977), inédit, leçon du 16 novembre 1976.
9. *Ibid.*, Leçon du 14 décembre 1976.

analyse, ce qui n'empêche pas le sujet de se débrouiller un peu mieux avec ses positions subjectives.

La question des tranches d'analyses est alors posée par Lacan en terme de « contre-psychanalyse », en cas de retour du sujet à un « état antérieur », après avoir fait l'expérience d'un franchissement de sa position subjective.

Il nous faut essayer d'éclaircir maintenant la nature de cette « coupure » analytique dans l'expérience de la cure. On peut saisir assez rapidement qu'une nouvelle tranche peut opérer une nouvelle coupure dont se produit le sujet et la chute de l'objet qui implique le corps. Ce que Lacan écrit d'une façon suffisamment ramassée, pour être clair, dans *L'étourdit* :

« Ainsi du tour unique qui dans l'asphère fait lambeau sphériquement stable à y introduire l'effet du supplément qu'elle prend du point hors ligne [...]. Le boucler double, ce tour, obtient tout autre chose : chute de la cause du désir d'où se produit la bande moebienne du sujet, cette chute le démontrant n'être qu'existence à la coupure à double boucle dont il résulte [10]. »

L'expérience montre qu'on obtient parfois une analyse du transfert qui permet le dévoilement de ce que l'analyste est devenu comme objet *a* dans la cure, qu'en s'y prenant à plusieurs reprises. Le transfert mobilise alors fortement le fantasme [11] qui le produit en secouant suffisamment la position subjective de l'analysant(e) pour que l'objet *a* tombe du divan comme partie du corps propre, selon l'exclamation : « perde [12] » ou « merdre [13] ».

---

10. J. Lacan, « L'étourdit », dans *Autres écrits*, Paris, Le Seuil, 2001, p. 485.
11. C. Hoffmann et A. Vanier, « Entretien avec Moustapha Safouan », dans *Formations de l'analyste, Figures de la psychanalyse*, n° 20, 2010.
12. S. Guitry (1936), *Le mot de Cambronne*, Paris, Librairie Théâtrale, 1992.
13. A. Jarry (1896), *Ubu roi*, Paris, Gallimard, 2002.

Un mot d'impasse

René Tostain

Il est des mots de passe qui sentent le grand air, l'espoir et la liberté. Et puis, il est des mots d'impasse qui sentent le moisi, les murs et qui peuvent tuer.

Tel est le mot « cure » pour psychanalyse qui nous est proposé dans l'énoncé du titre de ce numéro. Le mot « cure », c'est sans doute Anna O. qui, pour la première fois, l'a prononcé chez Freud dans la « *talking cure* » de son « *chimney sweeping* ». Ramonage, curer, cure de Sakel, récurer, curetage, éliminer le symptôme, tenter de le maîtriser, de le faire taire, de le « guérir ». Mais, pour Freud, le symptôme parle de là où ça souffre, il interroge la cause, il inclut celui auquel il s'adresse, il questionne la vérité. C'était une toute nouvelle approche de la maladie mentale. Les homonymes du mot cure, la cure du curé, la curée de la vénerie et leurs programmes ne sont guère plus adaptés à notre action. Pierre Rey avait donné pour titre à son livre : *Une saison chez Lacan*. « Saison » : ce n'est pas si mal trouvé que ça avec ses incertitudes climatiques.

Dans les années 1968, période créative entre toutes, les Anglais et leur psychothérapie institutionnelle, avec Oury et Tosquelles, dénonçaient la corruption du pouvoir – « Tout pouvoir corrompt et le pouvoir absolu corrompt absolument » – et ils tentaient de le rendre inopérant dans les institutions puisque c'est le même pouvoir qui serait en cause dans la folie.

Ils refusaient également de formuler des diagnostics comme on inscrit des noms sur des pierres tombales et ils voulaient remplacer le verbe « to cure », soigner, par « to heal », aider, accompagner la vie dans sa singularité au mépris des normes sociales, rappelant le titre de Blanchot, *Celui qui ne m'accompagnait pas*.

Pourtant, dans notre littérature analytique, nous parlons souvent de « cures types », de « conduite de la cure », etc., tout en insistant dans le même mouvement sur le fait que la guérison en analyse ne peut advenir que de surcroît, qu'elle n'est pas du tout notre visée essentielle et que l'*agalma*, l'idée du bien n'est pas notre affaire, tout en nous défendant de vouloir faire du mal.

Le projet de l'analyste n'est pas médical.

Freud lui-même, qui avait pourtant de bonnes raisons de se méfier des psychiatres de Vienne, en 1900 écrivait dans « Analyse profane » que la formation médicale n'était en rien nécessaire à la pratique de la psychanalyse. Il allait même jusqu'à soutenir qu'il valait mieux qu'un psychanalyste ne soit pas médecin. Énumérer les branches de l'artère humérale ou les complications de la rougeole ne l'aidaient en rien. Il valait beaucoup mieux s'intéresser à la mythologie, à l'histoire des religions, à l'ethnologie ou à la culture japonaise.

Or, le projet médical et son souci de la norme et de la rentabilité sont sous-jacents au mot « cure » dans notre société occidentale et marchande. Par exemple, un psychanalyste dont le désir serait de guérir tel(le) homosexuel(le) de sa « déviation » sexuelle et qui n'y parviendrait pas, se trouverait en échec ou en impasse de sa cure.

Pourtant, un analyste qui prétendrait savoir où, quand, comment, pourquoi, cesse le pouvoir d'une psychanalyse, ne serait pas fondé dans sa prétention.

La psychanalyse s'intéresse à ces névroses, ces psychoses, à leurs innombrables manifestations cliniques aujourd'hui assez répandues dans nos cités. Mais, de même qu'elle se refuse à recourir à tous ces traitements médicamenteux pourtant fort prescrits de ces troubles, elle se refuse à toute évaluation codifiée de ses résultats.

En effet, ce serait faire appel à des critères d'appréciation forcement sociaux :
– critères d'enseignement donnant accès à une maîtrise ;

– critères de reconnaissance du bien-fondé de leur expérience ;
– critères de contrôle de leur pratique.

Mais dans notre domaine, celui de l'inconscient, ce projet est ruiné à la base par ce qui se révèle de notre expérience : le savoir est sous la barre du signifiant, celui qui parle ne sait pas ce qu'il/ce qui le dit. On peut, on doit proposer des modes d'enseignement, un savoir-faire, un savoir sur soi, un savoir théorique, un savoir encyclopédique, mathématique, sémiologique, philosophique, etc.

Cependant, on est bien obligé de constater que trop de ce savoir universitaire fait obstacle ou illusion à une pratique fiable. L'important serait alors que ce savoir soit vivant, constructif, constamment dépassé d'une créativité personnelle. Ceci correspond au fait d'expérience que la formation de chacun d'entre nous est soumise à la façon particulière dont il a éprouvé sa propre analyse et à la mémoire qui lui en reste.

Cette épreuve du jeu signifiant qui a déterminé sa nouvelle subjectivité et sa façon d'en rendre compte comme psychanalyste dans son atopie. D'où les formulations lacaniennes :
– concernant l'analyste : il ne s'autorise que de lui-même ;
– concernant la formation : l'enseignement, c'est la didactique ;
– concernant la transmission : le psychanalyste est didacticien de fait quand une de ses analyses s'est avérée didactique ;
– concernant l'institution : la passe et son paradoxe en acte censés lever le voile sur le passage du psychanalysant au psychanalyste, totalement indépendant de l'être analyste.

« Le psychanalyste est un produit du psychanalysant dans l'acte analytique. » Cette proposition de Lacan sonne comme un processus de l'inconscient lui-même, incompatible, contradictoire. En fait, elle est opératoire, efficace et sans limite. Mais si, et seulement si, le psychanalyste ne se prend pas pour un Dupin qui maîtriserait le destin de la lettre ou pour un miroir du tout, ou pour une balise au néant. Ou même comme un élève de Machiavel :
– cet homme nouveau, sans passé, libre, nu, seul, sans déterminisme qui l'enchaînerait ;
– cet homme qui saurait créer ce lieu vide de la bonne rencontre et qu'elle soit durable ;
– cet homme qui saurait maintenir la juste distance par rapport à ses passions qu'il dominerait.

Mais ces égarements de l'illusion de la maîtrise, nous en sommes dispensés par notre pratique de l'analyse, où ce qui se dit n'est pas exactement ce qui s'entend, où c'est troué de partout, où c'est le défaut, l'espacement, le hiatus qui comptent.

Cette pratique, loin de faire de nous des maîtres, a parfois de drôles d'effets sur notre identité, des effets de vertige, de désêtre quand nous nous sentons complètement dépassés par sa portée. Nous nous occupons de la vérité, du discours dans la fonction même de cette vérité, *aleteia*, comme découvrante. Cela suppose que dans le transfert elle soit écoutée, attendue et entendue. Que nous ne la rejetions pas, que nous ne l'annulions pas en nous-mêmes.

Nous sommes tous venus en analyse sur une interrogation, un souci la concernant, « qu'en est-il de, pourquoi, comment se fait il que, où est le vrai de tout ça ? » Que nous soyons devenus analystes praticiens, prouve que non seulement nous n'avons pas trouvé de réponse définitive mais que nous n'en avons pas fini avec l'espoir de résoudre ces questions.

Une analyse, matériellement, c'est quand un analysant se rend chez un psychanalyste. La seule vraie impasse, c'est quand le psychanalysant ne vient plus à ses rendez-vous. Au tout début, ce n'est pas grave, que ça soit du fait du psychanalysant ou du psychanalyste ou des deux, c'est mieux comme ça, c'était une mauvaise rencontre. Mais il en est tout autrement si l'analyse a lieu depuis un long moment déjà. Le processus transférentiel est engagé. Le transfert, ce moteur de toute analyse, est unique dans son originalité, sa singularité, sa nouveauté, son efficacité – faut-il dire sa fraîcheur qui fait qu'en seconde main, rien ne sera plus comme la première fois ?

Ce transfert qui évoque peut-être ce que Mallarmé avait écrit dans les quatre premiers vers du sonnet où il est question d'un cygne symbolique :

« Le vierge, le vivace et le bel aujourd'hui
Va-t-il nous déchirer avec un coup d'aile ivre
Ce lac dur oublié que hante sous le givre
Le transparent glacier des vols qui n'ont pas fui ! »

Où le 1er vers évoque la rencontre analytique bouleversante dans ses tout débuts. Le deuxième serait l'effet de d'ouverture du processus analytique lui-même. Le troisième parlerait du lieu de l'inconscient. Le quatrième du désir glacé mais toujours là et prêt à s'envoler. Métaphore poétique ou fantasme personnel ?

Toujours est-il que le psychanalyste qui fait en sorte, inconsciemment ou pas, qu'une analyse n'ait pas lieu ne doit s'en prendre qu'à ses résistances personnelles : ce qu'il a laissé malgré lui transparaître d'un désaccord, d'un non-engagement dans cette entreprise, de ses réticences morales, de sa rigidité dogmatique, de sa surdité. Ou pire, d'interférences avec son histoire propre. Ou bien, il aura voulu trop tôt, trop vite, trop fort exprimer qu'il n'était pas seulement le sujet supposé savoir mais qu'il en savait beaucoup plus que tout ce qui se disait qu'il pouvait tamponner la vérité qui surgissait de son puits d'un sceau indéfectible pareil à un verdict médical.

Alors, il n'est plus le simple porte-parole précieux de ce qui se dit. Alors, oui, c'est l'impasse. Il n a pas su préserver la dimension du symbolique, ce hiatus d'impossible, cet espace même du désir.

C'est dans cet au-delà de toute impasse que Lacan avait forgé le concept de passe où même la parole comme désincarnée ne pouvait être reçue et transmise dans son authenticité que par un tiers, le passeur supposé pouvoir l'entendre.

Mais cette mise en acte de la division subjective, cette déchirure qui est le mouvement de la vie même tente de se ressouder, soit dans ces impasses du totalitarisme dont l'assujettissement à la jouissance d'une mère inaltérable donne le modèle universel, soit en soutenant que le mot pourrait désigner la chose sans ambiguïté possible, ce qui est le paradigme de toutes les folies.

Dès lors, dans la passe, il était absolument déçu, celui-là qu'aurait abusé l'espoir de ce point de non-sens d'une reconnaissance qui s'appellerait succès ou réussite. Cette impasse-là qui voudrait qu'un maître puisse encore restaurer une hiérarchie et qui pourrait accomplir cet ordre terroriste de l'adéquation de l'énoncé à la vérité. En fait, l'analyse aura raté dans le sens que lui donnait le mot « cure ». Rien n'a pu se dire absolument, mais elle a raté de peu, juste de l'écart de cette tangence approximative où l'on n'atteint aucun but.

Telle est la loi du sexe qu'elle s'est exposée à démontrer.

*Questions cruciales
pour la psychanalyse*

À propos de l'objet de la psychanalyse
L'objet entre désir et jouissance

Marie Pesenti-Irrmann

L'objet de la psychanalyse est le titre que Lacan a donné à l'un de ses séminaires, celui de 1965-1966 et dont la première séance a donné *in extenso* – et c'est suffisamment exceptionnel pour le souligner – l'occasion d'un article paru dans les *Écrits*, sous le titre : « La science et la vérité[1] ».

C'est l'occasion pour Lacan de tenir cette formule surprenante à plus d'un titre, paradoxale comme il le souligne lui-même, que « le sujet sur lequel nous opérons en psychanalyse ne peut être que le sujet de la science ». Le sujet, à cet endroit, est défini par sa division même, division entre savoir et vérité, comme il va le déplier longuement, la science apparaissant comme ce qui forclôt la vérité pour mieux développer infiniment son savoir, là où la psychanalyse convoque la vérité « à venir plaider sa cause » et fait du « névrosé moderne », comme il le nomme – en tant qu'il a partie liée avec la naissance de la science moderne, et du fait qu'il s'adresse à un sujet supposé savoir –, le représentant de la vérité, quand bien même il mentirait.

La psychanalyse reconnaît la structure moebienne du sujet, où se conjoignent savoir et vérité, et ce qui vient « s'insérer » au lieu

---

1. J. Lacan, « La science et la vérité », dans *Écrits*, Paris, Le Seuil, 1966.

de cette « division[2] », c'est ce que Lacan a nommé l'*objet a*, *objet a* dont il dira qu'il aura été sa seule invention. Aussi va-t-il, cette année-là, asseoir son invention selon deux axes, qui ne cesseront de se croiser tout au long de l'année.

Le premier a trait au fait que le sujet tel qu'il apparaît dans la psychanalyse vient subvertir notre rapport à la connaissance ; le deuxième axe, au fait que cette subversion porte tout particulièrement sur notre rapport à la représentation, dès lors que la psychanalyse ne méconnaît pas la tromperie des apparences, la fonction d'écran que le fantasme vient interposer entre le monde et nous.

Cette fonction de l'écran est pour la psychanalyse essentielle dans la mesure où l'expérience analytique nous enseigne « que ce qui se voit non pas révèle mais cache quelque chose[3] ». C'est la raison pour laquelle il lui paraît nécessaire d'explorer, comme il le dit, « la structure visuelle du sujet » et qu'il va longuement reprendre dans les séances du printemps 1966 la question du tableau (à partir du tableau des *Ménines* de Vélasquez et du commentaire qu'en a fait Foucault), et la question du regard. Ce tableau lui donne l'occasion de préciser une fois encore la différenciation qu'il a déjà introduite dans le séminaire *L'angoisse*, puis dans *Les quatre concepts de la psychanalyse*, entre le champ de la vision, le champ perceptif et le champ perspectif, celui du regard qui fait du sujet, un sujet qu'on pourrait dire divisé entre perception et perspective, un sujet qui voit et un sujet qui regarde.

Ce séminaire vient parachever ce premier mouvement de redéfinition de l'*objet a*, définition démarrée dans ses tout premiers séminaires sous les auspices du petit autre, comme petit autre trompeur, reflété dans le miroir, un *objet a* d'abord saisi dans sa dimension de spécularité, là où, en 1965-1966, c'est la dimension d'aspécularité de l'*objet a* qui est devenue prévalente.

Si Lacan accorde une prévalence à l'objet regard et à l'objet voix – mais il faudra attendre le séminaire *D'un autre à l'autre* pour revenir plus spécifiquement à la question de la voix –, c'est que le regard est tout particulièrement apte à rendre compte « du caractère insaisissable de la substantialité de l'*objet a*[4] ».

---

2. J. Lacan, Le séminaire, Livre XIII, *L'objet de la psychanalyse* (1965-1966), séance du 1er décembre 1965, inédit.
3. *Ibid.*, séance du 4 mai 1966.
4. *Ibid.*, séance du 27 avril 1966.

Dans le compte rendu qu'il donne de ce séminaire, *L'Objet de la psychanalyse*, que l'on trouve dans les *Autres écrits*, Lacan dit ceci : « Les deux objets, le regard et la voix, font corps avec cette division du sujet et en présentifient dans le champ même du perçu la partie élidée proprement libidinale[5]. » Entendons ici dans le terme « libidinale » la question de la jouissance.

Ces deux objets – regard et voix – qui font corps avec la division du sujet, telle qu'il la développe avec cette schize de l'œil et du regard – présentifient au mieux ce qu'il en est de la jouissance qui ne cesse de se dérober à la représentation. Puis il poursuit en disant ceci, qui indique suffisamment en quoi cet accent mis sur l'objet regard infléchit la direction de la cure : « Comme tels [ces deux objets] font reculer l'appréciation de la pratique, qu'intimide leur recouvrement par la relation spéculaire avec les identifications du moi qu'on y veut respecter. » Ici, une fois de plus, Lacan part en guerre contre les analystes du Moi, là où la psychanalyse, selon lui, ne saurait s'arrêter aux enjeux de façade, pourrait-on dire, que nous offre le Moi, sa particulière stabilité spéculaire, sa fixité.

L'importance qu'il accorde aux objets du désir et non à ceux de la demande permet de réorienter la conduite de la cure, car il ne s'agit plus de se laisser « intimider », comme il le dit, par cette façade moïque mais au contraire de permettre un franchissement des identifications moïques, ce que l'on appelle en d'autres termes la traversée du fantasme, mais aussi – mais surtout – de permettre de tenir compte, de prendre en compte, de faire résonner la jouissance qui se trouve mise en jeu dans le symptôme et dans la cure elle-même.

« *L'objet a* », dit encore Lacan dans la séance du 5 janvier 1966, « est partout dans la psychanalyse » ; cependant, « son aperception est constante dans la pratique de la psychanalyse » ; « personne ne sait le voir ». Voilà ce qui préoccupe Lacan, ce qui lui tient à cœur. Et faute de voir cet objet, Lacan va l'écrire en donnant à cet objet ectopique une écriture algébrique de même que topologique.

---

5. J. Lacan, « Compte rendu du séminaire *L'objet de la psychanalyse* », dans *Autres écrits*, Paris, Le Seuil, 2001.

Lacan termine cette même séance en disant : « Au centre, au cœur du sujet, il y a ce point, qui n'est pas un point, qui n'est pas sans laisser un objet central, soulignez ce "pas... sans", qui est le même que celui dont je me suis servi pour la genèse de l'angoisse [...], cet objet, sa fonction [...] a un nom, elle s'appelle la valeur, c'est la valeur de vérité. »

Avec ce terme de « pas sans », Lacan fait allusion à ce qu'il a dit trois ans auparavant, quand dans le séminaire *L'Angoisse*, là où le philosophe Kierkegaard avait pu dire que l'objet de l'angoisse n'est rien, où Heidegger disait que l'angoisse n'a pas d'objet et vient de nulle part, Lacan quant à lui répète haut et fort que « l'angoisse n'est pas sans objet ».

Du triptyque freudien « Inhibition, Symptôme, Angoisse », Lacan va donner à l'angoisse une place déterminante, celle d'être, comme il le dit, « le biais par lequel peut s'approcher ce qu'il nomme l'*objet a*, d'en être sa seule traduction subjective[6] ». C'est la raison pour laquelle, il n'est pas inopportun de s'arrêter sur ce séminaire qui permet d'approcher de cette question de l'objet de la psychanalyse, tel que le phénomène de l'angoisse vient l'éclairer.

Ce séminaire a ici plusieurs intérêts. Le premier c'est qu'il est l'occasion pour Lacan d'introduire avec l'angoisse une nouvelle dimension de l'*objet a*, à savoir sa dimension d'aspécularité, et le deuxième, c'est que s'y élabore la place décisive de ce qui deviendra son propre champ, à savoir celui de la jouissance. Cette année-là, Lacan va déplier ce qu'il appelle la fonction médiane de l'angoisse, entre désir et jouissance. Formule que nous reprenons pour le titre donné ici à notre propos : l'objet entre désir et jouissance.

L'angoisse est un séminaire tournant dans l'enseignement de Lacan, à plus d'un titre et dont lui-même reconnaissait toute l'importance, en ce sens qu'il ouvre des voies qui s'avèreront décisives dans les années suivantes. C'est aussi pour Lacan l'occasion de revisiter toute la clinique (de la névrose, la névrose obsessionnelle tout particulièrement, et de la perversion) et de développer, comme nulle part ailleurs, la clinique des quatre

---

6. J. Lacan, Le séminaire, Livre X, *L'angoisse* (1962-1963), Paris, Le Seuil, 2004, séance du 16 janvier 1963.

objets (sein, fèces, regard, voix). C'est aussi l'occasion de voir Lacan batailler avec lui-même, reprendre ses grands modèles précédents, le graphe du désir, le schéma optique, en faisant advenir ce que ceux-ci ne pouvaient saisir. Et comme toujours, dans ces moments-là, son appui sur Freud est indéfectible.

Mais ce séminaire a aussi l'intérêt de consacrer toute une année à cet affect qu'est l'angoisse, affect qui n'a pas été si souvent abordé dans le champ théorique, bien que l'angoisse soit si universellement présente chez tout parlêtre et qu'elle ne cesse d'être au rendez-vous de toute cure analytique.

En effet, l'angoisse se retrouve chez tout sujet, quelle que soit sa structure, de même qu'elle a accompagné chez tout enfant chacun des moments de son développement, au point que Lacan a pu dire de la phobie infantile qu'elle était la plaque tournante des structures à venir. Elle est pour l'enfant non pas une structure en tant que telle mais plutôt comme un temps d'arrêt, d'hésitation, de suspens avant de s'engager dans la distribution phallique qu'il se sera choisie. C'est en ce sens qu'on pourra dire que l'angoisse précède l'élaboration du symptôme et qu'elle fera un retour en force à l'adolescence.

L'angoisse, qui surgit lorsque le sujet se trouve au plus près de son désir, est comme le dit Lacan « un indice de vérité », reprenant à sa manière l'idée de Freud de l'angoisse comme signal, indice de ce qui ne trompe pas, l'angoisse venant en quelque sorte révéler ce que le signifiant, le signifiant trompeur ne peut que masquer. C'est en ce sens que, pour Lacan, l'angoisse a trait à une dimension qui ne relève ni de l'Imaginaire, ni du Symbolique, et dont la théorisation va accompagner tous les développements qu'il apportera au Réel au fil des années suivantes.

L'ANGOISSE

Dès le départ de ce séminaire, Lacan note l'homologie qu'il découvre entre le graphe du désir (élaboré l'année des *Formations de l'inconscient*) et sa forme de poire, de « poire d'angoisse », comme il le dit, et la forme de poire du plexus solaire, qui est ce lieu du corps où se localise bien souvent l'angoisse, quand elle vient nous envahir, tant le corps est toujours impliqué dans l'angoisse.

Cette strangulation si particulière, ce nœud d'étranglement, donne au sujet angoissé cette sensation si caractéristique de trou, d'abîme, de gouffre que le sujet est amené à ressentir à l'intérieur de lui.

Nous savons combien l'angoisse nous fait ressentir de manière fugitive (et c'est la raison pour laquelle Lacan va s'intéresser aux fictions qui donnent de l'épaisseur à ce qui chez tout un chacun n'est perceptible – en général – que de manière fugace) notre consistance moebienne. Combien le corps, dans ce cas, se laisse traverser en mettant l'intérieur en continuité avec l'extérieur, avec ce risque toujours d'envahissement de l'extérieur, ou au contraire le risque d'une hémorragie interne par laquelle l'intérieur pourrait s'écouler vers un intérieur externe, externalisé – le dehors passant dedans, et le dedans dehors.

L'angoisse permet ainsi à Lacan d'asseoir sa topologie qui à son tour viendra préciser la structuration du sujet à partir de son rapport à l'Autre.

L'angoisse, dit Lacan, « est ce point commun au sujet et à l'Autre[7] ». Elle serait « le mode de communication entre le sujet et l'Autre », à entendre non pas au sens de l'entente absolue, de la bonne communication mais au contraire au sens du malentendu, d'un malentendu tel entre le sujet et l'Autre qu'il ne peut qu'engendrer de l'angoisse.

C'est en cela qu'il peut dire que l'angoisse est ce lieu de la coupure : « C'est cette coupure même sans laquelle la présence du signifiant, son fonctionnement, son entrée, son sillon dans le Réel, est impensable[8]. » « C'est cette coupure qui s'ouvre et laisse apparaître [...] l'inattendu », l'inhabituel, au sens d'un autre habitat, de l'*unheimlich,* ce « qu'exprime si bien ce terme de pressentiment, comme pressentiment de quelque chose mais aussi comme le "pré" du sentiment, ce qui est avant la naissance du sentiment [...]. La véritable substance de l'angoisse, poursuit Lacan, "c'est ce qui ne trompe pas, le hors doute". »

C'est en quoi le doute chez l'obsessionnel est le rempart qu'il s'est choisi contre l'angoisse, de même que le phobique trouve dans sa phobie de quoi « cadrer » l'angoisse. En ce sens, le

---

7. *Ibid.*, séance du 23 janvier 1963.
8. *Ibid.*, séance du 19 décembre 1962.

fantasme du névrosé – et c'est une image que prend Lacan – est du même ordre que ce que serait un tableau peint que l'on mettrait dans l'encadrement d'une fenêtre. Ce qui serait visé là dans cette manœuvre, c'est que la contemplation, et pourquoi pas dans certains cas la fascination pour la toile, permettrait d'éviter, de ne pas voir ce que l'ouverture de la fenêtre pourrait laisser voir.

Telle cette patiente qui nous fait part de sa phobie des bouchons de voitures sur l'autoroute, qui l'ont empêchée de venir à sa dernière séance. L'angoisse survient quand elle est dans un bouchon et qu'elle n'a alors pas la possibilité d'avoir, comme elle le dit, « un point de fuite ». Point de fuite à entendre ici de deux manières différentes : d'abord comme un point, un lieu par où fuir, et le bouchon à cet endroit représente cette impossibilité d'avancer, de reculer, bref de prendre la tangente, au point que quand elle donne une conférence, elle s'arrange toujours pour être du côté d'une porte ou d'une fenêtre. Mais c'est aussi à entendre comme point de fuite au sens de la perspective, ce point que Lacan a construit avec le schéma optique, ce point I, de l'Idéal du Moi, ce point du regard qui organise la vision que j'ai de moi et du monde, et m'assure cette sécurité sur laquelle me fonder.

Pour peu que ce point fasse défaut pour elle ou qu'il se brouille, il y a là le risque d'une pétrification, « cette assiette d'immobilité » dont parlait Lacan, qu'elle se retrouve, pourrait-on dire, comme un sujet aux arrêts, un risque de destitution subjective, d'engloutissement qui provoque la dissolution du fantasme – et c'est en cela que l'on peut dire que la phobie est une maladie de l'Imaginaire, un risque d'apparitions, le surgissement d'envahisseurs qui la menacent de leur présence.

Et nous savons combien d'« envahisseurs » (car aujourd'hui c'est bien plus souvent sous cette forme que surgissent ces apparitions) menacent tout particulièrement les nuits de nos petits patients, envahisseurs qui ne sont pas sans lien avec la figure du puîné, du rival qui vient fragiliser la maîtrise du miroir qu'ils s'étaient forgés, comme en témoignera longuement dans sa cure cette patiente.

On peut souligner à cette occasion la différence de perspective de la psychanalyse avec l'enfant pour qui la phobie serait en quelque sorte une tentative de donner un nom, un travail de nomination au lieu de l'innommable de l'angoisse, là où pour le patient adulte il s'agira au contraire de permettre cette traversée du fantasme et d'approcher de ce lieu de l'angoisse et, dans le cas de cette patiente, de ce point où confinait pour elle cette douleur d'exister.

En s'appuyant sur le graphe du désir, Lacan définit ce lieu de l'angoisse comme étant le vide, ce creux entre les deux étages du graphe, celui de l'identification narcissique et celui du désir, dans cette dialectique de notre rapport à l'Autre. Mais la prise en compte de l'angoisse permet à Lacan un pas supplémentaire.

On sait que, pour Freud, sa seconde théorie de l'angoisse lui avait permis de renverser, de mettre cul par-dessus tête sa première théorie selon laquelle c'était le refoulement qui provoquait l'angoisse, alors que dorénavant après l'article « Angoisse et vie pulsionnelle[9] », de 1932, il reconnaissait l'angoisse comme première, comme ce qui provoquait le refoulement.

De même l'angoisse va permettre à Lacan d'introduire un terme supplémentaire, qui n'apparaissait pas sur le graphe : celui de jouissance, qui vient subvertir ce qu'il avait dit jusque-là concernant notre rapport au miroir et donc à l'Imaginaire, et notre rapport au Symbolique.

Il y a un double mouvement qui est à l'œuvre dans ce séminaire : le premier concerne le changement de registre de tout ce qui avait été jusque-là repéré en termes de spécularité, et le second mouvement amorce ce qu'il en est de l'incomplétude de l'Autre et ouvre à la question de la Jouissance.

En ce sens le séminaire *L'angoisse* vient d'une certaine manière profondément écorner l'Imaginaire et le Symbolique sous les coups du Réel.

Sur l'aspéculaire

Le séminaire *L'angoisse* engage cette réflexion sur ce que Lacan désigne comme étant « la structure visuelle du sujet », en venant complètement renouveler ce qu'il avait construit jusque-là, d'abord avec le stade du miroir, puis surtout avec le schéma optique, comme métaphore des idéaux de la personne.

---

9. S. Freud, « Angoisse et vie pulsionnelle », dans *Nouvelles conférences d'introduction à la psychanalyse*, Paris, Gallimard, 1984.

Il reprend ici une fois de plus le schéma optique, mais pour cette fois y introduire quelque chose de tout à fait inédit, qui vient en quelque sorte opérer une relève – au sens hégélien de l'*Aufhebung* – concernant ce dispositif extrêmement sophistiqué des captures par le miroir, des illusions auxquelles a affaire le sujet dans la mise en place de ses identifications, et qui lui avait permis de différencier le Moi Idéal de l'Idéal du Moi, mais encore de nouer le Symbolique et l'Imaginaire.

Avec ce séminaire, Lacan introduit dans le schéma optique revisité ce qui justement ne peut être saisi par le miroir, ce qui excède l'Imaginaire, mais aussi ce qui excède le Symbolique, puisque avec ce geste de retournement par lequel l'enfant se déprend de la capture imaginaire pour trouver l'appui de la nomination parentale, Lacan avait donné toute sa place au Symbolique dans cette construction de la structure subjective.

Mais Lacan fait ici un pas supplémentaire qui a trait au Réel. En effet, par rapport au schéma optique, il en vient à différencier $i(a)$ et a quant à leur traitement par le miroir, ce qui n'apparaissait pas dans les modèles précédents. De fait, si le miroir reflète bien $i(a)$, si le stade du miroir m'assure la stabilité illusoire de mon image spéculaire, il ne peut cependant réfléchir ce qui apparaît dans le col du vase, à savoir petit a.

Il y a, à cet endroit, une part manquante, de ce fait désignée comme $-\varphi$, un reste, un résidu, une réserve qui ne passe pas sous les fourches caudines de la spécularité. Il y a un blanc qui échappe au repérage imaginaire, aux lois de l'Imaginaire. Cette part aspéculaire a trait, dit Lacan, à quelque chose qui reste profondément investi au niveau du corps propre, un fond irréductible de narcissisme autoérotique, qui échappe en quelque sorte à l'aliénation miroitante de mon rapport à l'Autre et à l'image, un fond, comme il l'appelle, de « jouissance autiste ». Mais, ajoute-t-il aussitôt, ce fond de jouissance autiste est aussi ce fond qui servira à alimenter, tel un aliment en attente pour un instrument à venir, à savoir le phallus, la recherche de la satisfaction sexuelle. L'autoérotisme trouvant dans la relation sexuelle un exutoire potentiel.

Cette dimension d'aspécularité est également ce qui permet à Lacan de différencier ce qu'il en est de l'œil et du regard. En effet, si le sujet mis à une certaine place par rapport au miroir plan peut avoir la vue sur l'image leurrante formée par le miroir sphérique, il se peut qu'il ne puisse pas voir l'œil qui le regarde. « Je ne vois pas forcément mon œil dans le miroir, même si le miroir m'aide à apercevoir quelque chose que je ne verrais pas autrement[10]. »

Il y a comme une autonomie du regard qui échappe au miroir, « un appétit de l'œil chez celui qui regarde avec tous les risques inhérents au mauvais œil ». Toute une clinique pourrait là se déplier ; Lacan, lui, fait appel au cas d'une patiente schizophrène dont il avait entendu parler dans le colloque d'Anvers. Cette patiente avait inscrit son secret dans un dessin qui représentait un arbre (qui n'est pas sans nous rappeler celui de l'Homme aux Loups), arbre sur lequel apparaissait une succession d'yeux, avec cette légende : « Io sono sempre vista. »

Ce qui retient l'attention de Lacan dans ce dessin et dans la formule qui l'accompagne, c'est l'ambiguïté du terme « vista », qui, comme en français, est à la fois le participe passé du verbe voir, mais aussi le substantif vue – aux deux sens objectif et subjectif, à la fois « je suis une vue » (comme on parle d'une vue aérienne), mais aussi comme le fait de voir.

La multiplicité des regards, cette prolifération des regards ainsi figés, dégage une sensation de trouble, d'émoi, au sens de ce qui me met hors de moi, d'insécurité, qui génère l'angoisse. Car si le champ spéculaire est ce champ où le sujet est le plus sécurisé quant à l'angoisse, comme le dit Lacan, celui du regard est bien plutôt celui du trouble.

Il est à la fois ce qui, s'accrochant au grain de beauté ou à la courbure d'une nuque, va faire flamber notre désir et nous embraser de passion ou au contraire faire surgir l'inquiétante étrangeté qui nous fait perdre nos repères.

Aussi, de la même manière que le *Witz* lui a permis d'aborder l'Inconscient, Lacan va utiliser l'*unheimlich*, l'*Unheimlichkeit*, pour aborder l'angoisse. Car si le *Witz* permet « l'embrasement du réel par le logos », selon une belle formule qu'utilise Alain Didier-Weill[11] pour parler de l'Inconscient, nous pourrions dire

---

10. *Ibid.*, séance du 19 décembre 1962.
11. A. Didier-Weill, *Un mystère plus lointain que l'inconscient*, Paris, Aubier, 2010.

que l'*unheimlich*, quant à lui, fait résonner ce qui échappe au signifiant, ce qui échappe au miroir, comme autant d'échappées qui peuvent venir nous hanter sous l'allure d'apparitions inquiétantes.

Car pour peu que cette place vide dévolue à l'*objet a* ne soit pas laissée vacante, que cette place de manque ne soit pas préservée, il peut se produire à cet endroit un surgissement, une apparition qui nous menace et nous angoisse.

Ces apparitions sont toujours des corps, comme si, là où tout de l'objet n'est pas spécularisable, surgissait « ce résidu non imaginé du corps[12] », le corps faisant retour dans le réel sous la forme du double, par exemple, comme dans *Le Horla* de Maupassant, ou sous la forme de l'homme qui arrache les yeux, comme dans *L'homme au sable* de E.T.A. Hoffmann, comme autant de motifs qui peuvent se déplier à l'endroit de cette schize de l'œil et du regard.

Car d'habitude, comme le dit Lacan, « ce qu'a de satisfaisant la forme spéculaire, c'est de masquer la possibilité de cette apparition[13] ». Or, c'est justement cette sécurité du masque spéculaire qui est menacée avec l'*unheimlich*.

Mais il est un autre motif à l'*unheimlich*, que Freud avait déjà repéré dans son article sur l'*Unheimlichkeit* : c'est la répétition. Celle qui nous fait tourner en rond dans une ville, repassant toujours au même endroit sans pouvoir retrouver notre chemin. Cette répétition, nous la connaissons bien dans les rêves d'angoisse justement, où le rêveur fait interminablement le même trajet, traverse les mêmes pièces d'une maison, etc.

Avec ce tourner en rond se produit cette inquiétante étrangeté qui nous fait vaciller, nous dépersonnalise, nous délocalise – pourrait-on dire. Ce qui est en jeu là, c'est le *Heim*, celui de notre habitat, mais aussi celui du *Geheimnis* (le secret), cet extime du sujet, ce qui lui est à la fois le plus intime et le plus extérieur à lui-même, cet extime du sujet qui n'est pas passé par les rets de l'Imaginaire symbolisé, cet objet insaisissable, insubstantifiable, qui n'est pas sans provoquer l'angoisse, la Chose.

---

12. J. Lacan, Le séminaire, Livre X, *L'angoisse*, *op. cit.*, séance du 12 décembre 1962.
13. *Ibid.*, séance du 5 juin 1963.

Aussi, avec l'angoisse, Lacan va-t-il pouvoir préciser cette dimension de la Chose autrement qu'il ne l'avait fait dans *L'éthique*, avec cette introduction de la question de la jouissance, mais d'une jouissance ici appendue au corps, mais à un corps pris dans sa dimension de Réel.

On peut d'ailleurs dire que tout ce séminaire est placé sous le signe du Réel, l'angoisse étant, comme il le dit, « signal du Réel », car l'angoisse ne tient ni au signifiant ni à l'imaginaire : elle tient au réel. Tout l'intérêt de ce séminaire vient justement du fait que Lacan revisite tout son enseignement sous l'angle du Réel. Ce qui fait que l'on y trouve toute une série de propositions qu'il serait nécessaire de déplier notamment concernant le corps : loin d'être le corps, dans sa dimension imaginaire affectée du symbolique, il est ici celui du vivant, de l'anatomie au point qu'il peut dire que l'anatomie c'est le destin.

Mais l'anatomie est à entendre au sens étymologique du terme, comme coupure (*ana tomos* en grec). Anatomie de la mamme, anatomie des feuillets embryonnaires, corps troué. C'est le corps avec ses orifices et leur structure de bord, un corps libidinal. Et l'*objet a* peut devenir ici le précurseur du « plus de jouir » qu'il sera quelques années plus tard, un condensateur de jouissance, précurseur de tous les objets communs, échangeables à venir, qui prendront place dans ces lieux de jouissance corporelle.

Mais c'est aussi pour Lacan l'occasion de redéfinir la castration, une castration là encore réelle, qui ne doit plus rien à la fonction du Père – au point, que Lacan aurait dû faire l'année suivante un séminaire sur Les Noms du Père, au pluriel. Il y a ici comme une « désœdipianisation » de la castration qui ne doit pas tant au père symbolique qu'au réel de la détumescence de l'organe. C'est ce qui l'amène par ailleurs à bouleverser tout ce qui avait pu se dire en termes de sexualité féminine, et faire de la féminité l'éloge de sa légèreté, de sa facilitation quant à la castration, là où l'homme est d'emblée confronté pas tant à la menace paternelle qu'à la menace d'un « ne pas pouvoir » que l'anatomie lui inflige.

De même, l'Autre, ici, loin d'être le trésor des signifiants, est de fait un Autre saisi dans son incomplétude, marqué d'une part manquante, qui échappe à la symbolisation et dont Lacan va nous donner l'écriture mathématique, une écriture inédite quant à la division subjective.

En effet, si dans le séminaire *L'angoisse* Lacan renverse la perspective habituelle concernant la question de l'objet du désir – c'est-à-dire que là où l'*objet a*vait pu être pensé comme ce vers quoi tendait le désir, il devient là l'objet qui se tient en arrière du désir, ce qui cause le désir (mais s'il en est la cause, il ne dit cependant pas ce qui est désirable) –, il fait encore un pas supplémentaire. Ce pas, qui n'est pas si souvent souligné par les commentateurs et qui est cependant essentiel, amène Lacan à reconsidérer tout ce qui se joue dans la mise en place de la constitution subjective dont il nous donne les trois temps logiques – qui n'ont plus rien à voir avec les trois temps de l'Œdipe des *Formations de l'inconscient*, trois temps logiques qu'il dégage de l'écriture mathématique qu'il donne à l'*objet a* et qui se lisent dans cette succession Jouissance, Angoisse, Désir.

Jouissance, angoisse, désir

L'*objet a* se trouve ici défini comme le reste d'une division, au sens mathématique du terme, comme le reste irréductible de l'opération de la division subjective dans le rapport du sujet à l'Autre. Lacan écrit cette division en mettant en place de dividende l'Autre, et le sujet, le sujet à venir, non encore constitué comme tel, S, en place de diviseur.

C'est au lieu de l'Autre, d'un Autre originaire, que « le sujet va se constituer sous l'égide des signifiants qui d'ores et déjà l'attendent[14] ». C'est par rapport à ce trésor des signifiants qui l'attend et constitue l'écart où il a à se constituer que le sujet qui « n'existe pas encore, qui n'existera que partant du signifiant qui lui est antérieur, que le sujet va faire cette première opération interrogative. Dans l'Autre, combien de fois S ? » Mystère. Énigme. X, écrit Lacan.

À cette énigme de l'Autre, le sujet cherche une réponse. Le quotient de cette opération étant le fragment de réponse qu'il trouve chez l'Autre, lequel de ce fait se retrouve barré. Au point

---

14. *Ibid.*, séance du 6 mars 1963.

que l'on pourrait dire que le premier effet de l'opération de division consiste à produire la barre sur l'Autre.

À cette opération de division, il y a un reste irréductible, que Lacan écrit « *a* ». En produisant cette opération de la division, le sujet à venir rencontre l'angoisse, devant l'apparition de ce résidu, devant cette production de ce qui reste d'irréductible dans cette opération totale d'avènement du sujet au lieu de l'Autre.

Dans la séance du 21 novembre 1962, Lacan attire notre attention sur les deux côtés de cette opération. Côté gauche, ce qui a trait à l'Autre, l'Autre originaire, trésor des signifiants, qui produit « le sujet marqué de la barre du signifiant, et *a* comme résidu de la mise en condition de l'Autre ». Là où, côté droit, se trouve ce qui se constitue comme inconscient, à savoir l'Autre en tant que je ne l'atteins pas, l'Autre barré. Mais dans la séance du 6 mars 1963, Lacan revient une fois encore à ce tableau, pour cette fois s'intéresser à sa verticalité, comme les trois temps logiques de cet avènement subjectif.

Le premier temps est celui qui s'inaugure sur le X d'un sujet primitif, qui va aller vers son avènement comme sujet. C'est le niveau de la Jouissance comme abord premier de l'Autre, que l'on ne peut saisir que rétroactivement.

Mais dans cet abord de l'Autre, S (S qui n'a jamais aussi bien porté son nom : *Es* freudien) pourrait être désigné comme « sujet de la jouissance, sujet mythique de la jouissance[15] ». Lacan insiste cependant pour dire que cette désignation est impropre dans la mesure où justement le sujet n'existe pas encore. S, donc, rencontre d'une part des signifiants qui le représentent au champ de l'Autre et vont le constituer comme sujet divisé $, et d'autre part un reste, un reste qui ne se laisse pas « signifiantiser », qui ne se laisse pas saisir par le signifiant, à savoir l'*objet a*. Mais si l'*objet a* se définit comme un reste, irréductible au signifiant, il n'en reste pas moins qu'il dépend de cet Autre.

C'est à ce moment-là que se produit, bien avant toute constitution du sujet (dans le même geste que celui par lequel Freud avait fait de l'angoisse le motif du refoulement et non sa conséquence), ce deuxième temps qui est celui du surgissement de l'Angoisse.

---

15. *Ibid.*, séance du 13 mars 1963.

Mais ce temps de l'angoisse, nous dit Lacan, peut paraître élidé, à l'image de ce que Freud avait décrit concernant le deuxième temps du fantasme « on bat un enfant ». Il s'agit avant tout d'un temps logique, encore que phénoménologiquement on puisse le retrouver dans la fameuse angoisse de la naissance, de la séparation.

L'angoisse, on le voit ici, est en position médiane, intermédiaire entre le premier niveau qui est celui de la jouissance, et le troisième niveau, celui du désir. Et l'*objet a* se trouve être l'objet de l'angoisse bien avant que d'être l'objet cause du désir.

Car si l'objet *a* a bien trait à la jouissance autiste du corps, il est aussi cause du désir, tributaire de l'Autre, par lequel le sujet a à se réaliser. Et cette tribulation ne va pas sans angoisse.

En effet, « le sujet surgissant » (S) essaie, dit Lacan, de faire entrer la jouissance au lieu de l'Autre. Et « c'est ainsi qu'il se précipite, s'anticipe comme désirant ». Un désir ainsi causé par « *a* », dans cette confrontation à cette béance qui existe entre jouissance et désir, et dont l'angoisse nous donne le signal.

Trois temps, donc. Celui du X, qui est à proprement parler l'abord de l'Autre, que nous ne pourrons nommer que rétroactivement jouissance ; deuxième niveau, celui de l'Angoisse, contemporain de l'apparition de l'*objet a*, et, enfin, troisième niveau, celui de $, comme sujet du désir.

Voilà ce que nous amène Lacan cette année-là, concernant l'objet de la psychanalyse, à savoir que derrière la question du désir, en deçà du désir, ou, pour le dire dans les termes d'Alain Didier-Weill, en ce lieu d'un mystère plus lointain que l'inconscient, se profile la dimension de la jouissance, comme lieu du Réel auquel l'angoisse nous donne accès.

À cela, Lacan ajoutera encore que « seul l'amour permet à la jouissance de condescendre au désir [16] ». Cette formule s'éclaire ici à la lumière de ces trois temps logiques de la jouissance, de l'angoisse et du désir. Elle s'applique, nous semble-t-il, aussi bien à ce qui se passe pour l'enfant dans son lien à l'amour maternel, et vice-versa d'ailleurs, à l'amour entre partenaires, qu'à ce qui a lieu dans la cure elle-même et qui suppose qu'elle mette en œuvre cette dimension de l'amour au sens du dernier Lacan, du

---

16. *Ibid.*

pur amour, en tant que « sublimation du désir », un amour qui ne vise aucun objet, mais au contraire fait place au manque, l'amour en tant qu'il permettrait le surmontement de l'angoisse.

Voilà comment ce temps de théorisation amorcé dans le Séminaire *L'Angoisse* nous permet d'apercevoir ce qui se profile comme objet de la psychanalyse pour Lacan, et qui va l'amener dans les années suivantes à redéfinir l'inconscient – ou, pour parler comme Colette Soler, à réinventer l'inconscient.

LE PASSAGE À L'ACTE ADOLESCENT

Ce parcours à propos de la question de l'objet de la psychanalyse, à la lumière de ce qui se trouve déplié dans *L'Angoisse*, nous permet d'ouvrir quelques remarques concernant le travail analytique avec les adolescents, dans la mesure où la passe adolescente est sans doute le moment où s'aperçoit de manière absolument radicale – et on pourrait dire universelle – cette dimension de l'angoisse. Et à travers elle, en tant qu'elle est, comme le dit Lacan, « sa seule traduction subjective », ce qui peut s'appréhender en termes d'objet *a*, dans cette passe de la jouissance au désir.

Ceci peut s'appréhender à partir de ce que Lacan nous apporte dans ce séminaire concernant la question de l'acte, et tout particulièrement du passage à l'acte, dont on sait toute l'importance dans ce moment de l'adolescence.

Passage à l'acte que nous proposons d'entendre dans les deux dimensions que présente ce terme, et que l'on a tendance à oublier au profit d'un terme soudé – passage-à-l'acte en un mot – avec cette connotation psychiatrique du passage à l'acte suicidaire, criminel, ou d'autres encore, qui comporterait cette dimension de pathologique, de dérangeant, de ratage, etc. Nous voudrions pour notre part plutôt insister sur la double dimension que recèle ce terme, à la fois celle du passage, passage qui est la pièce maîtresse de ce temps de l'adolescence, de la passe adolescente, et celle de l'acte, au sens juridique du terme, de « acter ».

La première remarque que nous ferons concernant la cure avec l'adolescent est que nous avons affaire à un patient qui s'apparente à la figure de l'oxymore, c'est-à-dire à cette figure rhétorique qui consiste à faire tenir ensemble deux termes contradictoires, deux termes qui s'opposent. L'oxymore nous sert ici de métaphore de la structure moebienne. À défaut de faire de la topologie, il est possible de trouver dans la langue, dans le génie même de la langue (qui est au fond le seul outil du psychanalyste), de quoi figurer cette consistance moebienne telle qu'elle est éprouvée par le sujet adolescent et avec laquelle il s'adresse à nous. L'exemple canonique de l'oxymore est celui de « l'obscure clarté ». Mais il y en aurait bien d'autres. Par exemple, l'assourdissant silence, la généreuse avarice, la froideur brûlante, la transparence opaque, et pourquoi pas, le mort-vivant. Ces exemples d'oxymores ne sont pas choisis au hasard, mais parce qu'ils nous semblent rendre compte de ce qui se joue avec un adolescent et qui nécessite de celui qui le reçoit pour l'écouter qu'il puisse saisir, dans une certaine fulgurance, l'antinomie ainsi mise en jeu par l'adolescent.

À la fois saisir le silence et le bruit qu'il fait, la froideur de l'attitude et la brûlure qu'elle recèle, la générosité et le farouche égocentrisme, l'opacité de qui se croit être transparent, l'agitation de la vie et l'inertie de la mort, etc. C'est-à-dire qu'il s'agit de saisir en même temps, dans le même mouvement, l'envers et l'endroit du verlan avec lequel l'adolescent s'adresse à nous.

Opter pour un versant plutôt que pour l'autre raterait l'affaire en tant que c'est la division subjective avec ses effets d'aphanisis qui nous sont donnés à voir et donc à entendre par l'adolescent. Division subjective dans le meilleur des cas, mais aussi parfois le clivage qui se fait jour, la schize qui s'annonce, auxquels l'adolescent se trouve brutalement confronté. Pour qui ne sait pas ce qu'est la division subjective, la rencontre avec l'adolescent se charge de l'enseigner.

Cette division, cette confrontation immédiate avec la division, ici imaginarisée par cette figure de l'oxymore, tient sans doute à deux choses. La première, c'est que la cure va mettre en jeu une certaine temporalité spécifique ; et la deuxième, c'est qu'il va s'agir dans cette rencontre avec l'adolescent de ce que nous appellerons, avec Lacan, « la montée sur la scène de l'*objet a* ». Là où, comme enfant, le sujet participait de l'Autre, que ses symptômes étaient à mettre au compte de l'Autre, de l'Autre maternel ou de l'Autre parental, ce qui fait qu'on peut dire qu'il n'y a de crise d'adolescence que pour les parents, qui se retrouvent privés brutalement des symptômes que leur enfant entretenait jusqu'alors pour leur propre compte, comme adolescent, le sujet, au contraire, se trouve sur le chemin de son désir, mis en demeure de se constituer un *objet a* ou, plus précisément, que l'*objet a* vienne le constituer.

Dans les tout premiers temps de la mise en place de la constitution subjective, ce sont les objets du désir, comme les appelle Lacan, l'objet du désir de l'Autre, l'objet du désir à l'Autre, qui sont convoqués bien avant ceux de la demande ; à savoir l'objet voix et l'objet regard, dans leur fonction déterminante, décisive, quant à la mise en route de la structuration du sujet à venir (et dont on connaît toute l'importance dans l'autisme et la psychose infantile). Ces deux objets au temps de l'adolescence se trouvent reconvoqués, quel que soit le choix de la structure qui va se préciser à ce moment-là.

Là où la phase de latence les avait d'une certaine manière laissés dans l'ombre, ils se trouvent à nouveau en première ligne, sous la forme de la pulsion invoquante, qui peut laisser l'adolescent littéralement sans voix ou pur cri, et sous la forme du regard que l'adolescent va porter sur lui et qu'il va devoir endosser.

Nombre de problématiques à l'adolescence ont trait à cette question du regard. D'abord dans un premier temps, comme temps d'accroche du regard de l'Autre, de ce « donner à voir à l'Autre » et puis, dans un deuxième temps, celui de l'abandon de ces crochetages au regard de l'Autre, sans avoir à perdre la face, comme ils le disent si bien. Ceci donne une idée de ce qui se joue là quant à la pulsion scopique ; c'est-à-dire justement à ce qui du regard échappe à la spécularité, au spéculaire, dans cette confrontation à cet innommable, à cet infigurable.

Là où comme enfant il avait pu trouver le giron de l'Autre où se nicher, comme adolescent le sujet se retrouve bien plutôt lâché par l'Imaginaire, lâché par le Symbolique et confronté, dans la solitude la plus extrême, à cette déréliction, à cette *Hilflosigkeit* sans recours, celle du Réel. Confronté au non-spécularisable, avec ses effets d'aphanisis, l'adolescent éprouve cette division, cette faille en lui lorsqu'advient pour lui la montée sur la scène de l'*objet a*.

On pourrait faire l'hypothèse que cette entrée en jeu de l'*objet a* suppose qu'à ces deux temps de la passe adolescente correspondent les deux modalités d'actes que Lacan nous a appris à différencier dans le séminaire *L'angoisse*, à savoir l'*acting out* et le passage à l'acte. L'*acting out* en tant que donner à voir à l'Autre, comme reviviscence de ce troisième temps de la pulsion, celui de se faire voir, tel que le manifeste la jeune homosexuelle à qui Lacan se réfère, qui déambule au bras de sa dame, sous le regard recherché du Père. Mais aussi au-delà du Père, parce que, pour l'adolescent, la scène familiale n'est pas la seule visée, il s'agit aussi de la scène du monde ; Lacan parle ici du passage de la scène familiale à la scène du monde. Ce qui est visé, c'est le regard de l'Autre social, représenté par les passants de cette bonne ville bourgeoise de Vienne.

Mais le deuxième temps, celui qui consiste à abandonner le crochetage à la Jouissance de l'Autre, ne pourrait se faire, ce serait notre hypothèse, que par un passage à l'acte au sens où nous l'entendons, du passage et de l'acte. Le passage en tant qu'il s'agit de passer du côté de l'objet, de s'y identifier avec ce saut, ce saut dans le vide, dans ce temps de bascule, de basculement par-dessus le pont, et de l'acte, en tant qu'il s'agit pour l'adolescent d'acter, au sens juridique du terme, ce qu'il est comme *objet a*.

La dimension de la chute illustre ici pour Lacan ce qui se joue pour un sujet « quand il est subitement mis en rapport avec ce qu'il est comme *objet a* », c'est-à-dire, pourrions-nous ajouter, comme ce qui cause son désir.

Autant le premier temps est celui d'un appel à l'Autre, un appel au Symbolique, à l'interprétation, autant le deuxième temps, ce temps de bascule, est bien plutôt le temps de la solitude, celui de l'absence de tout appui, un temps où est abandonné tout appel à l'Autre au profit, pourrait-on dire, d'un inédit au sens propre du terme, de quelque chose qui, dans l'histoire du monde, n'a pas encore été dit, quelque chose qui n'a pas encore eu lieu.

Quand il reprend l'exemple du cas de la jeune homosexuelle, dans *L'angoisse*, Lacan, là encore, innove en ne se satisfaisant plus de la seule dimension signifiante du *Niederkommen*, comme il avait pu le faire dans le séminaire *La relation d'objet*, où il soulignait avec ce terme l'équivalence du tomber/accoucher, pour au contraire en souligner la dimension d'acte proprement dit. C'est pourquoi nous proposerions d'entendre ce *Niederkommen* dans sa dimension d'acte, comme ce à quoi est confronté quelqu'un quand on lui dit : « Allez, jette-toi à l'eau ! » ou bien encore : « Allez ! Accouche ! », où l'accouchement en question n'est pas tant celui de la maternité que ce moment où il s'agit de larguer les amarres.

Le *Niederkommen*, dit Lacan, « est du même ordre que la fenêtre par laquelle se précipite, de façon brutale, déconcertante, le sujet mélancolique dans ce moment où se réalise pour lui l'exclusion fondamentale où il se sent[17] ». Ce qui est en jeu dans ce temps que l'on pourrait dire de mélancolisation, mais d'une mélancolisation transitoire, dans cette sortie de la scène, c'est de rejoindre l'*objet a* dans sa chute, chute dans le Réel auquel a affaire le sujet, et avec lequel il va devoir faire. Il s'agit là d'accoucher de ce qu'il est.

C'est un tel acte que quelqu'un comme Hamlet ne cesse de reculer dans le temps. Dans le séminaire *Le désir et son interprétation*, Lacan parle de la tragédie d'Hamlet comme de la tragédie du désir, la tragédie du désir de l'homme moderne, qui – à l'inverse du héros antique, Œdipe – sait.

Cette montée sur la scène du monde, comme l'appelle Lacan, en quoi va consister pour Hamlet le crime à commettre, à endosser, Hamlet ne va cesser de la remettre à plus tard. Il procrastine, dit Lacan, tant qu'il est à l'heure des Autres. Comme le dit Hamlet, et que souligne Lacan, « j'en reste toujours à dire, c'est la chose qui reste à faire[18] ».

Aussi, son « départ vagabond » de par le monde et les mers, et ses pérégrinations ne sont rien d'autre qu'une manière de repousser à plus tard l'acte qu'il lui faut pourtant accomplir : « La rencontre avec son destin. » Or, souligne Lacan, cette mise en acte dont il nous dit qu'elle se fait toujours dans la précipitation ne peut s'accomplir pour Hamlet qu'« à l'heure de sa perte[19] ». C'est au moment où il est lui-même atteint mortellement et aussi au moment où il éprouve le deuil d'Ophélie, ce moment où il rencontre « ce trou dans le Réel » comme il l'appelle, qu'il peut passer à l'acte.

---

17. *Ibid.*, séance du 16 janvier 1963.
18. J. Lacan, Le séminaire, Livre VI, *Le désir et son interprétation* (1958-1959), séance du 18 mars 1959, inédit.
19. *Ibid.*, séance du 22 avril 1959.

Dans les termes de cette année 1959, Lacan dit les choses ainsi : « Ce trou dans le Réel (qui est l'inverse de ce que je promeus devant vous sous le nom de *Verwerfung*) se trouve offrir la place où se projette précisément ce signifiant manquant, ce signifiant essentiel comme tel à la structure de l'Autre, ce signifiant dont l'absence rend l'Autre impuissant à vous donner votre réponse, ce signifiant que vous ne pouvez payer que de votre chair et de votre sang, ce signifiant qui est essentiellement le phallus sous le voile. » On dirait dans les termes du séminaire *L'Angoisse*, l'objet qui cause votre désir, cet objet que Lacan définit en 1959 « comme cet objet qui a une existence d'autant plus absolue qu'elle ne correspond à rien qui soit ». Un objet qui ne correspond à rien qui soit, telle est la dimension de l'objet cause de désir.

Dans le passionnant commentaire qu'il fait de cette partie du séminaire consacrée à la lecture de Hamlet dans *Érotique du deuil au temps de la mort sèche*, Jean Allouch[20] parle de « parapsychose » pour désigner cet objet trou dans le Réel (qui est l'inverse de la *Verwerfung*), et note qu'il n'y a pas de sujet désirant hors de cette parapsychose.

Nous ajouterons pour notre part que ce temps de mélancolisation transitoire que nous avons souligné suppose que le sujet consente à sacrifier une livre de sa chair à cet objet trou dans le réel et seul, pourrait-on dire, l'acte, le passage à l'acte permet cette subjectivation de cette perte sans compensation aucune, et sur laquelle le sujet se fonde.

À cet endroit, l'acte acquiert cette valeur d'heure du rendez-vous avec son désir, que Lacan avait reconnu dans la gifle de Dora à Monsieur K., et dont il dit que « c'est un de ces moments cruciaux dans le destin que l'on peut voir rebondir de génération en génération avec sa valeur d'aiguillage dans sa destinée[21] ».

Cette précipitation, cette fulgurance de l'acte, participe d'une temporalité propre à l'adolescence, qui est mise en jeu dans la cure avec l'adolescent et met à mal le psychanalyste. C'est une temporalité de passage, si cette expression veut dire quelque chose, une temporalité de l'instantanéité qui a trait, nous semble-

---

20. J. Allouch, *Érotique du deuil au temps de la mort sèche*, Paris, EPEL, 1995.
21. J. Lacan, Le séminaire, Livre X, *L'angoisse*, *op. cit.*, séance du 23 janvier 1963.

t-il, à ce que Lacan déplie dans le troisième temps logique, celui de l'urgence du moment de conclure.

On serait avec l'adolescent à ce temps de l'urgence de conclure.

À « l'instant du regard », « du temps pour comprendre » que Lacan déplie longuement pour rendre compte de ce qui se passe pour les trois prisonniers qui doivent pouvoir dire, pour être libérés, quelle est la couleur du disque qu'ils portent derrière la tête, fait suite ce troisième temps, ce troisième mouvement qu'il appelle le « moment de conclure ».

C'est le moment où le temps d'un coup se précipite et correspond, pour Lacan, à ce qu'il appelle « l'assomption du sujet, son assertion subjective ». C'est le moment où il porte sur lui-même ce jugement, l'assertion que, oui, il est bien blanc. « C'est sous l'urgence du mouvement logique que le sujet précipite à la fois son jugement et son départ[22]. »

Ce troisième temps, fait remarquer Lacan, nécessite un pas en avant, ce pas que va faire le prisonnier pour se déclarer blanc de peur que... dit Lacan. De peur que quoi ? De peur que le retard qu'il prendrait ne lui permette plus de conclure qu'il est blanc. Car s'il est devancé par ses deux comparses, il n'aura plus alors la possibilité de reconnaître qu'il n'est pas noir, et cet atermoiement le priverait de sa liberté.

C'est pourquoi Lacan insiste pour dire que ce moment de conclure nécessite un acte, celui de faire ce pas en avant qui vient acter en quelque sorte qu'il se reconnaît bien comme blanc, avec cette certitude anticipée qu'il est bien blanc.

Cette certitude est à notre sens du même ordre que celle en quoi consiste l'angoisse et qui fait dire à Lacan qu'agir, c'est « opérer un transfert d'angoisse », « c'est arracher à l'angoisse sa certitude[23] ».

C'est par un tel acte que l'adolescent parviendrait à opérer cette passe de la jouissance au désir, pour peu qu'on reconnaisse à l'angoisse, qui ne saurait manquer au rendez-vous, cette dimension d'être la seule traduction subjective de *l'objet a*.

---

22. J. Lacan, « Le temps logique », dans *Écrits*, Paris, Le Seuil, 1966.
23. J. Lacan, Le séminaire, Livre X, *L'angoisse*, *op. cit.*, séance du 19 décembre 1962.

Le cabinet de lecture
coordonné par Philippe Kong

Le corps, porte parole de l'enfant et de l'adolescent
M. Bergès-Bounes, J.-M. Forget
(sous la direction de)
Toulouse, érès, 2011

Ce troisième ouvrage collectif fait partie de la collection « Psychanalyse et clinique » fondée par Jean Bergès ; troisième livre issu essentiellement de travaux du groupe de psychanalystes d'enfants de l'EPEP (École de psychanalyse de l'enfant à Paris) à l'ALI (Association lacanienne internationale), mais aussi d'intervenants extérieurs.

Comment parler du corps de l'enfant et de l'adolescent sans le chosifier ni le réduire ? De quel corps s'agit-il : celui du besoin, du désir, du sexuel ? Celui de la souffrance, de la douleur, de la maladie ? Celui de la jouissance ? Comment décrypter ces symptômes et ces discours autour du corps de l'enfant, incessants, énigmatiques, toujours au premier plan dans les consultations de pédopsychiatrie ? Ce corps que nous ne sentons que dans la douleur ou le plaisir se dérobe sans cesse et se refuse à la maîtrise que chacun de nous voudrait lui imposer. L'enfant peut refuser de se plier à la demande de la mère dans l'acquisition du langage, celle de la propreté, celle de l'école pour les apprentissages. Or, il s'agit pour l'enfant d'accepter une restriction de jouissance en faisant passer la jouissance de ses parents ou de l'école avant la sienne. Les symptômes sont là autant de manifestations de révolte et d'affirmation de la subjectivité, pourrait-on soutenir : comment interpréter le refus du sein dans certains cas ou le détournement du regard d'un nourrisson, sinon comme le « non » précoce d'un sujet déjà là et qui le clame.

Cet ouvrage comporte six parties : le corps dénaturé, le corps *infans*, corps parlé-corps parlant, le corps de l'autisme, le corps de l'adolescent et le corps traumatisé.

– Le corps dénaturé
L'enfant est le fruit du désir sexuel d'un homme et d'une femme qui l'inscrivent dans les coordonnées de sa place, donc dans le symbolique : le prénom, le nom du père... Le fonctionnement maternel se fait

sur fond d'immaturité du corps de l'enfant, et nous retrouvons ici tout ce que J. Bergès a écrit sur le débordement de la mère par le corps de son enfant, débordement qui lui montre son incomplétude à elle – elle n'est pas toute-puissante sur le corps de son enfant – mais aussi sur l'anticipation, le crédit qu'elle lui fait d'être sujet, acteur de sa propre existence. La réponse qui compense l'immaturité de la fonction est ordonnée par les signifiants de la mère, dit J.-M. Forget. Entrecroisement des initiatives de l'enfant et de la mère dans le registre de l'oralité de la motricité, du scopique, de la pulsion invocante.

Une conférence non publiée de J. Bergès reprend ce thème du débordement et de la dysharmonie nécessaire mère-enfant engendrée par le manque, permettant à l'enfant de trouver la place qui avait été anticipée pour lui dans le discours. La psychanalyse d'enfants est un lieu où on peut parler, et pas seulement jouer, dessiner ou être regardé par l'analyste.

Plusieurs textes reprennent, dans la clinique, la proximité du corps de la mère et de celui de l'enfant dans une sorte d'esclavage mutuel délicieux, une véritable addiction amoureuse, où la place de tiers du psychanalyste d'enfants – comme celle du père – est bien délicate : passage obligé pour l'enfant d'être l'objet de l'Autre, de la mère évidemment, pour pouvoir passer à un statut de sujet. Les symptômes corporels des enfants sont le reflet de cette interrogation douloureuse parfois de l'énigme du désir maternel : difficulté à sortir de la sphère maternelle comme si l'imaginaire du corps résistait à se nouer au symbolique. Contrainte par corps, dit J.-P. Lebrun.

La « Note sur l'enfant » de J. Lacan à J. Aubry, qui continue de nous interroger quotidiennement, est reprise : « Le symptôme de l'enfant se trouve en place de répondre à ce qu'il y a de symptomatique dans la structure familiale » : en d'autres termes, quelle place ménage à l'enfant le désir de ses parents ? Est-il « la vérité du couple familial », le produit de leur rapport sexuel et de ce qui fait structurellement symptôme dans leur couple, ce qui suppose dans ce cas que l'enfant est inscrit phalliquement, ou est-il en position d'objet *a* de la mère, réalisant ainsi la vérité du fantasme de la mère seulement ? Question quotidienne en psychanalyse d'enfants avec des conséquences cliniques structurelles très différentes.

– Le corps infans

Les textes de cette partie du livre concernent le très jeune enfant : appétence de ce dernier pour le monde extérieur, accordage langagier entre la mère et l'enfant dans ce que Lacan appelait la *lalangue* : onomatopées, bruits de bouche, *mamanais*, jeux de langage privés où l'enfant se loge d'abord comme objet puis comme sujet : un verbal sans limite, ni coupure, ni borne phallique. Très rapidement, la mère ne se contentera plus de ces échanges gazouillés mais demandera à son enfant des mots, puis des phrases : la fonction maternelle consiste à séparer ce qui relève du signifiant de ce qui relève de la musique de la langue.

Les enfants qui présentent des retards de langage illustrent combien ce nouage du langage et du corps est compliqué. La lecture diagnostique en est difficile (psychose, neurologie), mais traduit assez souvent un problème de séparation d'avec l'Autre maternel, une difficulté à quitter la jouissance de la *lalangue*, dans une agitation anxieuse, agressive, ou un retrait. Un exemple de cure d'enfant de 9 ans dérangeant par ses masturbations incessantes et son écholalie est tout à fait intéressant pour montrer comment la pulsionnalité de la voix de l'analyste dans un jeu a eu son efficace. Le frein à sa jouissance l'a mis en position d'énonciation et de demande, c'est-à-dire de perte.

– *Le corps parlé, le corps parlant*

« C'est le discours qui permet que les organes se lient en fonctions », dit Lacan, et plusieurs exemples de cures montrent comment l'adresse d'un enfant à un analyste permet un travail de séparation qui peut faire arrêt à un déploiement de symptômes. Deux textes présentent le rapport de l'enfant à la lecture, aux apprentissages scolaires, en prenant appui sur le stade du miroir qui fait coupure symbolique au moment où la mère introduit la nomination, notamment le prénom de l'enfant, et où celui-ci se retourne, perdant l'image dans ce mouvement vers l'Autre.

Comment un enfant parvient-il à lire, à se soumettre aux lettres d'un Autre ?

Un cas de fille non lectrice suivie à Sainte-Anne montre l'intérêt de la relaxation qui permet à l'enfant de constituer son corps comme le support d'un sujet à venir et de le mettre en acte à l'école. Plusieurs exemples littéraires montrent les enjeux corporels, notamment autour du sexuel, de l'accès à la lecture. Cette troisième partie de l'ouvrage se termine par ce qui se joue dans une consultation de pédiatrie, qu'on pourrait aborder comme une interrogation autour du corps réel de l'enfant, la maladie, mais qui mobilise en fait l'imaginaire et l'histoire des parents.

Enfin, un beau texte sur le cirque et les contraintes imposées au corps dans les numéros d'acrobate, marque la place du réel du corps dans le nouage réel, symbolique et imaginaire.

– *Le corps de l'autiste*

Comment travailler en présence d'un enfant dont le corps n'a pas été dénaturé par le langage « de la bonne façon » ? Le commerce sexuel entre la mère et l'enfant n'a pas permis la mise en place d'un corps pulsionnel que les signifiants primordiaux maternels auraient pu érotiser et subjectiver. À quelle place est cet enfant, si le signifiant enfant est forclos chez la mère ?

– *Le corps de l'adolescent*

« Secret-défense ou la mort », ces paroles d'un adolescent font la transition vers le corps à risque de ce temps intermédiaire où le débordement du signifiant maître est la règle. Y a-t-il un traitement moderne du corps chez les adolescents, se demande Charles Melman.

Plusieurs articles de cette clinique adolescente déclinent la question de façon toujours riche et diversifiée : s'arracher les cils, la pratique du *cutting*, le *zapping*.

– *Le corps traumatisé*

Le travail d'une équipe auprès de jeunes atteints par le VIH nous est présenté, ainsi que deux interviews de psychologues responsables, l'une auprès de la Brigade des mineurs à Paris, l'autre à l'association Paris Aide aux Victimes, qui donnent place à de nombreux exemples et de précieux éclairages.

Ce livre est passionnant. La richesse, la variété de la clinique et la qualité du travail font qu'on ne s'y ennuie jamais, et donnent de nombreuses pistes de réflexions en étant d'une lecture agréable.

Dominique Janin-Duc

Avec Marcel Czermak
La navigation astronomique
Paris, Éditions des crépuscules, 2011

Ce qu'il faut d'abord dire, pour rendre compte de *La navigation astronomique*, c'est que c'est un livre rare. Des livres comme celui-ci, il en faudrait bien davantage dans le champ de la psychanalyse.

Cet ouvrage original réunit en effet deux entretiens des éditeurs avec Marcel Czermak, puis deux textes récents de M. Czermak lui-même, enfin une dizaine d'autres textes écrits par quelques-uns de ses amis, de ses collègues, et surtout de ses élèves. Ces derniers se présentent souvent comme des témoignages, et introduisent ainsi, de façon toujours très vivante, à l'apport de l'homme, du psychiatre, du psychanalyste.

Le lecteur aura, au fil des pages, l'occasion de découvrir, s'il ne les connaît déjà, quelques-unes des thèses fortes de M. Czermak – entre autres ce qui concerne la mélancolie, la désintrication pulsionnelle, le transfert dans la psychose. Mais sans doute n'est-ce pas là le plus important.

On sera en effet plus attentif encore à ce qui apparaît du trajet de M. Czermak, de son itinéraire de juif mécréant et de grand lecteur, de son lien avec Charles Melman (« fraternité au regard du discours psychanalytique »), de ce qu'il a appris de ses maîtres en psychiatrie.

À cet égard, on s'intéressera à ce que M. Czermak dit du discours du maître. À la différence de ceux qui dévalorisent celui-ci, il n'oublie jamais que le « discours du maître » (cette formule lacanienne tellement féconde) rend compte de ce qui, de la prise du signifiant, vient marquer tout sujet. Peut-on d'ailleurs rejeter en bloc tout maître concret ? Bien au contraire. M. Czermak montre ce qu'il doit à ceux qui ont été ses maîtres (et cela peut être un simple matelot apprenant à bien faire un nœud). Quant à lui, on l'imagine assez en maître zen. Celui-ci, souvenons-nous en, s'explique peu. Il interrompt le silence « par n'importe quoi, un sarcasme, un coup de pied ». Et c'est cela qui conduit les élèves à rechercher par eux-mêmes leur solution.

Cette remarque conduit directement à la deuxième partie du livre, où l'on voit bien, à mon avis, comment fonctionne « l'atelier » de M. Czermak. À partir des questions que celui-ci a pu poser, mais aussi à partir de l'apport de tel ou tel d'entre eux, chacun illustre un aspect spécifique du travail psychiatrique et psychanalytique. Il serait difficile ici de tous les citer, soit qu'ils donnent une image très précise de la façon de faire de M. Czermak (lire notamment les contributions de P.-H. Castel, S. Thibierge, S. Hergott, ou F. Gorog, soit qu'ils avancent, à partir de ses questions, sur un point particulier de théorie. C'est le cas notamment de N. Dissez, qui met en rapport le concept de forclusion avec les travaux de J. Capgras sur la « méconnaissance systématique » ; ou encore de J.-J. Tyszler, qui indique les perspectives nouvelles ouvertes par la topologie borroméenne quant à ce qui, chez le sujet psychotique, pourrait valoir comme suppléance. On aura aussi l'occasion de découvrir des approches plus spécifiques, soit qu'elles concernent le lien entre psychanalyse et anthropologie (P.-Y. Gaudard), soit qu'elles prennent l'idée du Beau (E. Tellerman).

Je voudrais signaler, pour finir, un point qui m'a fort étonné. Dans le second entretien qu'il accorde, « Identification de la violence, violence de l'identification », M. Czermak dit que « on pourrait espérer que, au moment où des gens se prétendent analystes, s'installent comme analystes, qu'ils aient abdiqué leurs colorations personnelles, qui ne comptent pour rien, rien du tout ». C'est assez étonnant parce qu'il y a chez M. Czermak, une « coloration personnelle » non négligeable, qui fait la singularité de son style et l'authenticité de ses interventions. Mais il faut lire évidemment ce qui suit : « Que chacun ait ses déterminations qui l'ont porté sur tel ou tel chemin, oui, qui lui ont donné tel ou tel type d'éclairage, oui. Mais on ne peut pas imaginer que sa propre coloration vaut pour tous. » Avec cela je serais plutôt d'accord. Qu'il ne faille pas faire de sa « coloration » une valeur universelle, c'est bien certain. Mais pourquoi faudrait-il l'abandonner ?

Roland Chemama

La Manouba
Solange Mezan
Paris, Éditions Léo Scheer, 2011

Depuis de nombreuses années Solange Mezan, écrivain et psychanalyste, réfléchit et travaille sur la question de l'amour et du désir.

Dans son livre, *La Manouba*, elle part d'un fait réel arrivé dans sa famille en Tunisie, où s'est déroulée son enfance, pour écrire ce récit romancé. Elle va déployer devant nous l'histoire de la relation particulière de sa grand-mère paternelle à un de ses fils, Joseph, oncle de la narratrice.

Elle met en écriture le désir de cette femme pour cet enfant-là, les effets ravageant de cette relation mère-fils, le placement de ce dernier en hôpital psychiatrique à La Manouba à Tunis, puis son déplacement obligé du fait du contexte politique de l'époque en Tunisie à l'hôpital de Saint-Alban sur Limagnole en Lozère, haut lieu de la psychothérapie institutionnelle dans les années 1950.

À la recherche de cet oncle et de son histoire, dont elle ne sait d'abord pas grand-chose, et dont enfant elle perçoit et entend des histoires secrètes, de lourds silences autour de sa grand-mère paternelle et de cet oncle, elle tente dans ce récit romancé d'en reprendre la trace, de suivre les fils d'un discours qu'on lui a racontée à elle, la nièce, d'en comprendre l'histoire qui la fait remonter à l'histoire de la mère de son père, puis à celle de son père.

Dans ce travail littéraire, Solange Mezan procède un peu comme parfois en psychanalyse sous la forme d'une enquête, d'un travail sur une énigme, elle tente dans les dits d'entendre les non-dits et s'essaye à reprendre le fil des mots, à parler... Et effectivement *La Manouba* est avant tout une voix.

Elle essaye par ce travail d'écriture et de mise en parole de dénouer les fils d'une énigme familiale. Elle va nous faire découvrir ce qu'enfant les adultes ont tenté de lui cacher. C'est un récit qui nous plonge dans les affres les plus profonds de la folie mais aussi dans le réel de la condition humaine, du désir, de l'amour, du manque, de la mort, d'une relation fusionnelle qui, excluant la place d'un père dans le désir d'enfant d'une femme, peut entraîner parfois, ce que Lacan, appellera la Forclusion du Nom du Père et la folie pour le fils.

La Manouba c'est le nom d'un quartier de Tunis, mais aussi celui de l'hôpital psychiatrique de la ville, nom qui provoque l'effroi des habitants comme lorsque souvent la folie est évoquée. C'est l'hôpital où Joseph sera placé et où sa mère viendra le voir toutes les semaines jusqu'à ce qu'il soit déplacé en France :

« Il avait été obligé de lui annoncer et à elle en dernier, avec le prétexte de l'épargner et alors qu'elle croyait que le pire avait déjà eu lieu, qu'en vertu de nouvelles lois son enfant, avec ou sans l'accord de sa famille, serait envoyé tout seul de l'autre côté de la mer, dans un petit village perdu au fin fond de la montagne où il ne connaissait personne, qu'aucun d'entre eux ne connaissait, qui était à des milliers de kilomètres de chez lui et de sa famille, loin de tous ses ancêtres, loin de tous ses morts, où il fallait plusieurs jours et plusieurs nuits de voyage pour espérer se rendre… » (p. 63).

En filigrane de cette histoire d'amour et de folie, se dessine également une autre histoire de séparation et de déchirure celle de l'exil et du départ de la terre des ancêtres, d'un voyage sans retour d'une rive à l'autre de la Méditerranée.

Ce récit fait rejoindre littérature et psychanalyse dans le déploiement d'une histoire toute humaine, d'où une voix émerge pour tenter de donner du sens jusqu'aux bords où parfois dans nos vies le réel nous mène, pour le contourner, pour le cerner, pour essayer de s'appuyer sur du sens, des mots, afin de pouvoir se donner une respiration, pouvoir parler, pouvoir dire, dire l'inénarrable, dire l'indicible, le terrible, Solange Mezan trouve ici une voix… pour vivre en reconnaissant les deuils et les séparations que la vie apporte, aussi, et pour quand même pouvoir vivre après et à la suite…

La Manouba est une histoire de folie mais également une histoire d'amour. La narratrice a d'ailleurs choisi de s'appuyer en préface sur une phrase de Marilyn Monroe : « Aimer c'est donner à l'autre le pouvoir de vous tuer » et c'est bien d'amour dont il s'agit, un amour fou, un amour à mort avec ses effets dévastateurs. Elle nous conduit au cœur du plus intime de ce qu'il peut advenir parfois entre une mère et un fils. La narratrice décrit très précisément ce huis clos psychologique entre les personnages principaux, la mère et le fils, une femme emportée par un désir fou d'enfant qui veut à tous prix le faire advenir, comme si, pense-t-elle, ce serait possible d'avoir un objet qui pourrait pour toujours venir combler le manque dans une vie.

Solange Mezan, comme dans son roman précédent, *J'aime*, adopte ce style particulier qui caractérise son travail d'auteure, elle écrit son récit d'un seul trait, d'un seul souffle nous emportant, ainsi, jusqu'au bout de son roman.

Marc-Antoine Bourdeu

Comprendre Melanie Klein
Sabine Parmentier
Paris, Armand Collin, 2009

La parution d'un livre sur Melanie Klein en français est chose assez rare

pour que cela mérite d'être salué, d'autant plus s'il s'agit d'un bon livre, de surcroît. Cette rareté commence à être comblée suite à une longue interruption, depuis une vingtaine d'années après le décès de cette pionnière de la psychanalyse, principale interlocutrice de Lacan. Sauf erreur, pour laquelle je m'excuse de manière anticipée, nous avons eu :
– les deux formidables présentations de Jean-Michel Petot en 1979 et 1982, Melanie Klein, premières découvertes et premier système (1919-1932) et Melanie Klein, le moi et le bon objet (1932-1960), respectivement ;
– ensuite, l'ouvrage collectif Melanie Klein aujourd'hui, en 1985, avec des articles de James Gamill, Didier Anzieu, André Green, Jean Bégoin, Didier Houzel et Jean Gillibert, et, l'année suivante, le livre essentiel de Phyllis Grosskurth, Melanie Klein, son monde et son œuvre, traduit par Cedric Anthony ;
– en 2003, la réédition de l'Introduction à l'œuvre de Melanie Klein, de Hanna Segall, suivi d'articles d'Elza Ribeiro Hawelka, Geneviève Petit et Jacques Goldberg, ainsi que le très beau livre de Julia Kristeva, Le génie féminin ;
– puis les rééditions successives des écrits de Melanie Klein déclinées par Gisèle Harrus-Révidi, et Marguerite Derrida, en 2004, sous le titre de Deuil et Dépression, et, l'année suivante, de Simone Korff Sausse, et encore Marguerite Derrida, La psychanalyse d'enfants, qui organisent aussi, en 2006, Le complexe d'Œdipe ;
– en 2008, *Melanie Klein, une pensée vivante* de Monique Lauret et Jean-Philippe Raynaud, qui porte bien son titre, car, c'en est une, vraiment, de pensée vivante, même si elle a souffert d'un problème. Ce problème est celui-ci : les pensées fortes produisent en général un langage qui leur est propre, correspondant à ce que Barthes considère dans ses Éléments de sémiologie comme un idiolecte. Pour plus de précision, comme les linguistes n'ont pas retenu la proposition de Barthes, nous devrions ajouter qu'il s'agit d'un idiolecte groupal. La langue commune y est alors organisée autour d'un certain nombre de signifiants qui fonctionnent comme supports identificatoires à un groupe particulier, se démarquant ainsi de la langue générale. Il y a certainement un idiolecte des partis politiques ou des professions. Autrefois, nous aurions parlé de « l'argot du boucher » ou de « l'argot des matelots », par exemple. Certains idiolectes sont plus marqués que d'autres. Tel est le cas de ceux des psychanalystes. Il y a un idiolecte kleinien, qui consiste à employer des termes comme « identification projective » à tour de bras. Il y a certainement un idiolecte bionien, qui consiste à faire appel aux « éléments alpha » et « éléments bêta » pour expliquer la réalité. Il y a sans doute un idiolecte lacanien, organisé autour de « forclusion », « nom du père », « grand Autre ».

Pendant un peu plus de quinze ans, entre 1985 et 2003, la pensée kleinienne a été relativement négligée en France, probablement en relation avec le fait que son idiolecte, fort à coup sûr, avait du mal à s'articuler avec l'idiolecte lacanien. Les premiers à créer cette articulation ont été les psychanalystes argentins, qui ont créé un idiolecte particulier, le « kleino-lacanien ». Un idiolecte est aussi la forme sous laquelle se présentent des pensées révolutionnaires quand elles doivent faire face à des trop fortes résistances.

Entre-temps, furent publiés deux livres essentiels pour la compréhension de Melanie Klein dans l'histoire de la psychanalyse et cette histoire dans sa dynamique propre :
– minutieux, *Les controverses entre Anna Freud et Melanie Klein*, en 1996, traduit par moi-même ;
– précis et créatif, pont entre deux univers et ouverture d'une analyse critique et féconde, l'*Étude des concepts kleiniens dans l'œuvre de Jacques Lacan : Conséquences pour la psychanalyse d'enfant*, de Marie-Claude Thomas, en 2001.

Ce dernier travail surtout, pas à pas, montre comment à chaque séminaire, Lacan discute avec Melanie Klein. Pendant les dix-huit ans de silence suite aux publications indiquées, ce n'est pas comme si l'œuvre de Melanie Klein n'avait pas existé, car ce furent aussi les années d'éclosion, en France, d'une des plus vigoureuses pensées issue de sa théorie, à savoir le travail inestimable de Geneviève Haag, dont une édition complète fait cruellement défaut.

C'est sur cette toile de fond que vient se poser le livre de Sabine Parmentier, ébauche d'une vaste fresque où s'établit une généalogie de la pensée kleinienne, en la faisant dériver de débats entre Freud, d'une part, Abraham, Ferenczi et Jung, d'autre part, sans négliger les événements de sa vie, tels la mort accidentelle de son fils, considéré parfois comme un suicide, ou la rupture avec sa fille.

Une fresque survole et néglige de nombreuses précisions, mais elle peut contenir aussi d'autres points de détail, précieux. J'en mentionne deux, importants, dans ce livre. D'abord, les précisions sur la genèse des thèses relatives à la « position schizo-paranoïde ». La notion de « position » est essentielle pour quiconque souhaite comprendre l'importance de l'approche de la psychopathologie inaugurée par Melanie Klein, à savoir : toute structure a une dynamique propre et s'imbrique avec d'autres structures, ce qui leur confère une *économie*. Topique (ou structure), dynamique et économie sont les trois clés de la métapsychologie, établies par Freud. Ensuite, autre détail précieux, le rappel du nom de Fairbairn, si souvent négligé, auquel Sabine Parmentier accorde une large place, en montrant avec précision son apport. Curieusement, ce rappel fait apparaître comme douloureuse l'absence d'un autre nom, pourtant si important pour l'approche psychanalytique des psychoses, du monde inconscient et, justement, de l'identification projective, à savoir celui de Victor Tausk, précurseur, qui signale la nécessité de la formulation de ce concept. Rappelons-nous que tous les exemples cliniques, ou presque, mentionnés par Freud dans son article sur « L'inconscient » lui viennent de Tausk[1].

Ce livre de Sabine Parmentier me semble une introduction à l'œuvre de Melanie Klein très utile et fécond. Ceux qui travaillent avec des enfants affirment, à juste titre, l'actualité de la pensée kleinienne. Sabine Parmentier indique avec précision des recherches qui se font impératives et qui concernent l'élaboration des éléments du transfert et du contre-transfert en psychanalyse d'enfants : « On peut dire que, si, au départ, les analystes kleiniens se distinguaient par la profondeur de

---

1. Voir mon « The Unconscious », *Freud, a modern reader*, éd. R.J. Perelberg, Whur Publishers, London and Philadelphia, 2005, p. 109-123.

leurs interprétations concernant les fantasmes précoces des nourrissons, s'ils étaient considérés comme intrusifs et spéculatifs, aujourd'hui, ils défendent une sensibilité méticuleuse à la trame la plus fine des relations unissant l'analyste à l'analysant, et à ses réactions aux interprétations. Cette sensibilité est à recommander à tout analyste, quelle que soit son obédience. » Bien entendu, considérer l'apport de Melanie Klein comme spéculatif a été une forme particulière de résistance, car il correspond clairement à l'articulation des pensées de Freud, d'Abraham, de Ferenczi, de Tausk et de quelques autres. Le caractère intrusif en revanche semble correspondre à une mauvaise gestion du contre-transfert. Que les psychanalystes puissent apprendre à bien le gérer, en repérant avec plus de finesse le transfert, est une tâche aujourd'hui essentielle à la survie de la psychanalyse.

Luiz Eduardo Prado de Oliveira

Le langage ordinaire et la différence sexuelle
Moustapha Safouan
Paris, Odile Jacob, 2009

Le titre de ce livre donne à entendre ce que Moustapha Safouan va développer autour de l'articulation entre le sexuel et le langage. Le désir est une entité qui ne reçoit pas sa détermination de la biologie. L'important en matière de différence sexuelle n'est pas la réalité des sexes mais le choix par le sujet d'un désir conforme ou non à son sexe. Comment se fait ce choix ? Cette question va amener M. Safouan à réinterroger un certain nombre de concepts dans la doctrine freudienne ainsi que dans l'élaboration lacanienne et à proposer des hypothèses qui font relance et trouvent leur résonance dans la pratique. La démarche est rigoureuse, précise et très éclairante.

Le premier chapitre est une reprise de l'élaboration du concept de l'objet *a* à travers l'histoire des théories psychanalytiques. L'auteur retrace la genèse de ce concept, l'invention de Lacan à partir d'un retour à Freud, à sa théorie des pulsions et de la phase phallique, mais aussi par une critique des postfreudiens et de leur conception de la relation d'objet (Abraham, Ferenczi, Jones, Anna Freud, Melanie Klein). On dira, précise l'auteur, que la significativité du langage ne peut fonctionner qu'en mettant en dehors de ses possibilités d'articulation un certain objet, celui justement que Lacan désigne par la lettre *a*. Non sans raison : puisqu'il s'agit de l'objet requis pour que le langage puisse, avant toute parole, se mettre en marche. M. Safouan nous permet de saisir la portée de cette invention comme remise en question des postulats de la théorie de la connaissance et ses incidences dans la pratique concernant la fonction phallique ou le complexe de castration. En résumé, nous dit-il, la théorie de l'objet *a* représente la conséquence la plus consistante de la découverte freudienne de l'objet – cause de la pulsion et de son caractère incommensurable avec les objets de la perception. À prendre la théorie de l'objet *a* conjointement aux formules relatives à la constitution des désirs masculins et féminins (les formules lacaniennes de la sexuation), des problèmes surgissent qui vont être développés tout au long des chapitres suivants et en particulier la question du père.

M. Safouan propose de nous pencher tout d'abord sur la question de la sexualité féminine afin de la situer relativement au phallus et à la métaphore paternelle. Il souligne en quoi certaines idées de Freud sur la sexualité féminine sont loin d'être confirmées par les faits. La fonction du phallus n'est pas à aborder comme un artéfact imaginaire mais comme signifiant de la différence sexuelle. On peut parler du phallus comme d'un objet imaginaire mais non spéculaire ; c'est un objet métaphorique. Le phallus, comme le nom du père, signifie une limite au désir du sujet de s'identifier à cet objet pour le garçon comme pour la fille. La limitation du pouvoir du don est portée à son extrême avec l'aphorisme lacanien selon lequel il n'y a pas de rapport sexuel, pas de complémentarité des jouissances où se constituerait le tout. Avec la phase phallique, nous ne sommes pas, nous dit M. Safouan, dans le registre d'une théorie sexuelle infantile mais dans celui d'une vérité inconsciente ; c'est un fantasme de langage. Nous retrouvons le phallus dans les formules de la sexuation qui visent à donner au complexe d'Œdipe une assise logique à la place du mythe freudien de *Totem et tabou*, celui d'un père qui pourrait jouir de toutes les femmes. Si Freud distingue deux modes de jouissance féminine selon leur localisation anatomique, Lacan, lui, distingue une jouissance féminine qui est atteinte selon les lignes de force de la fonction phallique, et une autre jouissance qui se situe en dehors de la fonction phallique, pour autant qu'une femme n'est pas toute prise dans cette fonction. Cette jouissance, dit-il, est indicible. Une question ici se pose, nous dit l'auteur : l'affirmation de cette jouissance dont on ne peut rien dire ne revient-elle pas à remettre en circulation sur le plan de la jouissance féminine la thématique du « continent noir » évoquée par Freud au sujet du désir féminin ?

Cette question va l'amener à réinterroger le statut logique de l'exception, c'est-à-dire de l'au-moins-un, puis à développer la question de la première identification au père comme figure de l'au-moins-un dans notre discipline. Ce qui nous intéresse, nous dit-il ce n'est pas simplement de savoir si l'exception existe ou pas, mais de dire quelle est sa dénotation, une fois admise logiquement la signification de son existence. Cette question est en effet centrale. Après avoir développé le statut de l'exception comme question purement logique, l'au-moins-un, souligne-t-il, est plutôt la dénomination la plus exacte du père en tant qu'il joue, du fait même de son nom, un rôle indéniable dans l'inconscient. C'est dire aussi que cette figure de l'exception (comme tiers) ne renvoie pas au père mythique de la horde mais au père de la première identification dont parle Freud, identification qui prépare l'œdipe et l'avenir désirant du sujet. C'est une idée qui s'appuie, d'une part, sur l'observation directe des enfants autour de l'âge de deux ans qu'ils soient garçon ou fille et, d'autre part, sur certaines observations cliniques. C'est, si l'on peut dire, l'idéal du père dans la mesure où pour un instant il paraît réalisé. Il s'agit de l'exception au sens du sans égal, de la perfection qui manque à tous les semblables et qui fonctionne comme tiers. En soulignant la nécessité logique de cette figure de l'exception, M. Safouan considère cette première identification dans sa détermination signifiante en tant qu'identification au père symbolique, constitutive de l'idéal du moi, et dans ses effets imaginaires où le père s'érige en modèle. Cette conception ouvre des perspectives quant à la problématisation de la castration. Que Freud dise que cette identification est « masculine par excellence » ne veut pas dire qu'elle soit propre au garçon, mais, sans doute, qu'elle annonce la phase phallique telle qu'elle s'atteste chez les deux sexes dans leurs rapports respectifs à l'image spéculaire. Sous cet angle, la tâche du père réel consiste à transmettre le sens de la loi en tant que, universellement, elle se borne à faire des limites imposées à la jouissance phallique (tant du côté du rapport à l'image narcissique que du côté du choix de l'objet) les conditions mêmes de l'accès effectif à cette jouissance. Ceci nous permet de situer la fonction du père réel dans la normativation œdipienne comme ce qui va résorber les effets de cette première identification, c'est-à-dire atténuer les effets de cette capture à une image qui ne connaît pas la cassure, en lui transmettant les limites de l'existence humaine.

La déprise de cette capture pour la fille conditionne son passage à l'œdipe dit féminin, où le père remplace la mère comme objet du désir. Ainsi, selon l'auteur, une femme est prise autrement dans la fonction phallique du fait que la menace de castration est loin d'avoir chez elle la même intensité que chez l'homme. Malgré sa dépendance à la fonction phallique au niveau de l'être, la femme peut se trouver beaucoup plus à l'aise dans la jouissance que l'homme. Dans la mesure où la jouissance renvoie au jeu du complexe de castration, ce que l'on peut dire comme différence possible entre l'homme et la femme relativement à la jouissance, c'est qu'elle l'a plus tranquille, la menace de castration n'étant pas aussi serrée sur son corps qu'elle ne l'est sur le corps de l'homme.

Concernant la jouissance mystique, M. Safouan rappelle que toute sexualité est phallique. Qu'il s'agisse de la Sainte Thérèse du Bernin ou de Saint Jean de la Croix, la prévalence des métaphores sexuelles, et donc phalliques, est telle que cela a incité certains historiens à essayer d'en effacer l'accent en leur donnant des significations métaphysiques. L'auteur fait également état d'un mystique musulman, Hallâj, pour qui l'objet a, cause du désir, est réel et non plus symbolique. De son destin, il en tire cette conclusion : il n'y a pas jouissance phallique et jouissance a-phallique, il y a l'alternative : jouissance phallique ou pulsion de mort.

Dans le dernier chapitre, M. Safouan rappelle la découverte freudienne de l'infantilisme de la sexualité et éclaire, en s'appuyant sur une formulation empruntée à M. Godelier, ce fait que « ce n'est plus la sexualité ici qui fantasme sur le langage ordinaire, c'est le langage ordinaire qui fantasme dans la sexualité ». Cela pose, dans le rapport non pas de l'homme mais du parlêtre au féminin, une difficulté particulière. Ce que nous pouvons dire du féminin se limite à ce que l'expérience psychanalytique nous apprend au sujet du désir tel qu'il se détermine par le complexe de castration. Le chapitre se termine ainsi : cherchez toujours...

C'est dire combien la lecture de ce livre est vivifiante par les interrogations qu'il ouvre sur ce qui se referme souvent dans des certitudes ou des évidences théoriques.

Sylvain Frérot

Les affects lacaniens
Colette Soler
Paris, PUF, 2011

Effect de réel

Que n'a-t-on reproché à Lacan d'avoir négligé dans sa théorie les affects ! André Green, le premier, qui en prit prétexte pour le quitter et le dénoncer au nom d'un retour à un soi-disant discours vivant.

Le livre de Colette Soler nous montre que bien loin de minimiser les affects, Lacan en élargit le champ. À commencer par celui de l'angoisse, dont il élargit la portée bien au-delà de la place que lui donne Freud. On sait, en effet, que Lacan étend la définition de l'angoisse à « l'affect type de tout avènement de réel », sachant qu'il faut entendre par réel tout ce qui reste hors symbolique et hors sens et dont le domaine concerne aussi bien le symptôme que les effets de la science.

Ce qui conduit Colette Soler à opposer dans son livre l'angoisse bien freudienne à une angoisse « peu freudienne ». Car il y a, bien sûr, l'angoisse de castration amarrée à un grand Autre bien consistant qui dirait sa volonté et que figure l'apologue de la mante religieuse, mais il y a aussi une angoisse autre, qui, elle, s'amarre à la faille de l'Autre, à son absence, et que formulait déjà Pascal avec son fameux « le silence de ces espaces éternels m'effraie ». Il y a donc bien, chez l'homme contemporain, un changement d'amarrage de l'angoisse lié à un changement de statut de son rapport à l'Autre, du fait que le discours qui lui donne support a, avec la science et le capitalisme, considérablement changé.

Je vais m'arrêter un peu à la troisième partie du livre de Colette Soler, qui porte sur la théorie des affects. Elle y montre bien qu'il y a chez Lacan ce qui manquait chez Freud, une théorie des affects, de leur causalité, de ce qui les détermine, et que cette théorie des affects va de pair avec une redéfinition de la structure et de l'inconscient. Et surtout que la théorie lacanienne des affect ne va pas sans l'éthique : ce qui veut dire qu'elle engage une position, un positionnement du sujet à l'endroit du réel dans sa façon d'en répondre.

Il convient de distinguer, quant aux affects et à l'inconscient, l'hypothèse freudienne et l'hypothèse lacanienne.

L'hypothèse freudienne, c'est que l'inconscient, l'appareil psychique, est un système d'inscriptions qui retraduit, non sans perte, les marques traumatiques primaires, ce que Lacan reformule en disant que l'inconscient est structuré comme un langage et que c'est par là, par le signifiant, qu'il affecte la jouissance vivante.

Mais l'hypothèse lacanienne, que l'on trouve dans *Encore* en 1973, va beaucoup plus loin que de dire que le langage affecte le vivant et sa jouissance. Que dit-elle de plus ? Elle dit que *l'individu qui est affecté de l'inconscient est le même que le sujet du signifiant*. Lacan en vient donc à *assimiler*, à *homogénéiser* cet *affectant primaire* qu'est le verbe, le langage, *et l'affecté* qu'est l'individu au sens où en parle Aristote et qui correspond à l'être corporel, dans sa capacité individuelle de jouir. Il n'y a plus l'hétérogénéité entre le langage et la jouissance sur laquelle Lacan avait auparavant tant mis l'accent. Telle est l'une des nouveautés du séminaire *Encore* : le langage et la jouissance ne sont plus dissociés et antagonistes.

Là, le langage est plus qu'un opérateur qui affecte le vivant, il est *l'appareil même de la jouissance*. C'est le verbe qui jouit et qui, dès le premier babil de lalangue, nous fait jouir en tant que parlêtre. Il y a du jouir dès notre entrée dans lalangue, dès les premiers sons entendus dans notre petite enfance. On est dans *l'inconscient-jouissance*, l'inconscient pris comme savoir inaccessible de lalangue qui se jouit et re-jouit sans perte et qui nous affecte d'une « autre satisfaction » que celle des besoins.

Colette Soler souligne fort bien cet écart considérable entre la première conception lacanienne du langage qui affecte, qui influe, qui agit sur la jouissance du vivant en la négativant et cette dernière conception du langage comme appareil de conduction de la jouissance, appareil qui la produit, qui en est la fabrique. L'incidence épistémique et éthique en est énorme. Car, si parler et jouir, c'est *tout comme*, il ne saurait plus être question de s'imaginer réduire la jouissance dans une analyse au profit du seul désir, comme pouvait le laisser espérer une formule comme « faire condescendre la jouissance au désir ».

Comment la psychanalyse peut-elle alors opérer sur la jouissance de l'inconscient réel et jusqu'où le peut-elle ? Lacan y répond : par lalangue, en faisant résonner ses équivoques. On sait que c'est pour autant qu'une analyse touche à la jouissance qu'elle peut avoir un effet thérapeutique substantiel, mais qu'est-ce qui atteste, qu'est-ce qui prouve qu'elle y a touché, qu'elle en a changé l'économie ? J'entrouvre ici la partie du livre consacrée aux affects analytiques et à l'affect de passe.

Colette Soler précise bien que l'inconscient réel, qu'elle réduit aux quatre lettres majuscules ICSR, réfractaire au sens, n'a pas à être substitué, à la fin, à l'inconscient-vérité pris dans le sens dont s'autoentretient le transfert. La passe de fin n'est pas une passe *Au* réel, mais une passe *par* le réel, passe par ce qui fait chuter le sens. C'est de ce passage par l'ICSR qu'atteste la satisfaction dont Lacan dit qu'elle seule marque la fin de l'analyse. C'est une thèse forte, d'une portée assez extraordinaire et qui bouleverse notre conception de la passe et du désir de l'analyste. *Elle dit que la fin se prouve par l'affect, par un affect qui signe la fin et qui, comme l'angoisse, ne trompe pas !* L'angoisse ne trompe pas sur l'objet, la satisfaction dont parle Lacan pour la fin ne trompe pas sur le réel.

En fait, on peut dire que la satisfaction à la fin a changé de valeur. Avant et jusqu'à ce que fin il y ait, elle était satisfaction trouvée dans le donner sens et le faire vrai. Alors que la satisfaction de fin témoigne qu'il a été mis fin aux amours avec la vérité. Et surtout, ce qu'il faut bien comprendre et qu'explique Colette Soler, si je l'ai bien lue, c'est que cette satisfaction finale, qui est satisfaction de solution à l'insoluble de la vérité, *est déjà dans l'offre que fait de départ l'analyste*, offre antérieure à la requête analysante. C'est que Lacan, et contrairement à Freud, sait qu'il y a une solution à l'impasse du sujet supposé savoir. Il le sait parce qu'il est passé par les effets de réel, par *l'effet coupe-sens* de l'inconscient réel. Il sait que l'inconscient est un savoir sans sujet qui *abolit le postulat de l'inconscient freudien*, soit la supposition d'un sujet au savoir dont se sustente le transfert.

Un analyste qui a éprouvé cela est un analyste qui est passé par l'ICSR et qui sait d'expérience la solution que cette passe apporte à l'analyse. Et qui, de ce fait, est en mesure de l'offrir à d'autres qui se risquent à faire une analyse. À condition – et cette condition relève de l'éthique dont chacun *est ou non capable* de faire preuve –, à condition donc qu'ils veuillent bien répondre, au moment voulu et sans l'ajourner, de leur propre position subjective par rapport au réel de leur jouissance.

Encore un mot sur les affects énigmatiques qui nous viennent des équivoques de la langue. Dans son cours *Le bien-dire de l'analyse*, Colette Soler rapporte, une fois n'est pas coutume, un souvenir d'enfance. Quand on lui disait « jamais deux sans trois » elle entendait le nombre 203 et se demandait quel interdit pouvait bien frapper ce nombre plutôt qu'un autre. Il se trouve que ce « jamais deux sans trois » m'a aussi fait longtemps énigme dans mon enfance. Je n'arrivais pas à comprendre le sens de cette phrase, bien qu'on m'en ait dit la signification. Jusqu'au jour où je me suis souvenue que la première voiture de mon père était une « 203 » !

Vous voyez bien que les chutes et coupures de sens qui peuvent se produire dans l'appareil langagier de la jouissance n'attendent pas le nombre des années pour nous faire de l'*effect* !

Nicole Bousseyroux

Bernard Vandermersch
Une année à l'hôpital. Enseignement de clinique lacanienne
Paris, Association lacanienne internationale, 2009

Bernard Vandermersch, qui assure depuis de nombreuses années une présentation de malades dans un service de psychiatrie, aurait pu facilement nous proposer un florilège de cas « intéressants », « typiques », ou « illustratifs ». Ce n'est pas le choix qui a été fait ; le parti a été pris de ne pas trier, de ne rien éliminer, et de rapporter tous les cas présentés au cours d'une année et seulement ceux-là. C'est dire qu'en lisant ce livre on est bien dans les conditions de la pratique : on a affaire à ce qui se présente, on doit se débrouiller avec, et on constate une fois de plus que chaque cas est intéressant dès lors qu'on s'y met.

La structure du livre fait que lecteur se trouve intéressé au travail qui se déroule en plusieurs étapes. Premier temps : présentation de malade, suivie de questions et de commentaires à chaud. Deuxième temps : la semaine suivante, élaboration du cas par quelques participants (ces élaborations ne figurent que très partiellement ou indirectement dans le livre, on peut le regretter mais le volume, déjà épais, en aurait été doublé...) et reprise par B. Vandermersch, puis nouvelles questions. Seules quelques rares notes ont été rédigées après-coup pour nuancer certains propos.

Dans ces conditions, on participe véritablement à un séminaire, et comme les participants de l'époque, on se prend à formuler des questions. Trois conférences substantielles et un glossaire complètent le livre.

On remarquera que le travail se distingue de celui du « trait-du-cas » mis en œuvre de longue date à Sainte-Anne par Marcel Czermak à qui B. Vandermersch rend hommage (on sait que diverses publications, et en particulier le premier volume de cette même collection, attestent des résultats souvent remarquables obtenus par la méthode du « trait-du-cas »). Ici, le travail porte aussi, bien sûr, sur le particulier du cas, au plus près du texte de la présentation, mais il s'y ajoute un travail de conceptualisation qui va de ce particulier au général.

Le titre du livre l'indique, il s'agit d'un enseignement de clinique lacanienne. Cette clinique, on le sait, ne se coupe pas de la clinique psychiatrique classique, mais cherche à la prolonger et à l'approfondir. B. Vandermersch insiste sur la position du praticien : « Il est illusoire, écrit-il, de chercher à stériliser le champ clinique pour le débarrasser de la subjectivité du médecin. Il faut plutôt mettre celui-ci à la tâche de faire apparaître la condition du sujet interrogé. » D'où des remarques et des mises en garde toujours utiles car, névrosés, nous oublions trop facilement à quoi nous soumettent le refoulement et le fantasme.

« Vous aviez compris il y a une seconde ! Mais le drame c'est que vous, vous n'êtes pas psychotique, vous ne comprenez plus. Ça vous a échappé et vous n'arrivez plus à mettre la main dessus et même si vous y arriviez ce ne serait plus avec le poinçon de cette fois-là. » « Je vous mets en garde : nous sommes en train de déchiffrer un cas. Le problème est que pour ça nous nous servons de notre fantasme. Notre fantasme est très valable pour interpréter : il nous donne quelque chose, mais malheureusement qui n'est valable que pour nous. »

Ces limites de la compréhension et de l'intuition justifient ce qui n'est pas simple référence, mais une pratique effective, celle de la logique et de la topologie. C'est la topologie du *cross-cap* qui est privilégiée par B. Vandermersch et depuis longtemps. On ne s'étonnera donc pas que dans ce travail qui concerne, on s'en doute, principalement des psychotiques, la question de la constitution du sujet et donc du fantasme serve régulièrement au repérage.

La conceptualisation est une visée explicite mais qui n'oublie pas ce que le statut du signifiant impose comme travail de la langue. « Comme toujours, souligne l'auteur, un mot tend à faire concept, c'est-à-dire à attraper quelque chose. Mais on sait bien que de deux choses l'une :
— ou le concept attrape quelque chose et alors malheureusement, comme le langage est une surface topologique (et non géométrique) le disque que le concept enferme peut se réduire à un point : vous cernez une zone mais elle peut se réduire à rien, le concept peut se vider. Répétez 50 fois le même mot, vous vous apercevrez tout à coup qu'il ne veut plus rien dire ;
— ou alors c'est un signifiant et, à ce moment-là, il ne peut être réduit à rien, mais il équivaut à son contraire, au moins dans tous les cas il est différent de lui-même. »

Beaucoup le savent, l'ironie et les anecdotes ne sont jamais bannies des interventions de B. Vandermersch. Le style est rigoureux tout en étant imagé. Les formulations sont heureuses et revivifient les concepts. En voici quelques-unes.

Sur le signifiant : « L'idée spontanée qu'on se fait du langage c'est qu'il est fait de mots les uns à côté des autres, de signifiants extérieurs les uns aux autres. Mais comme le signifiant n'est qu'une différence d'avec les autres, tout ça, ça colle et un signifiant c'est ce qui se découpe du reste. Ça se découpe le temps de dire et ça retombe dans la colle commune... il n'y a pas d'autre issue. »

Sur le sujet : « Produit de la parole, il n'y figure que sous la forme de traces grammaticales, de lapsus. En tant que sujet, il est manque de signifiant. $ peut se lire aussi comme : un signifiant qui manque. »

Sur le fantasme : « On a une oscillation entre une signifiance lestée par un objet inaperçu – hors de toute représentation – et un quantum de jouissance attendue, entr'aperçue dans l'intervalle entre deux signifiants – jouissance partielle. »

On trouvera des élaborations originales, par exemple sur la paranoïa entendue comme forclusion de la causalité. « La paranoïa, c'est une forclusion du hasard et de la causalité subjective par la même occasion. Intuitivement, nous savons que quelque chose cloche dans la perfection du langage et c'est cette intuition qui manque dans la paranoïa. Ce que je dis c'est que chez le paranoïaque manque la notion même de la cause et que ce qu'il cherche ce n'est pas tant la cause des choses – il la connaît déjà – que des preuves qui peuvent figurer dans un texte, dans une parole. »

Ce livre offre la possibilité de divers trajets de lecture et le plaisir que B. Vandermersch évoque dès la deuxième de couverture (« la présentation de malade offre le plaisir de se rencontrer autour d'un travail de recherche clinique qui prenne son temps... ») est toujours au rendez-vous.

Valentin Nusinovici

Films
coordonné par Guéorgui Katzarov

A *Dangerous Method*
Film de David Cronenberg (2012)

A *Dangerous Method*. Il est difficile de ne pas déplorer le titre du dernier film de David Cronenberg, qui traite de la psychanalyse. Je m'étais résignée à l'avance : encore une charge contre nous ! Et comment ne pas s'attendre au pire, quand certains critiques se satisfaisaient d'avoir vu l'invention de Freud mise à mal et... un film bavard ! Et puis, l'histoire était malheureusement connue, et redoutable : la scabreuse relation de Jung avec sa patiente Sabina Spielrein, le trio Jung, Freud, Sabina.

Pourtant, comment refuser de découvrir ce que le grand David Cronenberg (rien de moins que *The Fly, A History of Violence, les Promesses de l'Ombre, eXistenZ*, etc.) avait fabriqué ? Bref, par devoir de curiosité intellectuelle, je suis allée voir *A Dangerous Method*.

Dès les premières images... Une jeune fille, hurlant, se débattant entre des gardiens, est déposée de force dans une maison de santé. Le visage déformé, le corps dévié, secoué, possédé par les tics et les contractures, elle est reçue par un jeune médecin, qui lui propose un traitement : elle lui parlera, tous les jours. Elle s'assied, il prend une chaise derrière elle. De quoi souffre-t-elle ? Elle commence à parler. Sa voix est entrecoupée par des spasmes, son élocution entravée par les grimaces. Mais elle parle. La nuit, elle a ressenti quelque chose de dur, et gluant, qui se pressait contre son dos. – Était-elle nue ? – Oui. – Était-elle en train de se masturber ? – Oui.

Dès ce début... bouleversée, admirative, je me cramponnai à mon siège. Oui, les premières images de *A Dangerous Method* sont un choc. Car on a oublié ce que fut la clinique de l'hystérie au début du XXe siècle, la violence effrayante des crises, les hallucinations, les convulsions, et la relégation dans les asiles de ces jeunes femmes qui donnaient l'apparence de la grande folie. On a oublié l'audace des pionniers qui ont osé interroger, avec une telle franchise abrupte, l'étiologie sexuelle inconsciente des symptômes.

C'est donc la jeune Sabina Spielrein, qu'on vient d'enfermer à Zurich dans l'hôpital psychiatrique du Burghölzli dont le directeur est le professeur Bleuler, et c'est le jeune docteur Jung qui la traite. Nous sommes en 1904. Jung ne connaît pas Freud, mais il a lu ses premiers écrits (la *Traumdeutung* est sortie en 1900, les *Essais sur l'Hystérie* en 1895, la *Psychopathologie de la vie quotidienne* en 1901). Sans en savoir plus, il entame sa première expérience de « cure par la parole ». Sabina, de bonne famille, jolie et intelligente, est la patiente idéale. La cure progresse vite, Sabina se libère du refoulement, et parallèlement elle commence des études de médecine. Jung rend visite à Freud, dont il devient rapidement le disciple préféré, et le successeur potentiel, l'héritier espéré, à la tête du mouvement psychanalytique. On connaît la suite. Jung succombe à l'amour passionné que lui voue Sabina. Jung rompt avec Freud, dont il ne veut plus se reconnaître l'élève. Voilà le drame planté, et voilà l'histoire, vraie, qui constitue le scénario.

C'est l'invention de la psychanalyse, dans la Mitteleuropa, avant la Première Guerre mondiale, qui a passionné Cronenberg, comme il l'affirme dans une interview. « J'ai voulu, dit-il encore, redonner vie aux protagonistes de cette révolution, j'ai voulu leur résurrection, la plus précise possible. J'ai voulu faire un film sur Freud et la psychanalyse. » On oubliera sans doute que le scénario a été remanié plusieurs fois par Christopher Hampton, qui utilisa d'abord un essai universitaire sur Sabina Spielrein, pour un film, *Sabina*, qui ne fut jamais produit, puis pour sa pièce, *The Talking Cure*. Nous ne voyons que le résultat final, *A Dangerous Method*, fruit de la rédaction en commun de Christopher Hampton et de Cronenberg. Car David Cronenberg s'est totalement impliqué dans l'écriture du scénario et des dialogues, comme dans le choix et la direction des acteurs.

Le résultat ? Étonnant de vérité et d'authenticité. J'ignore comment le grand public réagit au premier choc, et ce qu'il voit ensuite, mais le psychanalyste retrouve les débuts historiques de la psychanalyse : la virulence des premiers débats, l'enjeu des affrontements, et l'extraordinaire et périlleuse aventure de la grande découverte. À la conquête de la connaissance, il faut payer de sa personne ! La trame narrative se fonde, avec une notable précision, sur la correspondance de Freud avec Jung, l'autobiographie de Jung, et le journal de Sabina Spielrein.

Les dialogues ont une grande importance. « Il n'était pas question, dit David Cronenberg, de simplifier. *It is a talking cure, so they must talk.* Ici, l'action passe par la parole. » Les acteurs, qui se sont documentés sur leur personnage en puisant à la source des textes, sont tous remarquables. Ils donnent la vie et l'émotion de l'instant, à ce qui nous restait familièrement embaumé dans les références livresques. Viggo Mortensen, que naturellement on associerait plutôt à un rôle de vigoureux jeune premier aux yeux bleus, s'est transformé en un Freud de la cinquantaine, à la présence charismatique. « On imagine toujours Freud en vieillard, mais ici il est dans la force de l'âge, il est beau, il a du charme, il s'exprime avec élégance, et il est drôle. Dans mon travail d'acteur, je suis habitué à chercher *a physical gesture*, à m'exprimer avec mon corps, mais là, j'ai dû trouver *a verbal gesture* : la voix, le silence, le rythme. Au final, c'était un bonheur de dire les propres paroles de Freud, avec son *sharp wit*, son humour, son esprit tranchant. » Pour rendre hommage à Sabina Spielrein, et pour réincarner toutes les belles et intelligentes hystériques, on n'aurait pu souhaiter mieux que la belle et sensible Keira Knightley, qui fait aussi bien la folle, puis l'amoureuse passionnée, que l'étudiante sérieuse et douée, et le médecin qu'elle devient. Michael Fassbender accomplit, lui aussi, le tour de force de ressembler à Jung trentenaire, à un Jung dont l'avenir n'est pas encore précisé, mais qui déjà n'a pas le beau rôle. Il donne à son caractère de la complexité et de l'humanité, en révélant sous l'impeccable et raide costume sa fragilité, ses doutes et ses passions.

Car il s'agit bien de passions et de drames. En effet, le film n'est pas une succession de dialogues. Que met en scène Cronenberg ? Le transfert. La passion dans le transfert. C'est ce qui justifie le titre : une méthode dangereuse. À manier la flamme, on se roussit, on se durcit le cuir, si on est de la trempe de Freud, mais on se brûle, si on cède, comme le fait Jung, en brisant toutes les règles de déontologie. Sabina, dans l'impasse où l'a mise son analyste en devenant son amant, se tourne vers Freud (soit dit en passant, il fallait au moins Freud, en secouriste, pour mener à bien le dénouement d'une telle cure.)

Que met surtout en scène Cronenberg ? La rupture entre Jung et Freud. Un drame. À cause de Sabina ? Sur ce point, le personnage de Freud rassure Sabina : « J'ai rompu avec Jung parce qu'il ne s'est pas bien conduit avec vous. » Ouf ! Le fondateur parle avec l'autorité du père, et réaffirme sans ambiguïté l'interdit qui s'impose au psychanalyste. Merci, cher David Cronenberg, de cette fidélité à Freud, et à son invention. La tirade est ici trop belle pour être vraie, mais... merci encore. Les causes réelles du divorce entre le maître et son jeune et brillant disciple sont par ailleurs parfaitement explicitées.

Autour de la psychanalyse en construction, des hommes s'affrontent. Ils ont chacun une forte personnalité, et une intelligence exceptionnelle. Ils sont, par leur milieu d'origine, leur mode de vie, leur tempérament, antagonistes. Otto Gross, nomade extravagant et charmeur, psychanalyste génial et toxicomane, dont Freud confie la cure à Jung. Jung, aliéniste, grand bourgeois protestant, jouissant, par son mariage avec une femme riche, d'une magnifique aisance et d'une somptueuse demeure sur le lac de Zurich. Freud enfin, dans son petit appartement viennois, besognant pour élever sa nombreuse famille, s'identifiant à son invention, et juif. Les personnages luttent l'un contre l'autre, dans l'espace fermé d'un bureau, et la joute intellectuelle est lourde d'une autre relation : qui pèse plus lourd en force de conviction, en autorité et en savoir ?

Chaque fois, se joue le devenir de la psychanalyse. Doit-on, comme Otto Gross (Vincent Cassel, grandiose, ravagé, et sub-délirant) concevoir la levée du refoulement comme une libération de la répression sur la sexualité, et prôner la liberté sexuelle, sans limites, pour le patient comme pour l'analyste ? L'expérience de la cure aboutit dans une pratique transférentielle du rapport sexuel. Jung, fasciné par son patient, se laisse influencer par cette thèse libertaire, et se laisse ensuite séduire par Sabina. Déplorable, mais innocente erreur, à imputer à son manque d'expérience ? À sa méconnaissance de la force du désir qui surgit, avec toute l'énergie sauvage de la pulsion, d'une jeune personne hystérique ? Hélas ! Quelques années plus tard, à la fin du film, Jung assume sans vergogne une nouvelle liaison avec une de ses patientes.

Au fond, Jung, objet du transfert, face à Otto, face à Sabina, ne pèse pas lourd. Et, se lançant avec un grand courage dans l'aventure psychanalytique, face à son désir, il se révèle lâche. Lâcheté ordinairement humaine, certainement. Ne lui jetons pas la pierre. Pourtant, surgit pour nous, soudain, une question : le refus de Jung de conceptualiser l'étiologie sexuelle des névroses, de reconnaître la libido freudienne, n'est-il pas en cause dans sa défaillance, dans son incapacité à diriger l'analyse du transfert ?

En désaccord sur la théorie de la libido, en effet, Jung se sépare de Freud. Le conflit, en fait, couvait depuis le début. Dès leur première rencontre, le film – et c'est une de ses grandes réussites – suggère et révèle, avec tact, par petites touches, les tensions. Et le déséquilibre de la relation. Freud, par son écrasante présence, la profondeur de ses propos, l'acuité de ses brèves répliques, focalise toute l'attention du spectateur. C'est aussi un des mérites du film, que de reconstituer les petits différents, qui augurent du grand schisme. Jung croit à la communication des esprits, et il les entend, quand dans la bibliothèque de Freud, en résonance à leur discussion, retentit un impressionnant craquement. Freud ne croit qu'en la compréhension des phénomènes, et il raille, non sans véhémence, la superstition (la scène est authentique). Surtout, avec la gravité nécessaire, l'enjeu de la dissension est clairement énoncé. Il y va, tout simplement, de la psychanalyse. Freud, très vite, met Jung en garde : « Vous voulez transformer les hommes. Vous avez l'ambition d'influer sur leur destin. Vous prétendez savoir pour eux ce qu'ils doivent devenir. La psychanalyse, au contraire, se veut scientifique : elle se contente de montrer aux hommes ce qu'ils sont. »

Sous l'opposition conceptuelle, entre le fondateur, et le disciple, de vingt ans plus jeune, se trame une autre tragédie. Le « cher fils », l'héritier, se révèle un fils rebelle, et le « maître vénéré », un père à abattre. Dans la meilleure tradition, le duel final a lieu, face à face. Freud s'écroule, touché à mort. Et, revenant – le duel était verbal – de son évanouissement : « Je sais désormais qu'il est facile de mourir. » Le parricide, Jung, sombre dans une longue dépression.

Le public de David Cronenberg saisit-il la cause du combat ? de la guerre de Freud, enrôlé sous la bannière de la science ? de ses efforts obstinés pour contrer l'irrépressible élan mystique de Jung et sa pente à la parapsychologie, l'astrologie et l'occultisme ? Je l'ignore. En tout cas, le spectateur sera certainement bouleversé et conquis par ce qu'il apprend de Sabina Spielrein. Par l'épisode de sa passion avec son analyste, bien sûr, mais pas seulement. Sabina est une véritable héroïne : la psychanalyse et le féminisme s'honoreraient de la revendiquer. Aux aléas de sa cure, elle donne, avec dignité, sérieux, générosité, et avec beaucoup de travail, une heureuse issue. L'analyse, en la libérant des crises hystériques, libère sa personnalité et ses capacités. Elle termine brillamment ses études, et elle est, en son temps, une des rares femmes à obtenir un diplôme de médecin. Elle devient, auprès de Freud, membre de l'association viennoise de psychanalyse, publie des articles, et compte, selon lui, parmi les chercheurs les plus fiables et les plus exigeants. Dans ses contributions à l'élaboration théorique, elle apporte rien de moins que la notion d'instinct de mort. À la fin du film, mariée, enceinte, elle est déjà une des pionnières de la psychanalyse d'enfants.

Le film terminé, le noir revenu, deux lignes sur l'écran écrivent le destin de Sabina : assassinée par les nazis en 1943, avec ses deux enfants, dans une synagogue en Russie.

Et c'est à elle, à Sabina, lors d'un entretien dans le clair-obscur de son bureau chargé d'objets, que le personnage de Freud a confié sa vision lucide : « Dans cent ans, la psychanalyse sera toujours décriée et vilipendée, parce qu'elle se fonde sur la réalité sexuelle, et parce que nous sommes juifs. »

Alors, *A Dangerous Method* ? David Cronenberg, finalement, a réalisé son ambitieux propos : « J'ai voulu faire un film sur Freud et la psychanalyse. Je vois en Jung plutôt un mystique, un leader religieux. Celui qui m'intéresse, c'est Freud, parce qu'il est athée, et que sa démarche est scientifique. » Pour mettre en images, pour donner un contenu manifeste à son désir, il a élaboré un scénario plus subtil qu'il n'y paraît. Il aura certainement parié que la vérité se reconstitue à partir de ce qui se cache sous la représentation des images. Freud en effet n'est pas le personnage principal du film, mais le pilier central, vers qui en réalité tout converge, et qui soutient secrètement la narration. Ainsi voit-on, manifestement, Jung aux prises avec son patient Otto Gross. Qui (sinon une poignée de psychanalystes) se souvient que Freud n'avait confié à Jung que la cure de désintoxication, à l'hôpital, du collègue Otto, et certainement pas son analyse ? Jung triompha de l'analyse d'Otto Gross menée à marches forcées, jour et nuit, en deux semaines (il s'en vanta auprès de Freud, abasourdi) suivies d'une totale déroute : Gross, plus fou que jamais, sauta par dessus le mur de l'hôpital, et ne reparut plus. Jung pesta contre la schizophrénie d'Otto. Freud, très réservé sur ce diagnostic fâcheux, lui exprima sa contrariété : il s'était réservé l'analyse de ce collègue exceptionnel qu'il appréciait beaucoup, de ce patient unique et irremplaçable, et désormais tout était gâché. Cela, le film ne nous le montre pas, Freud n'apparaît pas. Sa présence se révèle alors qu'il demeure dans l'obscurité, alors que Jung se substitue à lui. Elle se déduit d'une représentation de la faiblesse de Jung face à Otto, à laquelle elle s'oppose, comme elle s'impose finalement dans la cure de Sabina. C'est bien pourquoi l'affiche du film, le trio de Sabina, Jung et Freud, annonce clairement une étrange relation à trois : la présence de Freud, qui est à la fois la psychanalyse et le psychanalyste, demeure, à jamais préalable, à la relation des deux autres.

Mais alors, cher David Cronenberg, tout de même, pourquoi ce titre malencontreux, pourquoi une dangereuse méthode ? « Parce que la psychanalyse est le lieu où la clinique est intriquée à l'intime, à l'intimité des sentiments et des réactions des deux acteurs de l'expérience. En cela, ce peut être dangereux. »

Nous sommes bien obligés d'en convenir. Et comme David Cronenberg n'est pas seulement un puissant intellectuel, mais un des plus grands réalisateurs contemporains, gardons en mémoire la technique que le metteur en scène, pour filmer l'invention de la psychanalyse, a inventée : « Cela m'est venu naturellement, dit-il, dès le début du tournage. Il se trouve que nous avons tourné en premier le début du film, à l'hôpital, la première séance de Sabina avec Jung. Il s'assied derrière elle. Plutôt que d'utiliser le traditionnel champ, contre-champ, j'ai pensé montrer les deux plans dans la même prise de vue. J'avais un *focus* qui permettait la mise au point sur le premier plan et le deuxième plan, l'un en arrière de l'autre, en même temps. J'ai pensé que c'était intéressant, que cela créait une tension pour le spectateur. » Le résultat ? Des images d'une grande force, troublantes. Pour la première fois, on voit, en même temps, les sentiments, la surprise, l'émotion, de celui dont surgit la parole, et de celui qui l'entend.

Marie-Laure Susini

L'œuf du serpent
Film d'Ingmar Bergman (1977) [1]

Partons de ce qui, selon moi, résume le film : ... L'acrobate – I. Bergman – sait que le fil lâche. Métaphore du Malaise dans la civilisation, du réel qui arrive. 1923, novembre, Berlin, le mot juif déjà mis en place de preuve du mal du monde. Terreur, cruauté, crimes, hygiène raciale, prise médicale sur les corps s'agencent...

Si les hommes avaient à raconter l'histoire des jouissances humaines, Bergman bien sûr serait en bonne place, comme d'ailleurs presque tout le cinéma. Dans ce film, *L'Œuf du serpent*, la dimension de la transgression genre Œdipe est présente, et nécessite la décision de la franchir, d'en obtenir le consentement : le héros, artiste de cirque et acrobate, Abel Rosenberg, après le suicide de son frère, a une liaison amoureuse avec sa compagne, son ex-belle sœur, Manuela, qui elle-même ne refuse pas cette relation. Et cela durant quelques jours.

Quelques jours dans le Berlin de novembre 1923. Le *Schweinerein*, cette cochonnerie humaine du sexe, est là à l'évidence, avec des scènes orgiaques très imagées selon un expressionnisme allemand que connaît bien Bergman, rendant très présent le sexuel infantile chez l'adulte.

Mais il y a un *quelque chose* de plus : si le *Malaise dans la civilisation* – publié par Freud à la fin des années 1920, où se déroule l'action – ne donne pas le bonheur par le biais du sexuel, c'est que ce *quelque chose* fait bord et crée une sorte de contre-malaise beaucoup plus actuel, car ce malaise-là est indicé à ce quelque chose comme une prémisse. Prémisse que Léon Poliakoff appellera « banc d'essai », soit l'action Tieregarten 4 [2], attaquer les corps par « *l'aktion* » des médecins, du médical. De telle sorte que le juif Abel Rosenberg, dans ce film, est très subrepticement mis en place de témoin du malaise du monde et de l'horreur de la vie, de sa laideur avant de devenir lui-même victime.

Nous sommes en 1923, Hitler vient d'échouer dans son putsch mais le film montre bien que ce n'est que partie remise. L'action se passe, date tout à fait importante, les 9-12 novembre 1923 date même de l'échec du putsch de Hitler à Munich. Quinze ans plus tard, en 1938, jour pour jour, il va vouloir commémorer cet échec par la Nuit de Cristal.

Ainsi, une des séquences nous montre Abel, ivre mort, brisant la vitrine d'un couple de commerçants juifs, et, molesté par la veille dame, il finit par l'embrasser en un fougueux baiser sur la bouche : il aime charnellement ces juifs, et veut leur dire la violence qui les attend et qu'ils feraient mieux de quitter l'Allemagne.

Ici donc, il s'agit d'une jouissance tout autre que celle de la transgression œdipienne, elle a à voir avec la mort-meurtre mise en place en tant qu'objet. Où l'idéologie de la cruauté de quelques-uns prend le pas sur toute autre pensée et s'organise en passage à l'acte au niveau politique. Tout un pan de la civilisation est pris en otage par le médical, pour exercer cette *aktion* sur les corps, par la terreur, la torture instituée en expérience « scientifique ». Pousser l'homme au-delà de la limite, au-delà de la laideur de sa vie. Voilà où le juif Abel est désigné de force en place de témoin. Pour l'instant...

Une problématique de méthode pour montrer tout cela. Notons-le bien, ce film date de 1977, donc d'avant 1985, date de la sortie de *Shoah* de Lanzmann. Il est dit dans les commentaires que Bergman tourne ce film en Allemagne [3] pour des raisons fiscales, mais aussi parce que, né en 1918, il était fasciné par le nazisme. Il en sortira au moment de la découverte des camps de concentration et d'extermination en 1945. S'installant à Berlin, il accomplit un certain retour sur son passé personnel, qui n'a pas d'ailleurs été extrêmement grave dans son pays, si ce n'est sa fascination pour le nazisme. Au point qu'il va énoncer que l'humain est une malformation.

Oui, dans l'histoire des jouissances du monde des humains, Bergman est en bonne place. Avec le nazisme en Europe et dans le monde, abîmer la vie à ce point a surgi au point de pousser les gens au suicide et à la destruction de soi-même en les faisant atteindre cette dimension d'horreur et de laideur si extrême de leur vie. C'est que l'hygiène politico-raciale est sous-tendue par le médical, tel que le biologique se met au service du médical. Berlin 1923 s'accompagne par exemple du Nobel décerné à Alexis Carel, en France, un hygiéniste de la plus belle eau, qui veut améliorer la race humaine selon *sa* lecture de Darwin en supprimant les « sous-hommes » par la chambre à gaz. Nous sommes avant 1939-1945.

Bergman filme l'usage de la cruauté en place de ce qui va devenir l'idéologie nazie, la persécution de masse. C'est Jean Améry qui nous le dit aussi dans un article sur la torture (dans *Par delà le crime et le châtiment*, éd. Coll, Babel, Actes Sud, 1999), telle que cette cruauté extrême détruit non seulement le corps mais aussi la dimension de la vie. Pousser l'homme à l'horreur de sa vie, voilà ce que montre ce film, ce qui n'est pas mince.

Apparaît là un problème de méthode : le pourquoi *ça s'est produit* prend plutôt le pas sur le comment, qui est la méthode lanzmannienne par excellence. Avec *L'œuf du serpent* nous sommes dans les années 1965-1975 du cinéma, c'est l'apogée de Bergman. En même temps, on pourrait dire que le nazisme qu'il nous montre est comme une affaire privée, intime, qui passera au social plus tard, dix ans après l'action du film. Son titre indique que le serpent dans l'œuf montre déjà sa violence meurtrière de façon quasi définitive. Ainsi voyons-nous la Santa-Anna Clinica, une entreprise qui se qualifie d'Église démocratique où la science prend la pas sur la religion, devient notre religion et où la miséricorde, le propre de toute religion, est remplacée par la pitié de ce qui ne convient pas à la vie et doit être éliminée par la science. Une nouvelle miséricorde vient au jour, celle de « supprimer des vies sans valeur de vie ou les écarter de notre vie sociale », de leur porter de la compassion au point de les détruire. En même temps, discrimination positive à l'évidence, tout est envisagé afin que l'enfant soit parfait, cet exact envers de tout ce qui ne l'est pas. Et qui dès lors doit être éliminé.

Voilà l'intime de l'hygiénisme social et scientifique dans lequel l'Allemagne va plonger l'Europe. Les suites sont connues : avant même le nazisme au pouvoir, ces prémisses, selon Bergman, sont le chemin par lequel arrive, inexorable, le désastre du XXe siècle. Les premier et dernier plans nous situent comme spectateurs responsables de l'image que nous recevons, non pas en couleur, mais blafarde, en noir et blanc : la foule de la génération de 1923, se balançant d'un pas lourd et résigné, fait place en 1933 à des jeunes gens marchant au même rythme, mais leur visage qui peuple désormais l'Allemagne est celui de la force cruelle et de la violence décidée.

Jean-Jacques Moscovitz

Notes

1. *L'Œuf du serpent,* Allemagne/USA, 1977, 120 min. Réalisateur : Ingmar Bergman. Avec : Liv Ullmann, David Carradine, Gert Froebe. Sortie 30 juillet 2008.
2. Tribunal militaire international, document de Nuremberg (1947) Ordre d'Hitler à Bouhler et Brandt du premier crime contre l'humanité antidaté de la date du début de la Seconde Guerre mondiale, le 1er septembre 1939. Nom du code donné à ce crime par les planificateurs et les exécuteurs du crime : « Aktion T4 » Dépôt du document PS-630.
« [secrétariat du procureur] : Je dépose maintenant comme preuve le document PS-630 (USA-342). J'aimerais attirer l'attention du tribunal sur le fait qu'il est rédigé sur le papier personnel d'Adolf Hitler, et daté du 1er septembre 1939. Il est adressé au Reichsleiter Bouhler et au docteur Brandt et signé par Adolf Hitler. Je citerai en entier ce document qui est bref :
Adolf Hitler Berlin le 1er septembre 1939
Le Reichsleiter Bouhler et le docteur Brandt sont chargés, sous leur responsabilité, d'étendre les pouvoirs de certains médecins qui seront à désigner nommément, dans le but, par mesure de grâce, de donner la mort aux malades humainement incurables, après un diagnostic très approfondi de leur état. Source : Claire Ambroselli in documents lus au Mémorial de la Shoah le 14 XII 08 avec la participation de *Psychanalyse actuelle*, pour le 60e anniversaire de la commémoration de la Déclaration universelle des droits de l'homme.
3. *Note de la production (extraits) :*
« ... un mal innommable qui tel un œuf de serpent, laisse apparaître à travers sa fine coquille la formation du parfait reptile »... Tourné dans les décors qui servirent ensuite à *Berlin Alexanderplatz*, le film monumental de R.W. Fassbinder, *L'œuf du serpent* reconstitue le Berlin glauque de la République de Weimar, plongé dans la crise et le désespoir. Il s'agit du film le plus authentiquement expressionniste de Bergman, inspiré des ambiances de Kafka, des tableaux angoissants de Grosz et de la noirceur des premières œuvres de Fritz Lang. Mêlant drame historique et film d'espionnage, *L'œuf du serpent* se déroule sur fond de montée du nazisme et annonce les crimes que l'on sait, proche en cela de la série des *Docteur Mabuse*. Expérience démesurée, trouble et indélébile, c'est l'un de films les plus étonnants de son auteur.

FILMS

L'ŒUF DU SERPENT OU L'EXIL D'INGMAR BERGMAN

Début janvier 1976, deux policiers en civil débarquent au théâtre où Bergman travaille. Il est arrêté et interrogé ; son passeport lui est retiré, son bureau fouillé. Les médias ne tardent pas à s'emparer de l'affaire : Bergman est accusé d'avoir créé sa société de production en Suisse pour frauder le fisc suédois. Il risque deux ans de prison. L'affaire prend des proportions démesurées en Suède : les journaux gonflent les faits tandis que la population se divise en pro et anti-Bergman. Injustement humilié, le réalisateur est interdit de séjour sur son île de Farö et se fait hospitaliser pour dépression nerveuse. Le 22 avril 1976, il publie dans le journal l'*Expressen* un article qui fait l'effet d'une bombe : « Je quitte la Suède. »
Bien qu'il soit totalement blanchi en 1979, Bergman vit plusieurs années dans l'angoisse et l'oppression. Exilé en Allemagne, il réalise en 1977 un film inhabituel, son premier entièrement tourné à l'étranger, sans doute le plus gros budget jamais mis à sa disposition. Malgré l'ampleur du projet, *L'œuf du serpent* demeure une œuvre personnelle. Bergman va très loin dans l'exploration de la pathologie mentale en décrivant des personnages hantés par la persécution, convaincus d'un complot de grande ampleur. La noirceur du film ainsi que l'inquiétude communicative qu'il développe rappellent la situation du cinéaste.

LA HONTE ET LE SERPENT

C'est peut-être dans la reconstitution de l'Allemagne pré-nazie que le cinéaste révèle le plus de choses sur lui-même. Adolescent, Ingmar Bergman avait fait un court séjour en Allemagne dont il était revenu transformé : « On ne m'avait pas vacciné en Suède contre l'idéologie nazie et tout en elle me parut admirable. C'était fascinant – du moins, c'est ainsi que je ressentis les choses à l'époque. Il y eut, pendant mon séjour, un immense défilé et le Führer fit son apparition. Nous étions très près de lui : la fascination qui se dégageait de tout ce spectacle était hallucinante. Je suis retourné en Suède totalement converti au national-socialisme : je n'avais jamais rien vécu de tel. »
Mais le cinéaste ajoute : « Je m'en suis guéri plus tard. » Lors de la découverte des camps d'extermination, Bergman fut soudain saisi de l'horreur commise par le nazisme : « Ce fut un choc émotif profond. Comme si j'avais découvert que Dieu et le Diable ne faisaient qu'un... Ce fut une expérience atroce. » Il se détourna volontairement de la politique pendant plus de vingt ans et s'interdit même de voter, estimant qu'il n'en avait pas le droit pour des raisons morales.
Dès lors, *L'Œuf du serpent* constitue un film bien plus personnel que ne laisserait croire son contexte de production. C'est une manière, pour Bergman, de régler ses comptes avec le nazi qui sommeillait en lui. Dans les sombres mésaventures d'Abel Rosenberg transparaît la culpabilité du réalisateur d'avoir succombé, à une certaine époque, aux charmes d'une idéologie monstrueuse. Le mal absolu, le « Serpent », est une entité perfide qui s'immisce chez l'homme par le moyen d'une fascination diabolique.
Mais le lien avec la préhistoire du nazisme n'est pas suffisant pour résumer l'ampleur du propos de *L'œuf du serpent*. « Il s'agit de dire ce qui nous arrive à nous, ici et maintenant, et qui pourrait nous advenir demain. Voilà le vrai sujet du film : c'est presque de la science-fiction » affirme Bergman en 1978, expliquant que, selon lui, l'être humain est une « malformation ». Ce pessimisme intrinsèque n'est pas sans rappeler les œuvres paranoïaques de Philip K. Dick, contemporain du film. Le cinéaste prévient d'ailleurs : « Mon film basculera dans une immense brutalité et la fin sera d'une puissance tragique inimaginable. »

LA CLINIQUE LACANIENNE
Numéros déjà parus*

n° 1 – La clinique lacanienne
n° 2 - L'hystérie
n° 3 - L'hystérie (épuisé)
n° 4 - Les homosexualités (épuisé)
n° 5 - Le symptôme (épuisé)
n° 6 - Du symbole au symptôme (épuisé)
n° 7 - L'adoption
n° 8 - D'une femme à l'autre
n° 9 - La phobie (épuisé)
n° 10 - Les nouveaux rapports à l'enfant
n° 11 - De la féminité
n° 12 - Parentalités d'aujourd'hui… et d'ailleurs
n° 13 - Prendre corps ?
n° 14 - Le corps
n° 15 - Abords de la psychose
n° 16 - Des perversions
n° 17 - Vous avez dit dépression ?
n° 18 - Anorexie, boulimie
n° 19 - Psychoses et toxicomanies
n° 20 - Le suicide

Les sommaires des numéros peuvent-être consultés sur
www.editions-eres.com

* Tous les numéros à partir de 2001 sont disponibles
en version électronique sur www.cairn.info

LA CLINIQUE LACANIENNE
BULLETIN D'ABONNEMENT ET DE COMMANDE

à retourner à CRM ART - Éditions érès
B.P. 15245 - 31152 Fenouillet Cedex - Tél : 05 61 74 92 59 - Fax : 05 17 47 52 6
e.mail : commandes.eres@crm-art.fr
Site internet : www.editions-eres.com

VOTRE REVUE EN LIGNE

chercher : repérer : avancer

Retrouvez en ligne votre revue sur **www.cairn.info**, portail de revues en sciences humaines et sociales. En texte intégral, du premier numéro 2001 jusqu'au dernier numéro paru.

◆ **Abonné individuel**
Chaque abonné individuel à l'une des revues érès dispose d'un accès électronique gratuit à l'ensemble des numéros de cette revue diffusés sur le portail Cairn, au moyen d'un code qui lui est attribué à titre strictement personnel au moment de la souscription de son abonnement.

◆ **Bibliothèques, institutions, centres de documentation**
Des bouquets de revues thématiques ont été élaborés à l'attention des institutions, bibliothèques et centres de documentation afin de permettre à leurs usagers d'avoir accès en ligne aux revues érès et à d'autres publications de sciences humaines.
Pour en savoir plus, consultez le site **www.cairn.info** ou contactez Cairn, par e-mail : **licences@cairn.info** ou par téléphone au **+33 1 55 28 83 00**.

L'abonnement à *La clinique lacanienne* en cours
comporte deux numéros
Cependant, il vous est possible de vous abonner
à partir du numéro de votre choix, y compris rétroactivement.

Prix de l'abonnement (2 numéros à la suite) pour 1 an
France particulier : 52 € ; France organisme : 54 € Autres pays : 60
Chaque numéro est au format 14 x 22

❏ Mme ❏ M. Prénom ....
Nom ....
Profession ....
Adresse ....
....
Code postal ⊔⊔⊔⊔⊔ Ville ....
Pays .... Tél. ⊔⊔⊔⊔⊔⊔⊔⊔⊔⊔
e-mail ....

ABONNEMENT

❏ Je m'abonne à *La clinique lacanienne* pour 1 an (2 n°)
à partir du n° : ⊔⊔

   ❏ France particulier : 52 € ❏ France organisme : 54 € ❏ Autres pays : 60

Possibilité de régler (pour les abonnés particuliers France uniquement)
par prélèvement semestriel de 26 €

❏ Je souhaite régler par prélèvement semestriel et demande à recevoir les imprimés correspondants (ou téléchargez-les sur editions-eres.com).

COMMANDE

❏ Je commande le(s) numéro(s) de *La clinique lacanienne* :
⊔⊔ ⊔⊔ ⊔⊔ ⊔⊔ ⊔⊔ ⊔⊔ ⊔⊔ ⊔⊔ ⊔⊔

Prix de chaque numéro : 26,50 € majoré des frais de port 3,20 € pour 1 vol.
4,10 € pour 2 vol., 5 € pour 3 vol. et plus
et verse la somme de ⊔⊔⊔ , ⊔⊔ €

   ❏ par chèque à l'ordre des éditions érès
   ❏ par carte bancaire n° ⊔⊔⊔⊔ ⊔⊔⊔⊔ ⊔⊔⊔⊔ ⊔⊔⊔⊔
      date de fin de validité ⊔⊔⊔⊔
      et les 3 derniers numéros figurant au verso ⊔⊔⊔

❏ Je souhaite recevoir une facture administrative (règlement par mandat administratif accepté).

❏ Je souhaite recevoir gratuitement le catalogue des éditions érès.

   Date : .... / .... / ....   Signature :

À paraître
Psychosomatiques ?